G Hennig

Die Araber des Sahels

Erlebnisse und Abenteuer des Capitains der Spahis Emile Tissol

G Hennig

Die Araber des Sahels
Erlebnisse und Abenteuer des Capitains der Spahis Emile Tissol

ISBN/EAN: 9783743317093

Hergestellt in Europa, USA, Kanada, Australien, Japan

Cover: Foto ©ninafisch / pixelio.de

Manufactured and distributed by brebook publishing software
(www.brebook.com)

G Hennig

Die Araber des Sahels

Die
Araber des Sahels.

Verlag von Eduard Trewendt in Breslau.

Armand, Bis in die Wildniß. Reise-Roman. 2. Aufl. 4 Bde. 8.   4 Thlr.

Frenzel, Karl, Die drei Grazien. Roman. 3 Bände. 8.   4½ Thlr.

Gisecke, H. L. Rob., Käthchen. Roman. 4 Bände. 8. . .   4 Thlr.

Godin, A., Eine Katastrophe und ihre Folgen. Roman. 8. 1¼ Thlr.

Gottschall, Rudolph, Reisebilder aus Italien. 8. . . . 1¼ Thlr.

Habicht, Ludwig, Kriminal-Novellen. 8. . . . . 1¼ Thlr.

— — Der Stadtschreiber von Liegnitz. Roman. 3 Bde. 8. 3½ Thlr.

Holtei, Karl von, Kleine Erzählungen. 5 Bände. 16. . . 1⅔ Thlr.

— — Die Eselsfresser. Roman. 3 Bände. 16. . . . . . 1 Thlr.

— — Vierzig Jahre. 6 Bände. 16. . . . . 4 Thlr.

— — Noch ein Jahr in Schlesien. 2 Bände. 16. . . . . ⅔ Thlr.

— — Der letzte Komödiant. Roman. 3 Bände. 8. . . . 5 Thlr.

— — Kriminalgeschichten. 6 Bände. 16. . . . . . . 2 Thlr.

— — Christian Lammfell. Roman. 5 Bände. 16. . . . 1¼ Thlr.

— — Noblesse oblige. Roman. 3 Bände. 16. . . . . . 1 Thlr.

— — Ein Schneider. Roman. 3 Bände. 16. . . . . . . 1 Thlr.

— — Die Vagabunden. Roman. 3 Bände 16. . . . . . 1 Thlr.

    Illustrirte Ausgabe. 3 Theile in einem Bande. 8. . . . 1½ Thlr.

König, Theod., Eine Catilinarische Existenz. Roman. 2 Bde. 8. 2½ Thlr.

Mügge, Theod., Nordisches Bilderbuch. Reisebilder. 3. Aufl. 8. ⅘ Thlr.

— — Romane. Dritte (letzte) Folge. 6 Bände. 8. . . . . 9 Thlr.

— — Der Chevalier. Roman. 2. Aufl. 3 Bände. 8. . . 1½ Thlr.

— — Toussaint. Roman. 2. Aufl. 5 Bände. 8. . . . . 2½ Thlr.

— — Erich Randal. Roman. 2. Aufl. 4 Bände. 8. . . 2 Thlr.

— — Afraja. Roman. 2. Aufl. 3 Bände. 8. . . . . . 1½ Thlr.

— — Tänzerin und Gräfin. Roman. 2. Aufl. 3 Bde. 8. 1½ Thlr.

— — Die Vendéerin. Roman. 2. Aufl. 2 Bände. 8. . . 1 Thlr.

— — Weihnachtsabend. Roman. 2. Aufl. 8. . . . . ½ Thlr.

— — Arvor Spang. Roman. 2. Aufl. 2 Bände. 8. . . 1 Thlr.

Rosen, Ludwig, Vier Freunde. Roman. 3 Bände. 8. . . 5 Thlr.

— — Damals. Novellen aus den Befreiungskriegen. 8. . . 1¼ Thlr.

See, Gustav vom, Erzählungen eines alten Herrn. 8. . 1¼ Thlr.

— — Erzählungen eines alten Herrn. Neue Folge. 8. . 1¼ Thlr.

— — Zwei gnädige Frauen. Roman. 3 Bände. 8. . . 3¾ Thlr.

— — Herz und Welt. Roman. 3 Bände. 8. . . . . 4½ Thlr.

— — Wogen des Lebens. Roman. 3 Bände. 8. . . . 4 Thlr.

— — Ost und West. Des Romans „Gräfin und Marquise"
    2. Abtheilung. 4 Bände. 8. . . . . 2 Thlr.

Wehl, Feodor, Allerweltsgeschichten. Ein Novellenbuch. 8. . 1¼ Thlr.

Die Araber des Sahels.

Erlebnisse und Abenteuer

des

Capitains der Spahis Emile Tissot.

Von

G. Hennig.

—

Erster Band.

Breslau,

Verlag von Eduard Trewendt.

1865.

Vorwort.

Die nachstehende Erzählung war schon geschrieben und zum Versenden fertig, ohne daß ich daran gedacht hatte, sie in der gebräuchlichen Weise durch eine Vorrede einzuleiten. Ich hielt dies für unwesentlich und glaubte, ein Angriff auf die Gunst des Lesers müsse, wie jeder andere Angriff, rasch entschlossen und ohne Vorbereitung ausgeführt werden.

Glücklicher Weise gab ich die Schrift einem in literarischen Angelegenheiten erfahrenen Freunde zur Durchsicht. Von dieser competenten Seite wurde ich nun eines Besseren belehrt und gründlich überzeugt, daß es Leser giebt, die höchst begierig nach Vorreden sind: kritische und gewissenhafte Leser, neugierige, anhängliche, streitsüchtige und zärtliche Leser, Leser, die mir es nie verzeihen würden, wenn ich ihnen mit der Einleitung ein Stück Jugendgeschichte des Helden meiner Erzählung vorenthalten wollte.

Ich erkannte, daß ich gesündigt hatte, und sitze nun wieder vor dem Papier, erwägend, wie ich den Fehler gut machen kann, ohne minder gewissenhafte Leser zu ermüden und ohne mehr als nöthig von mir selbst zu reden.

Ich war Lieutenant im zweiten Dragoner-Regiment, das damals in den Dörfern um Straßburg cantonnirte. Ich wohnte in der niedrigen Stube des größten Bauernhofes eines kleinen Dorfes, im Winter vom Rauche fast erstickt, im Sommer von Milliarden von Fliegen zur Verzweiflung gebracht. Der Pfarrer des Ortes, der mir im Ecarté das Geld abnahm, und ein Dutzend Reiter, die ich aus Diensteifer und Langeweile über die Maßen quälte, waren mein einziger Umgang. Nebenbei schoß ich Enten und Hasen und besuchte die umliegenden Cantonnements.

Nachdem ich Jahre lang diese Freuden des Landlebens genossen, brachten mir Glück und Connexionen eine Versetzung nach Paris, und ich hatte nun vollauf Gelegenheit, das Leben von der anderen Seite kennen zu lernen. Ich holte nach, was ich in der ersten Zeit meiner Selbstständigkeit versäumt hatte, und that dies mit solchem Eifer, daß mein Vermögen im umgekehrten Verhältniß zu den gesammelten Erfahrungen zusehends schmäler wurde. Unter diesen Erfahrungen waren einige, welche mir die Residenz verleideten. Ich wurde mißvergnügt, sparsam und ehrgeizig und sehnte mich nach einer meinen Neigungen entsprechenden Thätigkeit, nach Mitteln, mich für die erlittene pecuniäre Einbuße zu entschädigen.

Es war damals nichts Seltenes, daß sich wohlhabende Cavallerie-Officiere zu den Spahis versetzen ließen. Man hielt dies für den Weg Carrière zu machen, man lernte den kleinen Krieg und führte ein abenteuerliches Leben; geizige Officiere ließen sich auch durch die Aussicht auf Beute verlocken, die Kosten der Ueberfahrt und Equipirung als ein etwas unsicher, aber zu hohen Zinsen ausgeliehenes Kapital zu betrachten. Ich bewarb mich gleichzeitig mit mehreren in ähnlicher Lage befindlichen Kameraden um ein Officierspatent bei den Spahis und erlangte ohne Schwierigkeiten das Recht, Burnus und Halbstiefeln in den Straßen von Paris zeigen zu dürfen.

Der Stab meines neuen Regimentes lag in Maskara; zwei Escadrons waren dislocirt in den südlichsten Kreisen der Provinz, die dritte Escadron, welcher ich als erster Lieutenant zugetheilt wurde, machte einen Theil der Besatzung von Geryville aus.

Ich langte in dem Camp gerade zu der Zeit an, als die Auswanderung der Harars das Signal zum Aufstand der an der Maroccanischen Grenze wohnenden Stämme gab, deren Unterwerfung im Beginne der fünfziger Jahre alle Kräfte unserer in der Provinz Oran befindlichen Truppen in Anspruch nahm.

Meine Escadron hatte neben den irregulären Reitern Antheil an den ersten Gefechten und war auch die letzte, welche in die Friedenscantonnements einrückte. Während dieser Zeit war ich fast anhaltend auf dem Marsche und durchstreifte das Sersu und die angrenzenden Theile der Sahara nach allen Richtungen bis zu den Palmenhainen von Abied-Sidi-Chirk; Tags im Sattel, Nachts unter freiem Himmel, das Pferd als Kissen; bald in den Schluchten des Tells, den Flinten der Kabylen gegenüber, bald hinter den flüchtigen Bedowis; dann wieder als Escorte unzähliger Schafe, Rinder und Kameele, die wir treiben und gegen fortwährende Angriffe ihrer früheren Besitzer vertheidigen mußten. Es war ein Leben voller Abwechselung und Gefahr, ein Leben, wie es sich der Soldat nicht besser wün= schen kann.

Dann kam der Friede, wir rückten wieder in das Camp. — Hat der Leser von dem Heimweh ge= hört, welches die leichtblütigen Kinder Frankreichs in den trostlos einförmigen Grenzgebieten der Sahara ergreift, von jenem tückischen Uebel, das fast täglich unter der Blüthe unserer Mannschaft seine Opfer fordert, gegen das sich alle Bemühungen der Behör= den, Bibliotheken und improvisirte Theater, machtlos erwiesen? Wen es erfaßt, den kann nur ein rascher Wechsel des Aufenthaltes retten; die stärksten Nerven erliegen dem Einfluß dieser Krankheit, und gerade die kräftigsten Naturen werden am leichtesten davon er= griffen.

Als wir das Camp bezogen, wurden Officiers= und Unterofficiers=Stellen durch Einschub ergänzt; einige Monate später mußte ich die Hälfte der Char= gen mit Eingeborenen besetzen. In jeder Woche krachten die Gewehre über dem Grabe eines Ka= meraden, erinnerten die gedämpften Trompeten, ein häßliches memento mori, an den unversöhnlichen Feind.

Ich kam um Verlegung der Escadron ein und wurde abschläglich beschieden. Der Aufstand war vollständig niedergeworfen, die Ruhe der Provinz voraussichtlich für lange Zeit gesichert; es fesselte mich Nichts mehr an diesen unheimlichen Boden, ich bat daher um meinen Abschied.

Das Gouvernement war damals damit vorgegangen, die bessere Pferdezucht der dem Senegal anwohnenden Araber für die algerischen Gestüte zu verwenden. General Daumas, welcher diese Etablissements leitete, übertrug die Beschaffung der erforderlichen Zuchtpferde einigen Faktoreibesitzern in St. Louis und betheiligte dabei einen Verwandten von mir, den Neffen meines Vormundes. Mein Vetter hatte mich gebeten, ihm für dieses Geschäft einen sachverständigen, der arabischen Sprache mächtigen Gehilfen zu engagiren, und da ich über meine Zeit und den Rest meines Vermögens nicht besser zu disponiren wußte, offerirte ich mich als Compagnon und erbot mich, den schwierigeren Theil der Aufgabe zu übernehmen.

Die Gebräuche der Mohamedaner waren mir durch das Zusammensein mit eingebornen Spahis geläufig, ich sprach Arabisch und vervollkommnete mich in dieser Sprache während eines zweimonatlichen Aufenthaltes in Maskara. Gefahren und Unbequemlichkeiten waren freilich von einer Reise in das Sahel unzertrennlich, sie wurden aber compensirt, wenn ich Gelegenheit fand, mit den noch wenig bekannten Stämmen der Verbern und Mauren, den Urbewohnern der Sahara, in Berührung zu kommen.

Ich reiste nach Oran und von da nach Algier, wo ich den Vetter traf, der seine Agenten, vielleicht auch den neuen Associé, überwachen wollte. Wir benutzten einen zur Beförderung von Colonial-Truppen bestimmten Regierungs-Dampfer und erreichten nach einer stürmischen und unbehaglichen Fahrt den Hafen von St. Louis.

Ich fand mich leicht in die dortigen Verhältnisse und bemerkte bald, daß das Geschäft einträglicher war, als ich erwartet hatte. Mein Geschäftssinn war aber leider viel weniger entwickelt als meine Lust an Abenteuern; ich opferte dieser den größten Theil von Dem, was meine Partnerschaft eintrug. Ich dehnte meine Ausflüge weiter aus, als nöthig und vortheilhaft war; ich kam mit den Arabern des Esthur zusammen, war längere Zeit unter den mau-

rifchen Stämmen der Senegalniederung und nur we=
nige Meilen von Tagant.

Eine dieser Expeditionen, die mir der Beschrei=
bung werth schien, habe ich in dem Folgenden ge=
schildert.

Erstes Kapitel.

Meine Ankunft in Tata-Pulha hatte sich um einige Wochen verzögert; die „Esperance" war in der Nähe von Bakel auf eine Barre gefahren, trotz des geringen Tiefganges und der leichten Belastung erheblich beschädigt und zu einem längeren Aufenthalte genöthigt worden. Ich traf in Folge dieses Unfalles erst im Januar (1856) meine arabischen Begleiter wieder, die mit dem größeren Theile meines Gepäckes vorausgegangen waren und in dem Dorfe auf mich gewartet hatten.

Tata-Pulha liegt etwa 2000 Schritte vom Senegal und der Furth ab, zwischen Baumpflanzungen, Reisfeldern und Wiesen, auf dem Rücken eines niederen Hügels. Die Niederung, welche Dorf und Hügel von dem Flusse trennt, ist mehrere Fuß hoch mit dem schmutzig-grauen Senegalschlamme bedeckt, der auch das Material zu den Hütten und Tata-Wänden des Dorfes geliefert hat. Die Reisfelder zeigten noch jetzt die Spuren der letzten Ueberschwemmung, die Abzugsgräben waren mit noch feuchtem Schlamme und faulenden

Stoffen gefüllt. Die Gegend glich so auffallend der sumpfigen, fiebererzeugenden Niederung von Bakel, daß ich mir vornahm, nicht länger hier zu verweilen, als die Vorbereitungen zum Durchfurthen des Stromes unumgänglich erforderten.

Biskra hatte südlich vom Dorfe gelagert und Leute und Pferde den Blicken maurischer Späher möglichst entzogen, ohne aber diesen, ihm von meinem Associé dringend empfohlenen Vorsichtsmaßregeln großen Werth beizumessen. Er war gleich mir der Ansicht, daß seine Ankunft den Nachbarn vom anderen Ufer nicht verborgen geblieben sei, und hielt es für das Beste, während der Nacht aufzubrechen und die befreundeten Brackna's nicht durch den Anblick unserer beladenen Ochsen einer Versuchung auszusetzen, der sie seiner Meinung nach sicher unterliegen mußten.

Pferde und Ochsen waren schon an das Wasser gewöhnt; ein Floß aus Rohrbündeln für unsere Waffen- und Pulver-Vorräthe wurde noch am Nachmittage von den Negern unter Anleitung ihres unförmlich dicken Nacks (Dorfhäuptlings) gezimmert und auf den Fluß gelassen. Die Reihenfolge des Ueberganges wurde bestimmt und alles noch Erforderliche so zeitig geordnet, daß wir mit der Dunkelheit zum Aufbruche bereit waren.

Unsere Kafla (arabischer Ausdruck für Reisegesellschaft) bestand aus 14 Reitern und hatte ein ganz orientalisches Aussehen, dessen Stattlichkeit durch die

rothen Spahi-Burnus, mit denen ich und mein euro=
päischer Diener bekleidet waren, nicht wenig erhöht
wurde. Meine Neger gingen in Lederhemden, einer
Tracht, die, bei den Schwarzen des Sahels allgemein
gebräuchlich, dem Klima und der Beschaffenheit des
Landes ebenso angemessen ist, wie dem unausgebildeten
Reinlichkeitssinne der Besitzer dieser Hemden. Die Ochsen
trugen ihre Last mittelst maurischer Packsättel (Holz=
gestelle, an beiden Seiten mit Krammen versehen) und
waren nach maurischer Art einer an den Schweif des
anderen gefesselt. Biskra hatte Zeit gehabt, die Thiere
an diese Marschweise zu gewöhnen, sie folgten daher
ziemlich willig den antreibenden Reitern und bequemten
sich, ohne übermäßiges Sperren und Brüllen in das
Wasser zu plumpen. Das Floß wurde durch Ein=
geborene mittelst langer Stangen und Ruder über das
offene Wasser geschoben und mit undurchnäßten Waaren
glücklich gelandet. Louis und ich waren die Letzten,
die sich dem Wasser anvertrauten; als alle meine
Schätze, Ochsen und Handpferde das andere Ufer er=
reicht hatten, trieben auch wir unsere Pferde in den
Fluß und überschritten diese letzte Barrière, die mich
von dem Lande der Yessurs und Sanddünen noch ge=
schieden hatte.

Die Karavanen der Brackna's und Uled Ely haben
durch das sumpfige Gestrüpp des Ufers einen Pfad zu
dieser Furth ausgetreten, der ziemlich breit und gang=
bar schien, den wir aber aus Furcht vor einem Zu=

sammentreffen mit den Mauren nicht einzuschlagen wag=
ten. Wir blieben dicht am Ufer des Senegals und
marschirten im Reihenmarsche etwa eine Meile weit
durch Rohr= und Schilf=Gesträpp stromauf, bis wir
an dem rechten Ufer eines mit dem Flusse in Ver=
bindung stehenden Marrigots zugänglicheres Terrain
erreichten. Dieser sumpfige Flußarm schien der Brüte=
platz unzähliger Wasservögel zu sein, die während un=
seres Weitermarsches fortwährend zu Tausenden von
ihren Nestern aufstiegen und kreischend über unseren
Köpfen flogen. Wenn der Lärm, den sie erregten, einen
Augenblick nachließ, hörten wir einigemal fernes Hunde=
gebell, das uns ernstliche Besorgnisse verursachte. Die
Anwohner der Marrigots sind indeß, wie ich später
erfuhr, an das Getöse gewöhnt. Schakals und Tiger=
katzen, die den Eiern und Nestvögeln nachstellen, kehren
hier häufig während der Dunkelheit ein und werden
von den befiederten Sumpfbewohnern in derselben lär=
menden Weise begrüßt.

Das unbestellbare Land tritt hier nahe an den
Senegal. Die Ueberschwemmungen des Flusses er=
strecken sich an dieser Stelle nicht über eine halbe Meile
in das Innere; das Terrain ist häufigen Versandungen
ausgesetzt und lohnt auch in der Nähe des Ufers nicht
dem Anbau. Weiter oberhalb ist der Unterschied zwi=
schen beiden Ufern noch auffallender; der nackte Fels=
boden des Sahels reicht dort unmittelbar an den Fluß;
der Senegal macht die Grenze zwischen fruchtbaren,

sorgfältig bewässerten und gepflegten Feldern und wüstem Lande. Am linken Ufer steht Dorf an Dorf, Getreide- felder und Palmpflanzungen bedecken die Thalniederung, und mächtige Baobabs strecken ihre Aeste über das Ufer hin; gegenüber beginnt die Sahara, ein flaches Ufer, eine einförmige, öde Gegend, Fels und locferer Sand, der, durch Wind und Regengüsse dem Flusse zugeführt, die Sandbänke bildet, welche der Schifffahrt auf dem Senegal so große Schwierigkeiten bereiten. Im Allgemeinen hat das südliche Sahel nicht viele dieser gänzlich unwirthbaren Strecken, und wo sie vor- kommen, sind sie von geringerer Ausdehnung, als im Norden und in der eigentlichen Sahara. Die Marri- gots, durch Ueberschwemmungen des Senegals erzeugte Sümpfe und Flußarme, unterbrechen die Oede, und während der Regenzeit ist der größere Theil des ebenen Landes mit einer dünnen Gras- und Pflanzendecke über- zogen. Es giebt indeß auch in der Nähe des Senegals, zwischen Marrigots und Gummiwäldern, einzelne Land- striche ohne alle Vegetation, sandbedeckte Hänge, Schluch- ten und Thäler voller Kies und Geröll. Letztere werden von den Mauren selten besucht, weil der scharfe Kies die Hufe der Pferde und Reitkameele (Maharis) rasch abnutzt. Die Araber sind weniger ängstlich in dieser Beziehung, außerdem meist mit den bei ihnen gebräuch- lichen stollenlosen Rundeisen versehen, die durch Stifte an der äußeren Hufwand befestigt leicht aufgeschlagen und ohne dem Hufe zu schaden ebenso leicht wieder

abgenommen werden können. Biskra hatte eine An=
zahl dieser Eisen mitgebracht und vor Beginn unseres
Marsches seinen Pferden auflegen lassen. Er trug des=
halb auch kein Bedenken, einen Weg zu wählen, der,
dem ausgetrockneten Bette eines Gebirgsbaches ähnlicher
wie einem gangbaren Pfade, unsere Ochsen zum Um=
sinken ermüdete.

Nach mehrstündigem Steigen erreichten wir auf
diesem Wege die Sandsteinfelsen des Harnich, eine dem
Senegal parallel laufende Felspartie, welche gegenüber
der Furth von Tata=Pulha beginnt und den Thalrand
etwa eine Tagereise weit stromab begleitet.

Die Nacht war klar wie eine kalte Decembernacht
in Frankreich. Felsblöcke und Sandhügel, zwischen
denen wir uns durchwinden mußten, glänzten im Mond=
scheine wie Eis und Schnee. Ich hätte mich in eine
schneebedeckte Winterlandschaft versetzt denken können,
wenn mich der Anblick meiner Begleiter nicht fort=
während an die Wirklichkeit erinnert hätte. Sie hockten
mit hoch hinaufgezogenen Knieen schlaftrunken auf ihren
Pferden und waren Alle, Araber und Neger, auffallend
schweigsam geworden. Ich schrieb dies anfangs der
Besorgniß vor Hinterhalten und Ueberfällen zu, bis
ich bemerkte, daß sie ihre Kapuzen über Nase und
Mund gezogen und sich so zu absolutem Schweigen
verurtheilt hatten. Dann fiel mir ein, daß sie das
Licht des Mondes für giftig halten. Biskra, den ich
deshalb befragte, schien sich dieses Aberglaubens zu

schämen und belehrte mich, daß in solchen Nächten die
Gesteinigten hier ihr Wesen trieben, und daß es unklug
sei, durch lautes Reden die bösen Geister herauszufor=
dern. Auf diese Weise zum Schweigen gebracht, war
ich genöthigt, mich den eigenen Betrachtungen zu über=
lassen, bis wir nach Mitternacht uns und unseren
Thieren eine kurze Rast gönnten, deren letztere in
hohem Grade bedürftig waren.

Mit Tagesanbruch saßen wir wieder in den Sätteln.
Die Pferde waren in Folge der Ruhe wieder frisch ge=
worden, die Ochsen bedurften aber, um in Gang zu
kommen, schon starker Anregung und machten uns viel
Mühe. Die Beschaffenheit des Terrains zeigte keine
wesentliche Veränderung. Die Spuren durch Gewitter=
regen erzeugter Strombildungen und Ueberschwemmun=
gen wurden seltener; der Kies, den das Wasser in
Schluchten und Ravins ablagert, war durch einen fein=
körnigen Sand ersetzt, und der darunter liegende Stein=
grund, der jene bewegliche, sich stets erneuende Decke
bildet, trat weniger häufig zu Tage. Sonst hatte die
Gegend den gleichen Charakter der Oede und Einför=
migkeit und sah noch unfreundlicher aus, als sie mir
bei Nacht erschienen war. Die Uebermüdung der Ochsen
nöthigte uns zu einer frühen Rast und zur Wahl eines
Lagerplatzes, der nicht einmal hinreichenden Schutz gegen
die Sonne gewährte. Mein Zelt war auseinander ge=
nommen und auf mehrere Ochsen verpackt worden.
Das Auf= und Zuschnüren der Ballen und das Aus=

suchen der einzelnen Zelttheile war beschwerlich und zeitraubend. Ich hatte auch schon die Erfahrung gemacht, daß bei großer Hitze der Aufenthalt unter einem Leinwandzelte ein keineswegs beneidenswerther ist, und zog es deshalb vor, gleich den Arabern hinter einem durch Decken und Burnus gebildeten Schirme zu campiren.

Am anderen Morgen sah ich die ersten Bäume wieder und kam an Stellen vorüber, wo der Boden auf weite Strecken mit rankenartigen Sträuchern überzogen war, die den dornigen Zweigen und den gezackten Blättern nach zu den Mimosen gehörten. Sie schienen in dem Sande selbst zu gedeihen. Ich untersuchte den Boden, konnte aber nicht die geringste Spur fruchtbarer Erde finden; selbst die abgefallenen Blätter mußte der Wind weggetragen und verhindert haben, zwischen den Stämmchen sich festzusetzen und den Wurzeln Nahrung zuzuführen. Ich hörte von den Arabern, daß wir die Karavanenstraße der Sidi-Anger erreicht hatten. Die Marken, denen meine Begleiter folgten, die Eindrücke von Sandalen und Hufen waren meinem ungeübten Auge kaum sichtbar. Am Abend kamen wir zu einem Brunnen, dessen Umgebung diese Spuren besser bewahrt hatte; Knochenreste, verwitterter Pferdekoth und deutlich erkennbare Feuerstellen zeigten, daß vor uns Reisende hier gelagert hatten. Das Wasser war lauwarm und hatte einen salzigen Beigeschmack, der durch einen Zusatz von gestoßenen Gurunüssen nicht

zu entfernen war, so daß ich, um meinen Durst zu
stillen, zum Kaffee greifen mußte. Das Oeffnen der
Blechbüchse hatte eine sichtliche Verklärung der braunen
und schwarzen Gesichter um mich her zur Folge; ge=
bogene und aufgestülpte Nasen sogen gleichbegierig den
Duft des gemahlenen Kaffees ein. Wir hatten am
Abend zuvor kein Feuer gehabt, ich lernte daher hier
zuerst die Verwendung des trockenen Düngers kennen,
der in der Wüste Holz und Kohlen vertritt. Dieser
Dünger wird während des Marsches sorgfältig gesam=
melt. Ochsen und Kameele tragen sogar zur Verhü=
tung von Verlust an diesem kostbaren Material lederne
Beutel, die unter den Schweifen der Thiere festgebun=
den werden. Die Sonne trocknet den Stoff so rasch,
daß er nach wenigen Stunden schon gebraucht werden
kann. Er brennt schwelend, fast ohne Flamme, giebt
eine geringe Hitze und verbreitet, wenn er nicht sehr
trocken ist, während des Brennens beträchtlichen Gestank.

Unser Lagerplatz war an der Grenze des Gebietes
der Uled=Sidi=Auger, einen kleinen Tagemarsch von
einem den Marabuts dieses Stammes gehörigen Wadi
entfernt. Ich hatte Empfehlungen an einen dort woh=
nenden Scheich, der auch mit Messaud befreundet und
durch diesen von dem ihm zugedachten Besuche bereits
benachrichtigt war. Der Name „Marabut“ hat hier
eine andere Bedeutung und ist ungleich verbreiteter
als in Algerien. Es giebt Dessurs und Ksurs (mau=
rische Dörfer), die nur von Marabuts bewohnt sind.

Die Träger dieser Würde erfreuen sich eines Ansehens, das sie theils dem geistlichen Charakter, theils ihrer Wohlhabenheit verdanken. Sie sind im Allgemeinen friedliebend und betheiligen sich selten an den Kämpfen, Raub- und Plünderungs-Zügen ihrer Stammesgenossen, sind diesen aber in allen anderen weltlichen Künsten, im Handel, Ackerbau ꝛc. weit überlegen. Ihre wissenschaftliche Ausbildung ist dagegen ohne Bedeutung; nur Wenige können lesen.

Wir passirten am folgenden Morgen einige den Sidi-Auger gehörige Weideplätze, die seit längerer Zeit nicht besucht zu sein schienen. Da wir auch während der Mittagsstunden zu Pferd blieben, erreichten wir zeitig am Nachmittage das Ziel unseres heutigen Marsches. Biskra hatte ursprünglich beabsichtigt, hier längere Zeit zu rasten und die Verstärkung abzuwarten, die ihm Messaud versprochen hatte. Meine verspätete Abreise war aber die Ursache, daß diese Verstärkung schon vor uns hier angekommen war und ungeduldig die Rückreise anzutreten seit mehreren Tagen auf uns gewartet hatte. Dieselbe Ursache war auch Schuld, daß wir ohne die gebräuchliche feierliche Einholung von Seiten unserer Wirthe in das Wadi einziehen mußten. Die Marabuts hatten uns nicht mehr erwartet, die Leute waren bei der Feldarbeit, die Pferde auf der Weide, selbst die Araber wurden durch unsere Ankunft überrascht. Mir war dies um so lieber, da ich so Gelegenheit erhielt, unsere

frommen Wirthe in ihrer Werktagsthätigkeit zu beob=
achten.

Das Wadi ist ein lang gestrecktes, in der Mitte
sich erweiterndes Thal, das durch hügeliges Terrain
gegen die sandführenden Ostwinde geschützt wird. Die
Araber nennen es Wadi=el=ma, Thal des Wassers,
von den Quellen, die an mehreren Stellen aus dem
Boden sickern und die Sohle des Thales selbst wäh=
rend der heißesten Sommermonate feucht erhalten. Der
Boden schien sorgfältig angebaut und bewässert. Pflan=
zungen von Fächerpalmen und Gummi=Akazien wech=
selten mit Feldern reifender Negerhirse, die so hoch
aufgeschossen war, daß sie die kuppelförmigen, aus
Matten und Palmzweigen geflochtenen Hütten des Dor=
fes fast verdeckte. Das frische Grün, das selbst die
Hänge überzogen hatte, war für meine durch den
weißen Sand der Wüste geblendeten Augen eine wahre
Erquickung.

Herren und Sclaven waren in voller Arbeit, als
wir, zwischen den Hügeln hervorgekommen, einen brei=
ten, durch die Heerden der Marabuts ausgetretenen
Weg hinabritten. Unter uns wurde Heu gemacht, das
mehrere Fuß hohe Gras zu strickartigen Bündeln zu=
sammengedreht und in den Zweigen der Akazien auf=
gehängt. Die Mäher kauerten am Boden, drückten das
Gras mit einer Hand zusammen und bedienten sich
zum Mähen ihrer Yatagans in derselben Weise, wie
unsere Bäuerinnen ihre kurzen Sicheln zum Schneiden

des Getreides brauchen. Sie waren so vertieft in ihre Arbeit, daß sie unser Erscheinen erst bemerkten, nachdem uns eine Heerde Buckelrinder, die neben dem Weg weidete, verrathen hatte. Diese Thiere waren springend und bockend auf uns zugekommen, hatten uns neugierig betrachtet und uns brüllend das Geleit gegeben, bis sie, durch das Fremdartige unseres Aufzuges erschreckt, plötzlich Reißaus nahmen und ohne anzuhalten nach dem Duar liefen. Als wir weiter ritten, gesellten sich einige Fohlenpferde zu uns und trabten, von ihren Füllen gefolgt, mit hochgehobenen Schweifen wiehernd neben uns her. Unsere Pferde fanden die Einladung ihrer freien Genossen so verführerisch, daß wir Mühe hatten, sie zu zügeln.

Der Scheich kam uns zu Fuß entgegen und war ängstlich bemüht, diesen Mangel an Höflichkeit zu entschuldigen. Er war schon bei Jahren, von einer bei den Mauren seltenen Korpulenz und glich mehr einem behäbigen bretagnischen Pächter, als einem der Führer dieser halbwilden, durch ihre Grausamkeit berüchtigten Völkerschaft. Während wir noch Begrüßungen austauschten, kamen in gestrecktem Galopp die Araber Messaud's an. Meine Begleiter ließen es sich nicht nehmen, ihnen in derselben Gangart entgegen zu reiten; mein Pferd war nicht von seinen Kameraden zu trennen und machte so meinen Bemühungen, mich in gutem Arabisch auszudrücken, ein plötzliches Ende. Selbstverständlich krachten nun die Flinten. Es ist

ein Wunder, daß diese gefährliche Art sich zu begrüßen
meist so glücklich abläuft. Die Araber nehmen sich bei
solchen friedlichen Zusammentreffen selten die Zeit, vor=
her die Kugeln auszuziehen, und bei dem wilden An=
rennen und dem gewaltsamen Pariren der Pferde ist
es kaum möglich, den Gewehren eine bestimmte Rich=
tung zu geben.

Der Scheich bot mir eine freistehende Hütte an,
welche mir zu Ehren mit schneeweißen Matten belegt
war und außerordentlich einladend aussah. Nachdem
ich aber eine kurze Zeit dort verweilt hatte, war ich
genöthigt, die kleine Wohnung rasch wieder zu räumen.
Der frühere Bewohner hatte Andenken hinterlassen, die
sich mir sehr schmerzhaft bemerklich machten. Eine gleich
nachher angestellte gründliche Reinigung meiner Person
und meiner Kleider war nicht im Stande, die blut=
gierigen Parasiten gänzlich zu entfernen. Ich ließ nun
mein Zelt aufschlagen und suchte dazu einen durch
Bäume beschatteten Platz neben dem Bivuac der Araber
aus. Die bunte Leinwand mit den zierlich geschnitzten
Zeltstangen erregte allgemeines Aufsehen; die gesammte
Dorfbewohnerschaft rückte aus, dieses Wunderwerk
abendländischer Industrie zu beschauen; die nackten,
nur selten mit zersetzten Bubus (Negerhemden) be=
hängten Knaben und Mädchen faßten förmlich Posto
vor dem Zelte und verließen mich nicht, so lange es
hell genug zum Sehen war.

Ich schickte dem Scheich etwas Pulver und Blei,

ein Geschenk, das ihm trotz der friedlichen Gesinnungen
seines Stammes sehr erwünscht schien, und das er durch
Uebersendung eines Hammels, einiger Hände voll Zwie-
beln und einer Kalebasse voll Milch erwiederte. Die
Araber steckten den Hammel an zwei Lanzen und brieten
ihn so über glühenden Kohlen. Ich versuchte einen
Cucussu zu bereiten in der Weise, wie ich es von den
Spahis erlernt hatte. Das Gericht fand aber nicht
den Beifall meiner Begleiter, die ihrer eignen Koch-
kunst den Vorzug gaben und erstaunliche Quantitäten
halbrohen Fleisches vertilgten.

Den Ruhetag, den Biskra trotz der Protestationen
der neu hinzugekommenen Reiter angesetzt hatte, ver-
brachten wir ganz angenehm, den individuellen Neigungen gemäß, die Araber mit Essen und Nichtsthun,
ich mit Besichtigung des Wadis. Als ich von dieser
Excursion mit einem aus sämmtlichen Kindern des
Dorfes bestehenden Gefolge am Nachmittage zurückkehrte, fand ich Mauren und Araber im heftigsten
Disput. Meine jetzt abkömmlich gewordenen Lastochsen
sollten nämlich versteigert werden; alle Anwesenden
hatten sich bei diesem Geschäft betheiligt und suchten
durch lautes Schreien und leidenschaftliche Gesticulation
den Vortheil der Ihrigen zu wahren. Unser Wirth
wußte leider sehr genau, daß ich die Waare weder
mitnehmen noch zurücksenden konnte; er war trotz
seiner Liebenswürdigkeit zu viel Kaufmann, um
nicht diesen Umstand, so gut er konnte, zu be-

nutzen. Die Ochsen gingen daher weit unter dem Preise ab.

Am anderen Morgen wurde unser Gepäck auf Maharis geladen, die uns Messaud entgegengeschickt hatte. Diese Thiere stehen zu den gewöhnlichen Ka= meelen in dem Verhältniß, wie das arabische Pferd zum schweren Karrengaul. Sie sind schlanker, zier= licher, schneller und gelehriger als die Lastkameele, werden meist zum Reiten und nur selten zum Tragen von Lasten benutzt; die geringste Uebermüdung macht sie widerspenstig. Ihr Trab ist sanft und geräumig, und wenige Pferde können auf die Dauer an ihrer Seite bleiben; der Galopp dagegen ist stoßend, nicht so unangenehm wie der der Lastkameele, doch immer noch heftig genug, um den ungeübten Reiter über den langen Hals des Thieres zu schleudern. Ich machte diese Erfahrung zum großen Ergötzen meiner Begleiter, kurz nachdem wir Wadi=el=ma verlassen hatten, und habe seitdem die Kameelreiterei nicht wieder versucht.

Die Sidi=Auger hatten von einem Streifcorps der Dowisch gesprochen, das in der Nachbarschaft der Oase gesehen worden war. Die Nachrichten über Stärke und Marschrichtung dieser feindlichen Reiterabtheilung waren unbestimmt und widersprechend, und es blieb zweifelhaft, ob dieselbe unseren Anmarsch kannte und unserthalben den Marsch in eine von Verbündeten der Uled=Ammer bewohnte Gegend unternommen hatte. Die Araber fürchteten aber doch für unsere Vorräthe und beschlossen deshalb, den Weg über Bir=el=fahal zu verlassen und auf einem kürzeren, aber brunnenlosen Wege das Esthur und die Dörfer der Schiah zu erreichen. Wir führten auf drei Tage Wasser für Menschen und Pferde mit. Die Maharis, welche neben ihrer übrigen Belastung auch die Lederschläuche tragen mußten, gingen beim Tränken fast leer aus, schienen sich aber trotz ihrer salzhaltigen Nahrung ganz wohl dabei zu befinden. Unser Marsch hatte durch die Beseitigung der Ochsen sehr gewonnen, wir waren nicht länger an den bedächtigen Schritt jener lästigen Thiere gebunden und konnten durch häufige Veränderung der Gangart den langen Ritt angenehm machen. Meine Besorgniß wegen der Folgen des anhaltenden Galoppirens erwies sich als unbegründet; die Pferde hatten sich bald an diese Marschweise gewöhnt, wußten sich zu schonen und schienen den Wechsel der Gangart selbst als eine Er= leichterung zu betrachten. Wir legten auf diese Art innerhalb der nächsten drei Tage einen Weg zurück, der nach der Rechnung der Araber sieben gewöhnliche Tagereisen betrug.*) Das Terrain, welches wir so durchzogen, war wellenförmig und durchschnitten; der Boden trug hier und da eine dürftige Vegetation, verwelkendes Gras und klumpweise zusammenstehende

____

*) Die Araber rechnen die Tagereise zu 10 Meilen, verlangen aber von guten Pferden viel größere Leistungen. Arabische Voll= blutpferde legen, ohne zu ermüden, täglich 40 bis 50 Meilen zurück.

Kameelkräuter; die Gegend bot Nichts, was mich die
Schnelligkeit unseres Marsches hätte bedauern lassen.
Ich hatte nur ein Mal während der Mittagsrast des
zweiten Marschtages einen Anblick, der mein Interesse
erregte. Ein Rudel Wild einer mir gänzlich fremden
Gattung war nämlich bis auf wenige hundert Schritte
unserem Lagerplatz nahe gekommen und gab mir während längerer Zeit Gelegenheit zur Beobachtung. Es
waren Thiere von der Größe einer Antilope, von gelb-
licher Farbe, mit dunklen Streifen auf Schultern und
Kreuz. Sie umkreisten uns eine Zeit lang, als ich
aber den Versuch machte, mich ihnen auf Schußweite
zu nähern, verschwanden sie mit einer fabelhaften
Schnelligkeit. Die Araber nannten diese Thiere „Djor"
und behaupteten, daß es verwilderte Esel seien, daß
sie östlich vom Sahel häufiger vorkämen und dort von
den Targis eingefangen und zur Zucht von Maul-
thieren benutzt würden. Ich vermuthe dagegen, daß
sie einer noch unbekannten Spielart des Quagga angehören.

Einen Tag später bekamen wir die Berge des Esthur
zu Gesicht; am Abend lagerten wir zwischen den Hügeln, mit denen jenes Gebirgsland nach Westen und
Südwesten abfällt. So nahe am Ziele unserer Reise
hätte ich fast noch einen empfindlichen Verlust erlitten.
Ich ließ nämlich an diesem Abend, um sie zu schonen,
meine Pferde ungefesselt. Die braune Stute, die ich
besonders für die Reise angekauft und theuer bezahlt

hatte, benutzte dies, sich während der Dunkelheit von dem Lagerplatze zu entfernen. Sie war spärlich getränkt worden, suchte wahrscheinlich nach Wasser und kam nach einiger Zeit, vielleicht durch ein Raubthier erschreckt, in vollem Galopp zurück. Wir waren lange wach geblieben und hatten den Liedern zugehört, mit welchen die Araber ihre Ankunft in der Heimath feierten; jetzt lagen wir Alle im ersten tiefen Schlafe, sogar die Wache hatte die Augen geschlossen. Ein böses Gewissen schärft das Gehör der Schlafenden. Der pflichtvergessene Posten wurde durch den Galopp des Pferdes aus dem Schlummer geschreckt und hatte nichts Eiligeres zu thun, als sein Gewehr abzufeuern. Die Kugel fehlte glücklicherweise das Ziel, der Schuß war aber nichts desto weniger von überraschender Wirkung und brachte uns blitzschnell auf die Beine. Die Araber schrieen wie besessen, meine Neger kreischten, die Kameele brüllten, und das erschreckte Pferd jagte zum zweiten Male davon und überließ es seinem betrübten Herrn, die anderweitig noch vorhandenen Transportmittel in Erwägung zu ziehen oder sich mit dem Gedanken an eine Fußreise vertraut zu machen. Es währte eine geraume Zeit, bis wir den Urheber des Alarms ausfindig gemacht hatten. Der Mann war noch schlaftrunken, durch den Schuß und den nachfolgenden Lärm verwirrt und wußte selbst nicht genau, warum er geschossen hatte; einige Reiter sprangen daher auf die nackten Pferde, um unsere Umgebung einer sorgfältigen

Recognoscirung zu unterwerfen. Ich hatte den Huf=
schlag des Einen Pferdes deutlich gehört und den Her=
gang der Sache richtig vermuthet. Die Entfernung
der Stute war auch bald festgestellt, der Argwohn der
Araber aber nicht so leicht wieder einzuschläfern. Sie
blieben in den Sätteln und zum Aufbruch gerüstet,
und erst als sämmtliche Reiter zurückgekehrt waren und
einer nach dem anderen die gänzliche Erfolglosigkeit
seiner Nachforschungen gemeldet hatte, gab Biskra Be=
fehl zum Absatteln.

Ich wußte zwar, daß die durch mehrtägiges Mar=
schiren und Lagern an ihre Kameraden gewöhnten Pferde
sich selten weit vom Lagerplatz entfernen, ich hatte aber
auch am Abend erfahren, daß die Gegend von Raub=
thieren besucht werde; als daher die Stute während
der Nacht nicht zurückkehrte, gab ich sie verloren. Am
Morgen, nachdem die Fährten des flüchtigen Pferdes
glücklich aufgefunden worden, beorderte Biskra zwei
in diesem Geschäfte geübte Araber zum Verfolgen der=
selben; diese waren uns kaum aus dem Gesicht, als
das vermißte Thier von der entgegengesetzten Seite an=
trabte. Es war nicht außer Athem und zeigte auch
sonst keine Spuren eines scharfen Laufes; wahrschein=
lich hatte es ganz in der Nähe des Lagerplatzes die
Nacht verbracht.

Dieser unangenehme Zwischenfall störte zum ersten
Male das Einvernehmen unserer Reisegesellschaft. Wir
brachen später wie gewöhnlich auf; die Sonne, welche

an diesem Morgen besonders heiß brannte, steigerte den allgemeinen Unmuth, und die Rechtgläubigen suchten durch halblaute Witzeleien über Adjems und Nazarenis ihr Herz zu erleichtern. Ich nahm mir vor, mich künftig mehr den Gebräuchen meiner Begleiter zu fügen, und habe es der Befolgung dieses weisen Entschlusses zu danken, daß ich während eines längeren Zusammenseins so gut mit den eifrigen Mohamedanern ausgekommen bin.

Biskra hatte unsere Ankunft in den Duar der Schiah melden lassen. Messaud war gerade von einem nicht ganz glücklichen Streifzuge zurückgekehrt, der mehrere Pferde und einen in letztvergangener Nacht an seinen Wunden gestorbenen Araber gekostet hatte. In Folge dessen war der Scheich übler Laune und wollte uns Anfangs nicht einholen, besann sich aber, als er von Extrageschenken hörte, eines Bessern und kam mit einem stattlichen Reitergefolge uns entgegen. Messaud war damals 54 Jahre alt, noch außergewöhnlich kräftig, ein vorzüglicher Reiter und so gewandt in der Voltige, daß er einem Circus Ehre gemacht haben würde. Seine Statur war mittlerer Größe, schlank und geschmeidig wie die aller Araber. Er that sich während der ceremoniösen Begrüßung offenbar Zwang an, die Habsucht, sein Hauptfehler, durch den er sich selbst seinen Verwandten verhaßt gemacht, leuchtete aus den funkelnden, durch dichte über der Nasenwurzel zusammengewachsene Brauen beschatteten Augen; kaum war er mit den üblichen nichtssagenden Redensarten fertig, so verlangte er die Waaren zu sehen. Es hielt mir schwer, ihn auf den Augenblick unserer Ankunft in dem Duar zu vertrösten und davon abzuhalten, die Ballen schon jetzt zu öffnen und den Inhalt umherzustreuen.

Kaſr-e-Schiah liegt an dem Fuße der Berge, in einem geräumigen, vergleichsweise fruchtbaren Thale, auf allen Seiten von Hügeln und Felsen eingeschlossen. Gerade der Schlucht gegenüber, welche den einzigen Zugang zu dem Duar des Scheichs bildet, steht auf einer steilen Felswand das vierseitige, zweistöckige Gebäude, welches dem Thal den Namen gegeben hat; unter demselben waren die Lederzelte der Araber aufgeschlagen, in merkwürdigem Gegensatz zu den Steinwänden der kleinen Festung. Kaſr-e-Schiah hieß früher Kaſr-e-Garba und wurde von dem gleichnamigen Berberstamme bewohnt, dem auch die Erbauung der Burg zugeschrieben wird. Ich habe von einigen anderen, durch Berbern oder Mauren erbauten Burgen gehört und weiß, daß die Städte in Tagant, Rachit und Tigingiga wie auch manche der kleineren Kſurs der Dowiſch steinerne Gebäude besitzen und zum Theil mit Steinmauern umgeben sind. So viel ich erfahren konnte, sind aber alle diese Bauwerke ohne Anwendung des Kalkmörtels zusammengefügt, während die unbehauenen Steine des Kaſrs durch einen seit langer Zeit ausgetrockneten, fast zu Stein erhärteten Mörtel gebunden sind, der dem bei uns gebräuchlichen ganz ähnlich scheint. Die Kalkhügel der Umgebung boten freilich ein sehr geeignetes Material, das ausnahmsweise bei der Ausführung des Baues benutzt worden sein kann.

Unser Einzug wurde wieder mit Flintenschüssen verherrlicht, doch mäßigte die Gegenwart Messaud's die Vergendung der Munition. Frauen und Kinder standen vor den Zelten und begrüßten uns mit einem aus dem höchsten Sopran in die tiefsten Töne des Altes übergehenden Zuruf, während uns die männliche Einwohnerschaft, Berittene und Unberittene, das Geleit zu einer großen Berkelle, einem mit Abtheilungen und Vorhof versehenen Lederzelte gaben, welches Messaud für mich und meine Diener bestimmt hatte. Ich überließ durch die Erfahrung gewitzigt diese Beduinenwohnung meinen Negern und begnügte mich mit dem Leinwandzelte, das wieder ungeheuchelte Bewunderung erregte. Die Waaren mußten noch überliefert und die Geschenke dem ungeduldig wartenden Scheich eingehändigt werden; sobald dies geschehen war, zog ich mich in mein Zelt zurück. Ich war Etwas angegriffen von dem Marsche nach durchwachter Nacht und sehnte mich nach Ruhe; ich gab deshalb meinem Diener Auftrag, mich nicht stören zu lassen, und schloß zum Mißvergnügen aller Schaulustigen den Zeltvorhang.

Zweites Kapitel.

Ich kam erst spät am Abend wieder zum Vorschein. Der Mond hatte die neugierigen Araber zu ihren eignen luftigen Behausungen getrieben, und meine Neger schnarchten schon, daß ich es in meinem Zelte gehört hatte; ich war zu meiner Verwunderung einmal allein und beeilte mich das Feld zu räumen, ehe ich durch verspätete Besucher daran gehindert wurde. Ich kam glücklich, ohne sie zu wecken, an den schlafenden Schwarzen vorüber, überschritt nicht ohne Besorgniß einen freien vom Mond beleuchteten Platz und erreichte eine Pflanzung junger Fächerpalmen, deren gabelförmige über mir sich berührende Zweige Schatten genug gaben, um mich vor Entdeckung zu sichern. Ich ging zwischen den schlanken, in regelmäßigen Reihen stehenden Stämmen hin, bis eine Hecke von Stachelfeigen meiner heimlichen Promenade ein Ziel zu setzen drohte. Mit einiger Mühe und mit Aufopferung verschiedener unwesentlicher Bestandtheile meiner Bekleidung gelangte ich indeß über dieses Hinderniß hinaus und jenseits zu einer bis an den Fuß der Hügel reichenden Rasenfläche. Dort legte

ich mich bequem in das Gras und athmete mit vollen
Zügen die kühle erfrischende Nachtluft ein. Es war
eine jener wunderbar klaren Nächte, welche den niederen
Breiten während des Vollmondes eigen sind, wo der
Mond eine Helle verbreitet, die sich mit dem Glanze
der Sonne messen kann. Ein blendendes Licht fiel auf
die Hügel vor mir, so hell, daß ich die Rinder= und
Schaf=Heerden erkennen konnte, die den Tag über auf
den Höhen geweidet hatten und jetzt an den kahlen Ab=
hängen neben dem Brunnen lagerten, aus dem sie am
Abend getränkt worden waren. Die Felswand unter
der Burg schien mit dem auf ihr ruhenden Mauerwerk
verwachsen, die Kanten der Felsen erschienen wie Thürme
und Basteien, und eine mächtige Festung baute sich vor
meinen Augen. Von dem Duar klang leise und ab=
gebrochen die Melodie eines Liedes herüber, das ich
einst auf der anderen Seite der Sahara in dem Lager
von Geryville gehört hatte. Es war die Todtenklage
um den gefallenen Araber, dessen Anverwandte jetzt
bewaffnet das Zelt des Gestorbenen umgaben und den
Jems, den Geistern der Nacht zu wehren suchten, denen
die ruhelose Seele des Dahingeschiedenen bis zur Beer=
digung unterworfen ist. Die Entfernung milderte die
rauhen Stimmen und die näselnden Töne der arabi=
schen Sänger, der Gesang klang feierlich wie ein Cho=
ral; wenn ich die Augen schloß, glaubte ich Kirchen=
gesang zu hören, und es war mir, als müßten die
Glocken einfallen und die Beendigung des Gottesdienstes

anzeigen. Ich würde noch lange zugehört und den Erinnerungen nachgehangen haben, ein lautes fröhliches Gelächter schreckte mich aber plötzlich auf. Meine Flucht war bemerkt worden, die Eile, mit welcher ich dieselbe ausgeführt, hatte die Fröhlichkeit Derer erregt, welche mir die Ehre ihres Besuchs zugedacht und das Zelt leer gefunden hatten und nun auf dem Wege zu sein schienen, mich triumphirend zurückzuführen und zum Anhören ihrer langweiligen Complimente zu zwingen. Ich hatte nicht Lust, mir den schönen Abend so verderben zu lassen, ich verließ daher eiligst mein Versteck und schlug einen Pfad ein, der nach einigen Windungen und Steigungen zwischen abschüssigen Rändern auf der Rückseite des Kasrs endete. Ich stand hier vor der natürlichen Grundmauer des Gebäudes, am Fuße der Felsen, die an dieser Stelle mit in das Mauerwerk gezogen bis zum zweiten Stockwerk reichten und einen balconartigen, mit Gebüsch bewachsenen Vorsprung bildeten. Ich bemerkte zu meiner Verwunderung, daß oben ein Feuer brannte, ich rief auf Arabisch hinauf, bekam aber keine Antwort und beschloß nach einigem Zögern die glatten in den Fels gehauenen Stufen einer hinaufführenden Treppe zu versuchen. Als ich etwa das erste Drittel dieses steilen Pfades zurückgelegt hatte, sprang mir ein großer Hund von der zottigen Race, welche die Hirten der Mauren züchten, mit wüthendem Gebell entgegen. Nun wurden auch Stimmen laut, die in einer mir fremden Sprache den Hund zurück=

zurufen schienen; dann erschienen zwei von dem Wieder=
schein des Feuers beleuchtete Köpfe über mir, und zwei
Paar Hände streckten sich aus, halfen mir über den
oberen der Stufen beraubten Theil der Treppe und
hoben mich auf den Rand des Vorsprunges. Ich hatte
nach dieser gewaltsamen Procedur kaum das Gleich=
gewicht wieder gewonnen, als mich ein halbes Dutzend
in zerrissene Hemden gekleideter Männer umringte und
mich neugierig anstarrte. Sie waren von dunkelbrauner,
fast schwarzer Farbe und trugen Bart und Haare lang;
ich hielt sie deshalb für Mauren und würde wahr=
scheinlich geglaubt haben, trotz der Nähe des Duars
in einen Hinterhalt der Dowisch gefallen zu sein, wenn
mich nicht ihr vielstimmiges „Salem alaikum" von
ihren friedlichen Gesinnungen überzeugt hätte. Ich
wurde eingeladen, neben dem Feuer Platz zu nehmen,
und sah nun, daß hier Vorbereitungen zu einer der
ärmlichen Tracht meiner Umgebung nicht ganz ange=
messenen Mahlzeit getroffen waren. Neben der Mauer
waren in dem felsigen Grunde zwei flache Vertiefungen,
die eine mit brennenden Holzstücken, die andere mit
glühenden Steinen gefüllt, und auf diesen Steinen
schmorte bereits ein fettes Fleischstück, in welchem ich
den umfangreichen Schwanz eines Schafes zu erkennen
glaubte. Der einstige Besitzer dieses Leckerbissens, ein
feister, schon abgehäuteter Hammel, wurde auch wirklich
bald darauf hinter einem Gebüsch hervorgeholt, hinter
welchem ihm in Folge meiner unerwarteten Ankunft

ein provisorisches Versteck bereitet worden war. Eine noch blutende Wunde klaffte verrätherisch an seinem Halse und schien das breite Dolchmesser anzuklagen, welches der mit dem Abhäuten beschäftigt gewesene Mann eben an seinem Hemde abwischte, während er mir in schlechtem Arabisch erzählte, daß die Schakals den Hammel zerrissen, und daß er und seine Kameraden, die Wächter von Messaud's Schafheerden, den Raub=thieren die Beute abgejagt hatten. Ich fühlte mich nicht berufen, Grund und Ungrund dieser Angabe zu erörtern, und war sogar gewissenlos genug, an dem Raube Theil zu nehmen und mir ein Viertel des Schwanzstückes ganz vortrefflich schmecken zu lassen; ich hatte mein Abendessen versäumt, und mein Appetit war durch den Spaziergang in einer Weise erregt, daß ich dem Dufte des delicaten Bratens nicht wider=stehen konnte.

Die Hirten hatten unterdeß auch den Rest des Hammels soweit gebraten, als dies für ihre scharfen Zähne und unverwöhnten Gaumen nothwendig schien. Nun fuhren sie mit ihren Messern in das halbrohe Fleisch, aus dem sie mit Hand und Klinge mächtige Stücke rissen, die aus der schmutzigen Faust mit allen Zeichen des Wohlbehagens verzehrt wurden. Ich hatte zum Glück schon meinen Hunger gestillt, als diese Ver=tilgungsarbeit begann, und konnte deshalb ganz ruhig und ohne Ekel zusehen und die muskulösen Kinnbacken mit den breiten stahlharten Backzähnen bewundern, unter deren zermalmendem Drucke die markhaltenden Rückenwirbel erkrachten, wie unter dem Gebisse eines Raubthieres. Der Hammel war einer der größten seiner Art, und doch blieben nur geringe Reste übrig, kaum ausreichend, um den satten Gästen ein mäßiges Frühstück für den anderen Morgen zu versprechen. Als Alle gesättigt schienen, bot ich ihnen Cigarren an; sie wußten nicht damit umzugehen, zeigten sich aber als gelehrige Schüler und hielten das glimmende Kraut bald so geschickt zwischen den Lippen, als wenn sie von jeher nur Cigarren geraucht hätten. Der feine Tabak äußerte seine Wirkung und goß einen Hauch der Beschaulichkeit über die fetten Gesichter der kleinen Gesellschaft. Die Raucher hatten sich von dem Feuer zurückgezogen, kauerten im Halbkreise unter den Zweigen eines Akaziengebüsches und schienen geneigter, dem, was ich ihnen etwa zu sagen hatte, ein aufmerksames Ohr zu leihen, als sich selbst der mühsamen Arbeit des Redens zu unterziehen. Ich erfuhr bruchstückweise, daß sie schon vorher von mir gehört hatten, mich sogar bei meinem in das Arabische verketzerten und mit dem unerläßlichen „Effendi" behängten Vornamen zu nennen wußten und welche wunderbaren Vorstellungen sie sich von meinem Reichthum und meiner Freigiebigkeit machten. Es war das erste Mal, daß ich mit einer Ehrfurcht behandelt wurde, welche den weißen und braunen Menschen dem Besitzer fabelhafter Reichthümer gegenüber in gleichem Maße eigen zu sein scheint. Ich beschloß diesen günstigen Umstand wenigstens dahin auszubeuten, die umhersitzenden schweigsamen Gesellen zum Reden zu bringen. Ich wandte mich in dieser Absicht der Reihe nach an meine Nachbarn und brachte es durch consequentes Fragen dahin, daß mir Einer der Hirten zur Befriedigung meiner Neugier förmlich überliefert wurde. Der Mann, den dieses Schicksal betroffen, saß Etwas abseits der Anderen, hatte bis jetzt noch gar nicht gesprochen und schien auch mit der Wahl seiner Kameraden nicht recht einverstanden. Er war älter als die Anderen, dem Anschein nach über die Siebzig hinaus; sein langes weißes Haar hing mit dem Barte verflochten bis zu den Hüften herab, die krumme Nase berührte fast die Oberlippe, die Backen waren fleischlos und voller Runzeln, seine Augen leuchteten dagegen noch in jugendlichem Feuer, und sein Körper schien wenig von der früheren Kraft verloren zu haben. Ich suchte ihn mir durch eine zweite Cigarre günstiger zu stimmen, erlangte auch von ihm das Versprechen einer Erzählung aus der Zeit, wo die Garbas in dem Esthur herrschten, einer Zeit, die er erlebt hatte; im nächsten Augenblick schien er aber dieses Versprechen schon vergessen zu haben. Er kauerte wieder stumm wie zuvor auf den gekreuzten Hacken und setzte meinem Drängen ein höfliches, aber entschiedenes Kopfnicken*) entgegen. Ob es das Bedürfniß der Sammlung

---

*) Das Zeichen der Ablehnung.

für die Erzählung einer der wichtigsten Epochen seines
Lebens oder der reichliche Fleischgenuß war, was ihn
so mundfaul machte, wage ich nicht zu entscheiden. Er
zog den Rauch aus der duftenden Manilla und ver=
folgte die blauen Ringe und Wölkchen, wie sie immer
grauer und luftiger werdend zwischen dem dichten Blät=
terwerk der Akazien in das Freie drängten. Endlich
fing er an zu murmeln und die Finger zu zählen und
einen Maßstab für die Zeit zu suchen, die seit jener
Begebenheit, welche er erzählen wollte, verflossen war.
Die Rechnung schien schwer und verwickelt und trotz
lebhafter Theilnahme von Seiten der Zuhörer nicht
befriedigend zu lösen. Ich bat ihn daher, eine kleine
Differenz von wiederkehrenden Rhamadans, die Jene
nicht unterzubringen wußten, zu übersehen und mit
diesem Rechnungsfehler zu beginnen. Er war so ein=
sichtsvoll, dieses Verlangen nicht unbillig zu finden,
und entschloß sich, wenn gleich noch zerstreut durch die
entdeckte Ungewißheit hinsichtlich seines eignen Alters,
in einem Gemisch von Arabisch und mir unverständ=
lichen Berberworten meinem Wunsche zu willfahren.
Seine Erzählung, deren Inhalt mir im Wesentlichen
durch Biskra bestätigt und ergänzt wurde, betraf die
in das letzte Decennium des vorigen Jahrhunderts
fallende Eroberung von Kasr=e=Garba durch die Araber.

Damals waren die Uled=Ammer erst seit Kurzem
im Sahel angesiedelt. Die Garbas hielten sich noch
in den Bergen, hatten alle Zugänge besetzt und waren

in steter Bereitschaft. Die Araber holten sich einigemal blutige Köpfe und kamen in Folge dessen zu der Ueberzeugung, daß das Esthur mit Reiterei nicht anzugreifen sei. Sie beschränkten sich deshalb gleichfalls auf eine Bewachung der Zugänge in der Art, daß die verschiedenen Unterabtheilungen ihres Stammes mit Zelten und Heerden auf einigen dem Esthur gegenüberliegenden, ehemals den Garbas gehörigen Yessrs campiren mußten.

Als die Reihe an die Schiah kam, bot sich durch den Verrath eines jungen Mauren eine Gelegenheit, die belästigenden Vorsichtsmaßregeln entbehrlich zu machen. Mussa-Uld-Heschem, der in Kasr-e-Garba wohnte, hatte den Verführer seiner Frau erschlagen. Mussa war zwar reich genug, ein entsprechendes Blutgeld zu erlegen, der Ermordete war aber ein naher Verwandter des Scheichs der Garbas; Mussa befürchtete, daß die Versammlung der Aeltesten aus diesem Grunde gegen ihn entscheiden würde, und entschloß sich, bei den Feinden seines Stammes Sicherheit und Rache zu suchen.

Die Schiah nahmen ihn auf und gingen bereitwillig auf seine Pläne ein. Sie waren nicht die Leute, sich wissentlich selbst zu schaden, und fest entschlossen, das beabsichtigte Unternehmen vor allen Dingen zum eignen Vortheil zu wenden. Sie verheimlichten daher die Angelegenheit ihren Brüdern und beeilten die Ausführung, um nicht durch den vorgeschriebenen Lagerwechsel genöthigt zu werden, einem anderen Stamm die Gefahren eines Kampfes überlassen zu müssen, der

den langen Krieg beenden und dem Sieger die frucht=
barsten Thäler des Esthur erwerben konnte. Mussa
unterhielt Verbindungen mit dem Esthur und gewann
unter seinen Angehörigen und Landsleuten eine den
verwendbaren Bestechungsmitteln der Schiah angemessene
Anzahl Theilnehmer. Die Wachsamkeit der Garbas war
durch die Waffenruhe eingeschläfert, die Boten gingen
hin und her, und ehe der drohende Termin der Ab=
lösung heranrückte, war der Plan des Verraths zur
Reife gediehen, und der glückliche Erfolg einer Ueber=
rumpelung des Kasrs durch genügende Vorbereitungen
gesichert.

Eines Abends standen die Araber unerwartet vor
den Wachen der Garbas, die zurückgetrieben und bis
zu den Hindernissen verfolgt wurden, an denen die
Angriffe der Reiter bisher jedesmal gescheitert waren.
Die Mauren standen jenseits gedeckt, unterhielten ein
lebhaftes Feuer und erwarteten, daß die Hitze der Araber
bald verrauchen und das Gefecht in derselben Weise wie
früher enden werde. Diesmal schien der Angriff aber
ernstlicher gemeint. Die Front der Mauren wurde
unausgesetzt attaquirt, Fußgänger erstiegen die anlie=
genden Höhen und kleine Reiterabtheilungen suchten
mit möglichstem Lärm auf unwegsamen Seitenpfaden
vorzudringen. Die Flinten krachten in Rücken und
Flanke, und die Steine und Felsstücke über den Köpfen
der Vertheidiger fingen an in bedenkliche Bewegung zu
gerathen. Es war nicht möglich, die Absichten der

Angreifer länger zu verkennen, die Wachen zogen sich daher auf eine zweite Reihe von Gruben zurück und zündeten die aufgestapelten Reisighaufen an, durch welche die Garbas zum Zuzug entboten wurden. Die nach und nach herbeieilenden Verstärkungen brachten das Gefecht bald zum Stehen; die Schiah wußten aber auch jetzt noch ihre Rolle durchzuführen, und die Dunkelheit, die ihre geringe Anzahl vervielfältigte, kam ihnen dabei zu Statten. Sie vertheidigten das eroberte Terrain und unterhielten durch fortwährende Flankenangriffe die Besorgniß, welche die siegreiche Einleitung des Gefechtes geweckt hatte.

Unterdeß hatte Mussa einen starken Reitertrupp in die Berge geführt. Der Weg, den er einschlug, war selten von Pferden betreten worden. Die Reiter mußten über den Rücken des Gebirgsstockes in tief eingeschnittene schluchtenartige Thäler hinab, wieder die Böschungen der niedrigeren Vorberge hinauf und drüben über eine Reihe terassenförmig vor einander liegender Abhänge, die von den Pferden nur gleitend zurückgelegt werden konnten. Dennoch kam die Abtheilung wohlbehalten unten an. Die Wachen, die hier stehen sollten, und die in einem für Reiter so ungünstigen Terrain genügt haben würden, ihnen Rückzug und Weitermarsch zu wehren, waren verschwunden, das Geld der Schiah hatte den Weg frei gemacht, die Reiter konnten, ohne Widerstand zu finden, in das Dorf stürmen.

Flintenschüsse und wüstes Geschrei benachrichtigten

die ausgerückten Garbas, daß der Feind in der Festung sei. Ihre Hütten brannten, Weiber und Wehrlose wurden mißhandelt und gemordet; ihnen im Rücken stand ein Feind, dessen Schätzung ihnen die Dunkelheit unmöglich machte, und vor ihnen rückten Reiter und Fußgänger von allen Seiten zum Sturme. Da gaben die Garbas den Widerstand auf und flüchteten in wilder Eile in das Dorf, ihnen nach rückte der gefährliche Feind, das Hauptcorps der Schiah, Hunderte von Reitern, über= schwemmte das Wadi, und Lanze und Yatagan färbten sich mit dem Blute der fliehenden Mauren.

Die Burg der Garbas füllte sich jetzt bis zu dem flachen Dache mit Flüchtlingen, die sich hinter den Steinwänden sicherer wähnten, wie in den unzugäng= lichen Schluchten ihrer Berge. Die Araber waren vorerst durch die Plünderung zu sehr in Anspruch ge= nommen, um an das Haus denken zu können; als es aber Tag wurde und in dem Duar Nichts mehr zu holen war, rückten sie in großer Anzahl vor das Kasr. Mussa hatte das Gerücht verbreitet, daß dort die werth= vollsten Güter der Garbas geborgen seien, und die ge= schützte Lage des Ortes, die Felsen und die starken Mauern trugen dazu bei, diese Meinung zu erhalten. Die Schiah hatten nie ein ähnliches Bauwerk gesehen und wußten lange nicht, wie sie dem künstlichen Stein= haufen beikommen sollten. Sie kletterten planlos an den Felsen herum, setzten sich dem Feuer aus allen Schießscharten aus und sahen nirgends eine Oeffnung

in der Mauer, die größer gewesen wäre, als gerade
nöthig schien, um einen Gewehrlauf hindurch zu lassen.
Sie begriffen endlich, daß sie dicht an der Mauer am
sichersten standen, und suchten nun, nachdem sie den
Widerstand der niederen mit Nägeln beschlagenen Thüre
erprobt hatten, die steilen Wände zu ersteigen und durch
das Dach einen Zugang zu eröffnen. Dolche und
Yatagans wurden in die Fugen gestoßen und so eine
Leiter hergestellt, die bis zur Brüstung reichte. Oben
aber waren während dessen Vertheidigungsanstalten ge=
troffen, die Mauren hatten selbst das Dach geöffnet,
die Platten abgehoben und auf die Zinnen getragen.
Die schweren Steinmassen zerbrachen die künstlichen
Stufen, zerschmetterten die Kletterer und begruben die
unten Stehenden. Die furchtbare Wirkung dieser neuen
Waffe jagte den Stürmenden einen solchen Schrecken
ein, daß sie den Platz zunächst der Mauer räumten,
ohne ihre Schwerverwundeten mitzunehmen. Die Schiah
hatten diese ihre erste Erfahrung in der Belagerungs=
kunst theuer bezahlt und beschlossen jetzt, systematischer
vorzugehen. Sie umstellten die Burg in sicherer Ent=
fernung, so daß sie Thüre und Dach bestreichen konn=
ten, und übergaben die Vertheidiger einem Feinde, der
sich durch verschlossene Thüren und steile Mauern nicht
abwehren ließ.

Es war im August, die Sonne brannte, als wollte
sie Denen, die sich ihren Strahlen aussetzten, das Mark
aus den Knochen saugen; die Leichen, welche um die

Mauer herum lagen, gingen schon nach wenigen Stun=
den in Verwesung über. Der Zustand der in dem
engen Raum des Kasr zusammengepreßten, durch die
Hitze und das Einathmen der verpesteten Luft gepei=
nigten Menschen muß entsetzlich gewesen sein. Am Nach=
mittage drängten sich Frauen und Kinder, ganz achtlos
gegen das feindliche Feuer, auf das Dach; an jeder
Schießscharte hing ein Mund, die Araber brauchten
nicht zu sorgen, daß ihre Kugeln fehl gingen. Die
Leichen häuften sich in dem Innern des Kasrs, und
die Lebenden wurden endlich müde, die Todten auf das
Dach zu tragen und mit eigener Lebensgefahr über die
Brüstung zu stürzen. Nun kam der Durst, diese furcht=
barste aller Qualen, die nur Der ganz kennt, der sie
unter den sengenden Sonnenstrahlen der Tropen em=
pfunden hat. Unter der Burg war eine Quelle, von
dem Dache aus konnten die Mauren sehen, wie die
arabischen Wachen ihren Durst löschten; während diese
den Ueberfluß des köstlichsten Wassers in den Sand
rinnen ließen, tranken jene den eigenen Schweiß. Die
Luft zwischen den fensterlosen Wänden war kaum noch
einzuathmen, selbst die Männer, welche die Scharten
bewachten, waren dem Ersticken nahe und suchten das
Dach zu erreichen. Dort war nicht Platz für Alle,
welche aus den unteren Räumen jetzt herauf drängten,
die Menge preßte sich deshalb wie ein Knäuel zusam=
men, drückte die außen Stehenden gegen die Brustwehr
und schob sie über die Zinnen, und glücklich waren Die,

welche durch einen Sturz über die Felsen von ihren
Leiden erlöst wurden. Zwei Tage lang hielten die
Araber das Gebäude noch bewacht mit wenigen Leuten,
die sorglos zwischen den Felsen lagen und zuweilen
wie zur Uebung ein Gewehr nach einer Lücke der
Brüstung abfeuerten. Größere Wachsamkeit wäre zweck-
los gewesen, die Gefangenen konnten nicht entfliehen,
sie hatten nicht mehr Energie genug zu einem Aus-
falle und waren auch körperlich schon zu schwach, die
schweren Steine wegzuräumen, mit denen sie die Thüre
verbarrikadirt und sich selbst den Weg zur Flucht verschlossen hatten. Als es ganz still in dem Kasr geworden war, stiegen die Araber von Außen auf das
Dach und sahen zu, wer von ihren Gefangenen noch
lebte. Einige junge Frauen, Mädchen und Kinder
wurden heruntergeschafft und gerettet. Die Männer
blieben liegen, Niemand bekümmerte sich um sie. Die
Araber mieden die Burg und ihre Umgebung und
schlugen die Zelte oberhalb des alten Duars an der
Stelle auf, wo sie noch zur Zeit meines Besuches
standen. Die Geier kamen zu Tausenden in das Wadi
und ließen von den früheren Herren des Thales nur
die Knochen übrig; die wurden unterhalb des Kasrs
in einer Grube gesammelt und erst lange nachher mit
Erde bedeckt.

Dies war die Erzählung des Alten. Als er damit
zu Ende kam, war es spät geworden; die Hirten fürchteten, daß meine lange Abwesenheit von dem Duar

ihnen unangenehme Nachforschungen veranlassen möchte, und baten mich, den Besuch abzukürzen. Ich wurde von Einem von ihnen nach den Zelten begleitet, traf meine Diener wieder schlafend und beeilte mich, ihrem Beispiele zu folgen. In der Nacht wurde ich durch die Hunde des Duars geweckt, die in der Verfolgung eines Wildes kläffend an meinem Zelte vorbeirannten. Noch lange nachher hörte ich nach den Bergen zu in der Gegend des Kasrs das kurz abgestoßene jauchzende Gebell, mit welchem die zur Jagd abgerichteten Hunde der frischen Fährte eines Raubthieres zu folgen pflegen.

Am anderen Morgen hatte ich Kopfweh und abwechselnd leichte Anfälle von Frost und Hitze. Das Unwohlsein war kaum der Erwähnung werth, die Araber machten mich aber besorgt. Sie hatten von meinem nächtlichen Spaziergange gehört und suchten mir einzureden, daß mein jetziger Zustand eine Folge dieser Uebertretung von Biskra's Lehren und der Beginn eines bösartigen Fiebers sei. Ich ließ mich wirklich so weit beeinflussen, mein Zelt zu hüten und eine Einladung Messaud's abzulehnen, der an diesem Morgen eine Rundreise zu den Duars einiger anderen Häuptlinge der Uled-Ammer antrat und meine Begleitung gewünscht hatte. Ich versäumte dadurch eine Gelegenheit, den Scheich-el-kebir des Stammes, den hundertjährigen Scherif Mohammed, kennen zu lernen. Messaud blieb mehrere Wochen aus, und mit seiner Abwesenheit kam das durch den oben erwähnten Streifzug bereits eingeleitete Unternehmen gegen die Dowifch-Mauren wieder in's Stocken. Ich war daher auf den Duar des Scheichs und dessen nächste Umgebung beschränkt und hatte Muße, die Erinnerungen meiner Dienstzeit in Algerien, was arabische Sitten und arabische Sprache betraf, wieder aufzufrischen und durch gelegentliche Studien der Geschichte und Eigenthümlichkeiten der Uled-Ammer und der Schiah insbesondere zu vermehren.

Die Uled-Ammer sind Ende des letztvergangenen Jahrhunderts vom Serfu oder von Marocco aus in das Sahel eingewandert. Sie waren damals schon zahlreich und kriegerisch und den Mauren, denen sie ein ebenso fruchtbares als unzugängliches Terrain entrissen, überlegen. Sie schoben sich wie ein Keil zwischen die ansässigen Stämme der Mauren, vertheidigten das Erworbene gegen alle Angriffe und dehnten ihre Eroberungen mit jedem Jahre weiter aus. Jetzt sollen sie im Stande sein, 6000 arabische Reiter in das Feld zu stellen und dieses Corps durch eine noch größere Zahl aus Sclaven und Abhängigen recrutirter Fußgänger zu unterstützen. Sie zerfallen in verschiedene Zweigstämme, die selbstständig unter erblichen Scheichen leben, sich nicht selten unter einander befriegen, aber stets gemeinschaftlich handeln und die Autorität des Großscheichs anerkennen, wenn es gilt, den Mauren entgegen zu treten. Ein Theil der Uled-Ammer hat sich in der offenen Wüste angesiedelt und mit Mauren und Negern vermischt. Diese Mischlinge unterscheiden sich von ihren Stammesgenossen durch eine dunklere Hautfarbe, sind weniger geachtet wie jene und werden trotz ihrer arabischen Sprache als „Adjems" (verächtliche Bezeichnung Fremder) angesehen. Alle anderen Unterabtheilungen des Stammes halten streng auf reines Blut und auf die Beobachtung arabischer Sitten; ihre Aengstlichkeit in dieser Beziehung geht so weit, daß sie sogar die Zeltwohnungen ihrer nomadisirenden Väter beibehalten haben.

Diese Zelte sind entweder aus gegerbtem Leder oder aus zusammengenähten noch mit Haar und Wolle versehenen Kameelhäuten und Schaffellen gefertigt. Der gemischte Stoff aus Wolle und Haar, den die Beduinen der kleinen Wüste verfertigen, ist hier der starken Regengüsse wegen nicht zur äußeren Zeltwand verwendbar und wird zu Vorhängen und Scheidewänden gebraucht. Gewöhnlich ist das Hauptzelt von einem Zaune umgeben, der durch Ochsen- und Kameelhäute geschlossen wird, und innerhalb dieses Hofes befinden sich kleine kegelförmige Zelte, die den Sclaven gehören oder zur Aufbewahrung von Getreide benutzt werden. Der Raum zwischen diesen Lederhütten, der öfters mit einem Schattendach aus Palmzweigen versehen wird, dient den Füllen und Lieblingspferden des Besitzers zum Aufenthalte. Die Ausstattung der Zelte ist sehr einfach. An den Zeltpfählen hängen Waffen, Sättel und Zaumzeuge, die lange Pfeife des Hausherrn und ein großer, stets mit Wasser gefüllter Lederschlauch. Zum Schlafen

dienen Schaffelle, zum Sitzen und Liegen breite Rohr-
schemel.

Die Verrichtung der häuslichen Geschäfte liegt den
Sclaven und Frauen ob. Erstere besorgen die Gärten
und Felder, zu deren Befruchtung das Wasser mühsam
aus den Brunnen herbeigeschafft wird, sie beaufsichtigen
das Vieh und werden zu allen Geschäften verwandt,
die außerhalb des Duars vorkommen. Die Frauen
bereiten die frugale Mahlzeit, rösten und stoßen das
Getreide, backen die Summita, einen Kuchen aus geröstetem Korn und Datteln, bewahren die gesäuerte
Milch in großen Kürbisschaalen und brauen aus zer-
stoßener, in Gährung übergegangener Negerhirse das
Lieblingsgetränk der Araber. Sie sind geschickt in An-
fertigung von Wollstoffen, die unter dem Namen
„Barracani" nach Marocco und Algerien versandt
werden; sie nähen die ledernen Kissen, Schläuche,
Sclavenhemden und Sandalen und fertigen aus den
Fellen ungeborner Lämmer des seidenhaarigen Wüstenschafes jene kostbaren Taschen und Polster, die in den
Städten des Orients mit Gold aufgewogen werden.
Sie besorgen das Gerben der Häute durch Eintauchen
derselben in eine aus den zerquetschten Samenkörnern
des Gerodbaumes gewonnene Flüssigkeit und wissen
dem Leder durch Bestreichen mit dem milchigen Safte
eines Strauches jene mattglänzende Farbe zu geben,
die ihre Erzeugnisse von den feinsten europäischen Leder-
arten vortheilhaft unterscheidet.

Das Schmiedehandwerk wird bei den Schiah wie bei den anderen Stämmen des Sahels durch wandernde Schmiede ausgeübt, die von Duar zu Duar ziehen und meist der Berber-Race angehören. Der „Enhad“ arbeitet mit einem einfachen Blasebalge von kubischer Gestalt, dessen Röhre, aus gebranntem Thone gefertigt, zum jedesmaligen Gebrauch eingesetzt wird. Den Heerd baut er in die Erde, zum Amboß dienen ihm passende Steine, und mit diesen einfachen Vorrichtungen führt er oft geschickte Arbeiten aus, meist allerdings Reparaturen, da die Schiah ihre Waffen und sonstigen eisernen Geräthschaften seit langer Zeit aus unseren Factoreien beziehen.

Die Waffen der Schiah bestehen aus der langen Steinschloßflinte, dem Dolche, dem Yatagan und seltener der Lanze. Sie haben ein Vorurtheil gegen alle neueren Gewehr-Constructionen, ich hatte große Mühe, ihnen die Vortheile der Percussion klar zu machen und sie an den Gebrauch der dem Scheich Messaud verkauften Büchsen zu gewöhnen. Trotz ihres scharfen Auges sind sie keine besonders geübten Schützen. Es mag dies daher kommen, daß ihre Gewehre alt und ausgeschossen, und daß Pulver und Blei in der Wüste zu kostbar sind, um sie zum Zielschießen zu benutzen. Die Uled-Ammer fechten meist zu Pferd, und ihre Ueberlegenheit den Mauren gegenüber beruht hauptsächlich auf ihrer Reiterei. Das Mehara besteigen sie nur für weite Ritte über wasserlose Strecken; außerdem

benutzen sie dasselbe gleich dem Lastkameel als Pack-
thier für längere Expeditionen. Ihre Pferde gehören
der Kolani-Race an, der edelsten unter den fünf Racen,
die von jenen Stuten des Propheten abstammen sollen,
deren Stammbaum wiederum von dem Marstalle Salo-
mo's datirt. Bei reiner Race sind diese Pferde regelmäßig von schwarzer Farbe; ihre Brust ist tief, mehr
gewölbt und breiter wie die der Berberrosse, der volle
Schweif steht im Bogen ab, und Schweif und Mähne
reichen oft bis zur Erde. Die Pferde der minder Wohl-
habenden sind mit Berberblut gekreuzt, ich habe aber
auch ganz arme Reiter auf hochedlen Rossen gesehen.
Die Füllen werden frühzeitig mit Getreide gefüttert
bis zu dem Zeitpunkt, wo sie sich vollständig entwickelt
haben. Später erhalten sie, so lange sie nicht stark
gebraucht werden, wenig mehr, als was sie abweiden,
Gras und Kraut und in der trockenen Jahreszeit etwas
Heu. Nach starken Märschen werden sie wieder mit
Korn gefüttert und erhalten ihren Antheil an den auf-
geweichten Kuchen, an denen ihre Reiter sich sättigen.
Ein regelrechtes Zureiten findet nicht statt. Das arabische Pferd ist von Natur im Gleichgewicht; wenn es
einigemal die Gewalt des Gebisses gefühlt hat, wirft
ein bloßer Schenkeldruck auf dem Hintertheil es herum,
und widerspenstige Pferde sind in der Wüste selten.

Der Sattel ist der gewöhnliche arabische mit Vorder-
und Hinter-Bauschen und schuhartigen Steigbügeln,
deren scharfe Kanten statt der Sporen dienen, deren

kurze Bügelriemen in der Hälfte ihrer Länge an die Satteltasche festgeschnürt werden. Der Zaum besteht aus einem einfachen Trensengebiß ohne Balken, aber mit einem eisernen Ringe versehen, der über Zunge und Laden greift und als Kinnkette wirkt. Eine rüde Faust kann mittelst dieses Gebisses dem Pferde mit einem Rucke den Unterkiefer zerbrechen. Die Zügel und Kopfstücke sind mit Bändern, Troddeln und Kaurimuscheln verziert, und über den schön gesteppten, reich mit Silber beschlagenen Sattel legen wohlhabende Reiter gewöhnlich ein Pantherfell.

Von religiösen Gebräuchen habe ich, abgesehen von den üblichen Gebeten und Waschungen, wenig bei den Schiah gesehen. Trauungen sind gültig, wenn die Verlobten dem Scheich das „Fatah" nachsagen, das Gebet, mit welchem das erste Kapitel des Korans beginnt. Der Mann kann die Ehe, so lange keine Kinder vorhanden sind, jeden Augenblick lösen, muß aber seine geschiedene Frau entschädigen. Polygamie ist nur bei Wohlhabenderen im Gebrauch. Die Schiah haben weder Mollahs noch Imams, und ihre einzige kirchliche Autorität ist ihr Stammesoberhaupt, der Nachkomme des Propheten. Die Wenigsten von ihnen können lesen, und ihre Kenntniß des Islam beschränkt sich meist auf einige Suren, die sie dann bei jeder Gelegenheit im Munde führen. Dagegen sind sie voller Aberglaube und die „Hadjamads", Zauberformeln, die sie von den Marabutstämmen der Brackuas und Sidi-Auger erhalten,

spielen eine große Rolle. Bei ihrer religiösen Jn=
toleranz sind sie bigott und bezeichnen Andersgläubige
leicht mit verächtlichen Ausdrücken. Mein Diener hatte
Anfangs durch diese Jntoleranz viel zu leiden und
mußte das „Kelb" und „Jnsara" so lange hören, bis
er sich dazu bequemte, in Gegenwart des Scheichs das
ihm gänzlich unverständliche Schibolet*) der Gläubigen
auszusprechen. Mir selbst kam der Umstand zu Statten,
daß ich in Algerien mohammedanische Araber comman=
dirt, und daß Biskra dies in der Factorei erfahren
hatte. Sie würden durch die Annahme, daß ein Christ
ihren rechtgläubigen Landsleuten Befehle ertheilen
konnte, ihre Race und ihren Glauben beschimpft haben.
Messaud fand es seinem Interesse angemessen, diesen
Punkt dunkel zu lassen, und ich hütete mich, ihn auf=
zuklären.

---

*) La illah il Allah, Mohammed rasoul Allah. (Es giebt
keinen Gott als Gott und Mahomet ist sein Prophet.)

Drittes Kapitel.

Es waren etwa vierzehn Tage seit meiner Ankunft in dem Duar der Schiah vergangen, als ein Bote von Messaud erschien, die Rückkehr des Scheichs meldete und Befehle für den Ausmarsch überbrachte. Das gellende „Huber!“ „keïr Huber!“ (Neuigkeiten! gute Neuigkeiten!), mit welchem der Araber, vor den Zelten herreitend, seine Ankunft verkündete, sammelte die Männer um den Ueberbringer von Befehlen des Scheichs, der sich seines Auftrages entledigte und im gestreckten Galopp zwischen den Pflanzungen hinjagte, um die beiden tiefer in den Bergen liegenden Duars aufzubieten.

In dem Wadi entfaltete sich nun ein geschäftiges Leben. Von den nahen Bergen wurden die Heerden eingetrieben und lagerten auf dem Wiesenplatze vor der Burg, von wo die rittigen Pferde und Kameele zur Musterung und zum Anpassen des Sattel- und Zaum-Zeuges nach dem Duar abgeholt wurden. Geifernde Maharis knieten vor allen Zelten, schlenkerten mit den langen Hälsen und gaben durch Brummen ihr Mißbehagen mit der ihnen aufgezwungenen unbequemen

Stellung zu erkennen. Neben ihnen wurden die für
den Feldzug bestimmten Pferde gemustert, Hufe und
Augen untersucht und das vernachlässigte Haar mit
einem aus Wolle und Kameelhaar geflochtenen Hand=
schuh geglättet. Hier und da hatte ein Reiter den Arm
zärtlich um den Hals seines Lieblingsrosses geschlungen
und die braune bärtige Wange gegen die seidenhaarige
Mähne des klugen Thieres gelehnt, das Rücken und
Nacken bog, den Boden scharrte und mit gespitzten
Ohren den geflüsterten Schmeichelworten lauschte.

Die Jugend des Duars sah sich im Hinblick auf
die Geschäftigkeit der Alten veranlaßt, so viel Lärm zu
machen und so viel Unheil anzustiften, als nur immer
möglich. Kleine Buben kletterten auf die nackten Pferde,
jagten über Pflöcke und Leinen und schrieen erbärm=
lich, wenn sie an den Ohren von ihrem angemaßten
Sitze herabgezogen wurden. Die Männer mochten sich
der eignen Knabenzeit erinnern und schauten nachsichtig
auf den jugendlichen Uebermuth. Die Frauen dagegen,
die durch die schrilleren Stimmen der Kinder im Zanken
und Keifen gestört wurden, kochten Rache. Wenn sie
auch noch so beschäftigt waren, fanden sie immer so
viel Zeit, ihren hoffnungsvollen Sprößlingen im Vorbei=
gehen einige Püffe zu versetzen und diesen Beweis
mütterlicher Zärtlichkeit durch entsprechende Redensarten
zu würzen.

Es ist merkwürdig, wie sich die Spiele der Kinder
in den verschiedenen Ländern gleichen. Ich erinnere

mich lebhaft, welches Vergnügen es mir als Knabe ge= währte, den heimkehrenden Heerden der Pächter und Bauern zuzusehen, wenn sie durch die engen Gassen des Dorfes ihren kühlen Ställen zueilten. Zuerst kamen Rinder und Ziegen in eine Heerde vereinigt, etwas später die Schweine, die durch vermehrte Eile ihre Säumniß einzuholen suchten. Sie liefen grunzend und quiekend an mir vorüber, warfen das Hintertheil bei jedem Sprunge in komischer Weise in die Höhe und schlugen mit dem dünnen Schwanze den Tact. Ich konnte nie der Versuchung widerstehen, eins dieser zier= lich gerollten Schwänzchen hinterlistig zu ergreifen und mich von dem ärgerlich grunzenden Eigenthümer desselben fortziehen zu lassen. Die Buben um mich her waren nicht viel brauner als meine damaligen Spielgenossen. Ihrem Costüme fehlten nur die zerrissenen Beinkleider und das Hemd, das jene als Söhne civilisirter Eltern gekennzeichnet hatte. Sie hatten freilich keine Schweine und würden entsetzt auseinander gestoben sein, wenn eins dieser unreinen Thiere in ihrer Mitte erschienen wäre. Dafür wandten sie ihre Zuneigung den jungen Maharis zu, klammerten sich an deren Schweife und suchten durch straffes Niederhalten die Thiere am Aus= schlagen zu hindern. Ein Ohren zerreißendes Gelächter erscholl jedesmal, wenn es einem der Füllen gelang, durch consequentes Bocken seinen Schweif von dem lebenden Anhängsel zu befreien oder dasselbe durch eine überraschende Wendung an einen Baum zu streifen.

Die Ankunft Messaud's und seiner Begleiter steigerte den Lärm noch um ein Beträchtliches, das Jubeln und Abfeuern der Gewehre wollte gar nicht enden, und ich fing an, ernstlich für mein Gehör besorgt zu werden. Ich kaufte an diesem Tage zwei Kameele mit Packsätteln und Gurten und übergab sie der Obhut meiner Neger. Vom Scheich erstand ich gegen eine mit Silber eingelegte Büchse von Thouvenin's Construction ein ausgezeichnetes Pferd, eine falbe Stute mit Kreuz- und Rückenstreifen und der Zebra-Zeichnung an Hals und Beinen.

Die Araber saßen viele Stunden nach Sonnenuntergang noch vor ihren Zelten oder hockten singend und lachend unter der großen Tamarinde, wo sich allabendlich die junge Welt des Duars zu versammeln pflegte. Als endlich Ruhe eingetreten war, weckte mich wüthendes Hundegebell, und anhaltendes Pferdegetrappel meldete die Ankunft des erwarteten Zuzuges.

Am Morgen hielten etwa 500 Reiter, zwei Drittel aller waffenfähigen Mannschaft, auf dem freien Platze vor dem Zelte des Scheichs; hinter ihnen beladene Maharis und Sclaven unter dem Schutze einer berittenen Escorte. Ich ließ meine beiden Neger mit den Kameelen zum Troß stoßen und eilte mit Louis, der ein Handpferd führte, an die Spitze des Zuges, sobald ich bemerkte, daß der Scheich mit Sclaven und Dienern seinen Platz dort eingenommen hatte. Die Kolonne setzte sich langsam in Bewegung und verließ mit den Segenswünschen der zurückbleibenden Bewohner unter einem betäubenden Kameelgebrüll das Thal.

Wir blieben während der ersten Tage zwischen den Hügeln und Bergen, mit denen der Gebirgsstock des Esthurs gegen die westlich davon bis zur Küste sich erstreckende Ebene Gibli abfällt. Alle Punkte, wo das Terrain einen Ueberfall begünstigte, wurden in verlängerter Gangart passirt, und da unser Weg durch eine fortlaufende Kette schwieriger Defilées führte, waren wir fast immer im Galopp. Die Aufmärsche geschahen in Carrière rechts und links wild durcheinander, ohne daß die niedergerittenen Vorderleute berücksichtigt wurden, oder man an die eignen Pferde gedacht hätte. Ueberhaupt zeigten die Araber nicht die Sorgfalt für ihre Pferde, die ich erwartet hatte, bei Weitem weniger, als französische Cavalleristen während anstrengender Märsche ihren Thieren zu widmen pflegen. Die Hufe waren meist eisenlos, und das festeste Horn konnte dem scharfen Kies nicht lange widerstehen, die Hufe zeigten bald Risse und ausgesprungene Stücke, die mich für die Pferde besorgt machten, und doch fiel es den Reitern nur selten ein, den kranken Huf durch eins der fertig mitgeführten Hufbleche zu schützen. Uebertriebene Leistungen wurden von den Pferden der zur Deckung des Marsches beorderten Reiter gefordert, die der Kolonne zur Zeit der Ruhe während der heißen Mittagsstunden oft um einen Tagemarsch vorauseilten und Abends wieder im Lager erscheinen mußten. Die Vorräthe wurden geschont, und

die den Pferden verabreichte Kornration fiel sehr spärlich
aus; hierzu kam noch, nachdem wir das bergige Terrain
verlassen hatten, ein fühlbarer Wassermangel. Die
Brunnen lagen weit auseinander und nöthigten zu
großen Umwegen; sie waren theilweise versandet oder
absichtlich von den Mauren verschüttet, und selbst wenn
sie wohlerhalten waren, bedurfte es öfterer Ausgrabungen
und längerer Zeit, um eine genügende Quantität Wasser
nachsickern zu lassen. Den frommen Moslemin war
dieser Mangel an Flüssigkeit besonders peinlich, weil
er sie hinderte, die vom Koran vorgeschriebenen täg=
lichen Waschungen vorzunehmen. Der Prophet hat
offenbar die Beschaffenheit der Sahara nicht gekannt
oder die Bevölkerung derselben durch Anhänger seiner
Lehre nicht vorausgesehen, sonst würde er ihnen Dispens
von der Befolgung einer so schwer einzuhaltenden Vor=
schrift ertheilt haben. So mußten sich die gläubigen
Bedowi selbst helfen, und sie thaten dies mittelst eines
frommen Betruges der originellsten Art, indem sie statt
des kostbaren Wassers den Sand der Wüste dazu ver=
wendeten, ihren kaffeebraunen Teint noch dunkler zu
färben. Ich schloß mich meinem Grundsatz gemäß von
dieser Ceremonie nicht aus, war jedoch so vorsichtig,
den aufgehobenen Sand durch die Finger gleiten zu
lassen und mir heimlich Gesicht und Hände mit Wasser
zu waschen.

Unsere Marschrichtung war Anfangs eine südliche,
parallel mit den Bergen, die wir in solcher Entfernung

links ließen, daß wir im Falle eines überlegenen An=
griffes dort Schutz und Verstärkung suchen konnten.
Nach Verlauf mehrerer Tage erhielten wir die Nach=
richt, daß die Dörfer und Ksurs der Mauren ihre
Contingente an das Hauptheer abgegeben hatten, daß
dieses sich nach Süden gewandt habe und von den
Arabern bedrängt werde, welche unter Anführung eines
Enkels des Scheichs in das Gebiet der Dowisch ein=
gefallen waren. Nun verließen wir, gemäß der Ver=
abredung zwischen den Führern der Araber, die schützen=
den Berge und marschirten in den Rücken der Feinde,
wo dem begünstigten Scheich Messaud die Aufgabe zu=
fiel, von Vertheidigern entblößte Ortschaften zu erobern.
Unser erster Angriff galt der nördlichsten Ansiedelung
der Dowischmauren, einer fruchtbaren Niederung mit
mehreren Dörfern. Wir kamen während der Nacht
vor einem derselben an, fanden aber die Bewohner ge=
flüchtet, weder Heerden noch Vorräthe, Nichts wie leere
kuppelförmige Hütten voller Schmutz und Insecten.
Die Spuren der weggetriebenen Heerden waren noch
frisch, Messaud schickte ihnen daher Reiter nach und
kommandirte starke Streifpartien zum Absuchen der
anderen Ortschaften. Haupttrupp und Troß lagerten
in der Nähe des Dorfes in einem mit prächtigen alten
Djeddia = Bäumen bestandenen Walde. Es wurden
Wachen ausgestellt, die Kameele und die gefesselten
Pferde auf die Weide getrieben, und dann zerstreuten
sich die Araber, durchsuchten Hütten und Schober nach

Hausgeräth und Getreide und überlieferten schließlich die geplünderten ärmlichen Wohnungen den Flammen.

Am Abend wurde eine Schafheerde eingetrieben, die gewichtigen Schwänze hinderten diese Thiere am raschen Marsche und überlieferten sie den Verfolgern. Schon vorher hatte unser Schlachtvieh werthvollen Zuwachs erhalten durch die Auffindung einer Rinderheerde, die mehrere Meilen vom Dorfe in einer verborgenen Schlucht geweidet hatte und wahrscheinlich von den fliehenden Besitzern für gesichert gehalten wurde. Die Hirten waren nicht benachrichtigt worden und sandten einen Knaben, um sich nach der Ursache des Feuers zu erkundigen. Der arme Bursche wurde von den Wachen gefangen und Anfangs für einen Spion gehalten. Die furchtbarsten sehr ernstlich gemeinten Drohungen entrissen ihm sein Geheimniß.

Mit eintretender Dunkelheit bot das Lager einen interessanten Anblick. Die Araber hatten aus den harzigen Zweigen der Djeddia Fackeln verfertigt und leuchteten sich damit zu ihrer Abendmahlzeit. Das flackernde Licht spiegelte sich auf den Waffen, die neben den Reitern an den Stämmen lehnten, und beleuchtete die weißen Burnus und wilden Gesichter der schmausenden Gruppen, über welchen die Kronen der Gummi-Akazien ein dichtes Blätterdach wölbten, das, von dem schwachen Lichtstreif kaum erreicht, nur um so dunkler erschien. Am Saume des Waldes hatte ich mein Zelt aufschlagen lassen, und in einiger Entfernung davon, vor der Mitte des Bivouacs, stand das große Zelt des Scheichs. Die Führer der Abtheilungen waren dort versammelt, und einige Sclaven waren beschäftigt, ihnen zu leuchten und das Zelt den von Kundschaft zurückkehrenden Reitern kenntlich zu machen. Weiter hinaus auf dem freien Raume, der den Kindern der geflüchteten Mauren zum Spielplatze gedient haben mochte, brannten gewaltige Feuer. Küche und Schlacht=haus waren hier vereinigt, ganze Hammel brieten an langen Lanzen, und Ochsen und Kühe wurden hierher getrieben und näherten sich, von dem Blutgeruch geäng=stigt, brüllend und widerstrebend der Stelle, wo halb=nackte Neger mit lautem Geschrei das Schlächtergeschäft verrichteten. Seitwärts dieser Scene lag das ver=wüstete Dorf, und neben demselben lagerten die Pferde der Araber in den niedergetretenen Saatfeldern. Der Ostwind, der sich mit der Dunkelheit erhob, hatte die glimmenden Brände der zerstörten Hütten wieder an=gefacht; eine helle Lohe schlug von Zeit zu Zeit aus dem schwelenden und glühenden Schutte empor, und ihr grelles Licht erschreckte die Pferde, die mit langen Hälsen nach den sprühenden Funken schauten oder in wildem Galopp um den Pfahl jagten, an den sie ge=fesselt waren.*)

---

*) Die Araber fesseln ihre Pferde auf zwei verschiedene Arten: entweder einen Vorderfuß und einen Hinterfuß derselben Seite, oder einen Vorderfuß mittelst eines an einen Pfahl befestigten langen Strickes.

Ich hatte meine Decken vor das Zelt tragen lassen und beobachtete von hier aus mit aller Behaglichkeit das nächtliche Treiben, als plötzlich ein lauteres Geschrei der Neger meine Aufmerksamkeit nach der Schlachtstätte richtete. Ein gewaltiger Bulle hatte dort die Männer, welche ihn hielten, zu Boden geworfen und eilte in vollem Laufe dem Walde zu. Ein Schwarm schreiender Neger folgte ihm, Brände und Holzsparren wurden ihm zwischen die Füße geschleudert und stachelten ihn zu grenzenloser Wuth auf. Das erleuchtete Zelt Messaud's mit den rothen Bändern, die von dem Giebel desselben flatterten, erregte seine Aufmerksamkeit; er senkte den Kopf, hob den Schweif und rannte, so schnell ihn die kurzen stämmigen Beine tragen wollten, auf das Zelt zu. In dem Zelte aber saß der Scheich auf einem Kameelsattel und rauchte aus langer Pfeife den west=indischen Tabak, den ich ihm geschenkt hatte, und um ihn her auf dem Boden kauerten die Angesehensten der Schiah und lauschten den Worten der Weisheit, die aus dem Munde ihres Stammesältesten kamen. Da fuhren plötzlich zwei lange Hörner durch die Zeltwand, die Stangen und Stützen brachen krachend zusammen, und über den erschreckten Insassen, durch eine dünne Lederdecke von ihnen geschieden, wälzte sich mit dumpfem Brummen eine ungeschlachte Masse und suchte sich zappelnd aus den Lederriemen zu befreien, in denen sie sich ge=fangen hatte. Ich kam gerade zeitig hinzu, um über die verblüfften Gesichter der Würdenträger lachen zu können, die von ihren jubelnden Untergebenen unter dem eingestürzten Zelte und dem darauf liegenden Ochsen hervorgezogen wurden. Der Ochse wurde an Schweif, Hörnern und Beinen triumphirend durch das Lager geschleppt und an dem Schlachtplatze für seinen An= griff auf das Zelt des Scheichs mit dem Tode bestraft.

Im Laufe des folgenden Tages kehrten die letzten auf Kundschaft gewesenen Abtheilungen mit der Nach= richt zurück, daß die Mauren alle Dörfer geräumt und sich mit Heerden und Vorräthen in ein Versteck ge= flüchtet hätten, das nach Aussage der Gefangenen schon bei früheren Kämpfen benutzt und vertheidigt worden war. Dies war eine ärgerliche Nachricht für die Araber. Die Aussicht, eine Festung angreifen zu müssen, hatte wenig Verlockendes für Leute, die gewohnt waren, dem Feinde zu Pferd entgegen zu treten. Messaud beschloß, einen Versuch zur Ueberrumpelung der verschanzten Gegner zu machen, ließ das Gepäck zurück und befahl den sofortigen Aufbruch der Reiter, die einen berittenen Gefangenen als Wegweiser mitnahmen und sich in einen Galopp setzten, der mit kurzen Unterbrechungen den größten Theil der Nacht über anhielt.

Ich ritt thörichter Weise an der Queue der Kolonne, wo sich die durch das Terrain bedingten Veränderungen des Tempos und der Gangart doppelt bemerklich machten. Nach wenigen Stunden war ich wie gerädert, ließ die Bügel fallen, deren Kürze mir unerträgliche Schmerzen verursachte, und überließ meinem Pferde die Zügel.

Die schwüle Nachtluft drückte schwer wie Blei auf
meine Augenlider, die sich schlossen, sowie die Spitze
des Zuges in Schritt fiel, und sobald ich den unver=
meidlichen Anprall an meinen Vordermann überstanden
hatte. Ich schlief dann, bis der Scheich seinen Rappen
von Neuem in Galopp setzte, bis meine Vorderleute,
um die verlorene Distance wieder zu gewinnen, in
voller Carrière davon jagten, und mein Pferd mit einem
Sprunge folgte, der mich aus dem Reiche der Träume
in die Wirklichkeit und aus dem Sattel auf die Croupe
des Rosses versetzte.

Wir erreichten gegen Ende unseres nächtlichen Mar=
sches eine ausgedehnte Gummiwaldung, wie sie in der
Nähe des rechten Senegalufers häufig vorkommen. Die
Bäume waren sich selbst überlassen und verwildert und
hatten so reichlich Schößlinge getrieben, daß wir nur
mühsam zwischen denselben passirten. Die Schwierig=
keiten mehrten sich noch, als wir an eine Stelle des
Waldes kamen, wo früher ein maurisches Dorf ge=
standen hatte, dessen Felder schon seit Jahren wüst
lagen. Solche Strecken bedecken sich hier in kurzer
Zeit mit undurchdringlichem Dornendickicht, mit Stachel=
feigen und Akazien der verschiedensten Gattung, die ihre
Dornen und Stacheln wie Lanzenspitzen ausstrecken und
jedes Abweichen vom gebahnten Wege durch blutige
Wunden bestrafen. In einen schmalen Pfad zwischen
diesem Unterholz eingeklammert wurde die Queue der
Kolonne plötzlich durch Flintenfeuer erschreckt. Unglück=

licher Weise benutzte unser Wegweiser das hierdurch verursachte Stocken zur Flucht, der Scheich glaubte sich von den Mauren verrathen und von Feinden umringt und gab im ersten Schreck den Befehl zur Kehrtwendung. Es entstand eine heillose Verwirrung, Einzelnen gelang es zu wenden, den Meisten fehlte es hierzu an Raum; es verging eine geraume Zeit, bis Messaud seinen Befehl widerrief, und während dieser Pause schlugen die feindlichen Kugeln aus wirksamster Nähe in unsere Reihen. Als wir uns wieder in Marsch setzten, traten unsere Pferde auf Todte und Verwundete, die überhängenden Zweige peitschten uns Gesicht und Hände blutig, und die Dornen rissen Kleider und Haut in Fetzen vom Leibe. So kamen wir an eine Waldblöße, wo ein wüthendes Geheul von Menschen und Hunden unser Debouchiren begrüßte und uns zeigte, daß wir vor der feindlichen Verschanzung standen, deren Umrisse uns die Dunkelheit verbarg. Wir zogen uns vor dem Gewehrfeuer der Mauren, die ihre Kugeln auf gut Glück in die Nacht jagten, bis an den Rand des Gehölzes zurück, ordneten uns, soweit es die Finsterniß zuließ, und erwarteten den Anbruch des Tages. Während wir hielten, bewegten sich zahlreiche Lichter innerhalb des dunklen Raumes vor uns und bezeichneten die Stelle des maurischen Lagers. Als der Morgen anbrach, und das helle Tageslicht fast unmittelbar der tiefsten Dunkelheit gefolgt war, sahen wir die Feinde beschäftigt, aus Reisigbündeln und gefüllten Getreidesäcken

eine Brustwehr zu errichten, deren äußere Böschung
durch einen breiten Dorngürtel gegen einen Angriff
mit blanker Waffe geschützt war. Vor diesem Zaune
war der Wald auf Gewehrschußweite vom Lager ge=
lichtet, und von hier aus führte ein durch Verhaue
geschlossener Pfad in das Innere der Verschanzung.

Messaud ließ die Hälfte der Reiter absteigen und
sich zum Sturm formiren. Die Araber trennten sich
mit sichtbarem Widerstreben von ihren Pferden und
bildeten kleine Kolonnen, denen die lichter erscheinenden
Stellen der Umzäunung als Angriffspunkte angewiesen
wurden. Hinter ihnen standen die Reiter als Soutiens
für den Fall eines feindlichen Ausfalles. Die abgesesse=
nen Araber passirten laufend das freie Terrain, warfen
sich am Rande der Umzäunung nieder und suchten mit
dem Yatagan einen Weg durch das Gebüsch zu hauen.
Ein Hagel von Kugeln und Pfeilen begrüßte ihr Vor=
gehen und concentrirte sich auf die Punkte, wo sie in
die Umzäunung eingedrungen waren. Wo ein Arm
oder Kopf zwischen den Blättern und Zweigen sichtbar
wurde, regnete es Geschosse, und bald wagten die An=
greifer nicht mehr, sich vom Platze zu rühren. Die
Mauren stiegen auf die Brustwehr, die hoch genug war,
um der Deckung der Araber ihren Werth zu rauben;
und unterhielten von hier aus ein ununterbrochenes
Feuer. Ihre dunklen Gesichter waren dem maurischen
Kriegsgebrauch gemäß zu seltsamen Grimassen verzerrt,
sie sprangen und drehten sich, als wenn sie verrückt

wären, und die am Fuße der Brustwehr Stehenden
warfen Staub und Erde über die Köpfe ihrer Vorderleute, um diese gegen die Kugeln unserer vorgegangenen
Reiter zu schützen. Eine Viertelstunde lang mochte der
Kampf gedauert haben, als der Scheich, von der Erfolglosigkeit des Angriffes überzeugt, den Rückzug befahl, der unter dem Schutze der Reiter ausgeführt wurde.
Wir hatten viele Leute verloren; der Verlust der Feinde
war weit geringer.

Die Schiah waren nun gezwungen, ihre Kampflust
zu zügeln; sie erhielten von Messaud nach einer Be-
rathung, der auch ich beiwohnte, den Befehl, sich auf
die Bewachung der Feinde zu beschränken und mit dem
Angriff bis zur Dunkelheit zu warten. Ihre Habsucht
hatte dabei einen schweren Stand, das Brüllen der
Kameele und Rinder erinnerte sie fortwährend an die
nahen Reichthümer, deren Besitz ihnen die verachteten
Mauren wehrten. Für den nächtlichen Angriff wurden
dieselben Maßregeln angeordnet wie am Morgen, und
da sich die angesehenen Araber nicht gern von ihren
Pferden trennten, nahm Messaud mein Anerbieten an
und übertrug mir die Leitung eines Theiles der Arbeit
an einer Stelle, die ich ausgesucht hatte.

Wir rückten nach Sonnenuntergang lautlos gegen
die Umzäunung. Die Leute arbeiteten voller Eifer
und kamen rasch vorwärts. Die vielen Stellen, von
denen das Geräusch des Aushauens ertönte, verleiteten
die Mauren zu einer Zersplitterung ihres Feuers, und

als sie sich von unserem Vorrücken überzeugten, sparten sie Pulver und Blei und schienen sich für die Vertheidigung des Walles zu rüsten. Je weiter wir kamen, desto lichter wurde das Gebüsch. Die Kameele hatten wahrscheinlich öfter innerhalb des Lagers geweidet, die Zweige der Büsche zunächst ihres Weideplatzes abgenagt und deren Wachsthum unterdrückt. Als wir der Brustwehr so nahe waren, daß ich fürchten mußte, auf feindliche Wachen zu stoßen, ließ ich dies dem Scheich melden und erhielt den Befehl, nicht weiter zu arbeiten und das Zeichen zum allgemeinen Angriff abzuwarten.

Wir warteten also, wie lange weiß ich nicht; mir schien es eine Ewigkeit zu währen. Wir lagen platt am Boden, keine dreißig Schritt von den lauernden Feinden, bei einer Dunkelheit, die uns die Nebenleute nicht erkennen ließ. Anfangs war es so still hinter der Brustwehr, als wenn die Gegner diese geräumt hätten; nach und nach aber wurde es lebendig dort. Ablösungen und Verstärkungen kamen und gingen, viele Stimmen redeten eifrig und leise, und mit ihnen mischte sich das Schnaufen und Winseln der Hunde. Nun wurde unser Zustand unerträglich, in jedem Busche glaubten wir einen Feind zu sehen, und das Fallen der Blätter ließ uns zusammenschrecken.

Ich schickte einen Araber vor mit dem Auftrage, sich an die Brustwehr heranzuschleichen; er konnte den Rand des Gebüsches kaum erreicht haben, als wir einen unterdrückten Schrei hörten. „Hada el Kelb" rief mein

Nebenmann aufspringend und mich in die Höhe ziehend. Die Verschanzung war plötzlich von vielen Fackeln erleuchtet, die grimmigen Gesichter der Mauren erschienen über der Brustwehr, und über Krone und Böschung wälzte sich dichtgedrängt eine Meute wüthender Hunde und stürzte mit lautem Kläffen uns entgegen, während in unserem Rücken der donnernde Galopp unserer Reiter erscholl, die das Jubelgeschrei der Mauren für das Signal zum Sturm hielten.

Zwei breite Tatzen hatten sich mir auf die Schultern gelegt, ehe ich das Messer fassen konnte; ein heißer stinkender Athem quoll mir in das Gesicht, Schreck und Ekel mehr als das Gewicht des Thieres warfen mich zu Boden. Die Todesangst spannte nun alle meine Muskeln an, ich wälzte den Hund unter mich, drückte ihn mit Händen und Knieen gegen die Erde und ließ nicht los, bis ich seinen Körper starr werden fühlte.

Von Aufregung und Anstrengung erschöpft lag ich eine Zeit lang auf dem todten Hunde. Um mich her tobte stöhnend und heulend ein wirrer Knäuel ringender Menschen und Thiere, und den wilden Flüchen meiner Kameraden antwortete das jubelnde Gelächter der Mauren. Jetzt brausten die Reiter über uns hin, die Hufe zertraten die am Boden Liegenden, und wer von diesen unverletzt blieb, folgte zur Brustwehr, wo sich ein erbitterter Kampf entsponnen hatte. Die Pferde der vordersten Reiter stiegen kerzengerad und setzten auf die Krone, die Säcke gaben nach und rollten hinab, Roß und Reiter mit ihnen, aber die Bresche war offen, und immer mehr Reiter drangen durch dieselbe ein. Von allen Seiten erscholl das Feldgeschrei der Araber. Die Mauren gaben die Vertheidigung der Brustwehr auf und flohen zu den in der Mitte der Verschanzung stehenden Hütten.

Während der Kampf in dem Innern des Lagers tobte, war an mehreren Stellen der Brustwehr Feuer ausgebrochen. Die weggeworfenen Fackeln hatten das dürre Reisig, welches die Unterlage des Walles bildete, in Brand gesetzt, und ehe die Kämpfenden es merkten, umwogten uns die Flammen. Die Ledersäcke barsten, die erhitzte Luft riß das brennende Korn in die Höhe, eine Wolke von Funken wirbelte über unseren Köpfen, fiel zündend nach allen Richtungen, versengte uns Gesicht und Kleidung und trieb das eingeschlossene Vieh zur Verzweiflung. Mit betäubendem Gebrüll rannten Ochsen und Kameele in dem engen Raum umher, Alles niederrennend, was sich ihnen entgegenstellte. Sie durchbrachen endlich die Brustwehr an einer Stelle, welche die Gluth noch nicht erreicht hatte, und verliefen sich in dem Walde.

Nach und nach erschöpfte sich das Feuer, die Nacht bedeckte wieder den Kampfplatz und verbarg die wenigen Flüchtlinge, denen es gelungen war, aus der Verschanzung zu entkommen. Nur zuweilen loderten noch Flammen auf, wenn das verkohlte Pfahlwerk der Hütten zusammenstürzte, oder wenn ein Reiter in der Verfolgung über die rauchenden Trümmer setzte, daß die Hufe des Pferdes Funken und Brände umherschleuderten.

Messaud ließ jetzt zum Sammeln rufen, die Verfolger kehrten zurück und führten die Gefangenen (Frauen und Kinder) nach der Mitte des eroberten Lagers, wo diese gezählt und gefesselt wurden. Ich konnte das Jammern und Klagen nicht lange anhören und verließ den Schauplatz der Verwüstung unter dem Vorwande, nach meinen Wunden sehen zu wollen. Meine Brust war zwar arg zerfleischt, die Verletzungen waren indeß nicht gefährlich und haben mich nicht einen Augenblick gehindert, zu Pferd zu steigen. Eine rechte Freude über unseren Sieg wollte nirgends aufkommen, das nächtliche Blutbad hatte selbst den von Jugend auf an solche Scenen gewöhnten Arabern einen häßlichen Eindruck hinterlassen. Außerdem waren unsere Verluste sehr bedeutend, und während der folgenden Tage starben noch Viele an ihren Wunden. Am Morgen waren wir voller Thätigkeit; die Einen suchten das Vieh auf, das sich in der Umgebung des Lagers herumtrieb, Andere verfertigten Tragbahren für die Schwerverwundeten. Geier, Raben und Falken bildeten das Leichengefolge. Der Himmel weiß, wo sie herkamen. Seit wir das Kasr verließen, hatte ich keine anderen Thiere gesehen, als unsere Kameele und Pferde und die Heerden unserer Gegner; jetzt wimmelte es von geflügelten und vierfüßigen Bestien, die sich am hellen Tage um die Leichen der unbeerdigt gebliebenen Mauren balgten.

Wir traten den Rückmarsch am folgenden Morgen
an und erreichten, durch den Transport der Beute und
der Verwundeten belästigt, unser Gepäck erst nach zwei
Tagen. Den alten Lagerplatz fanden wir sehr ver=
ändert. Die Zurückgebliebenen hatten dafür sorgen
wollen, uns eine behagliche Stätte zu bereiten, waren
aber sehr bequem dabei zu Werke gegangen. Statt das
Material zu den Hütten anderen Stellen des Waldes
zu entnehmen, hatten sie die prächtigen Bäume unseres
Lagerplatzes ihrer Zweige und ihres Laubes und uns
dadurch des nöthigen Schattens beraubt. Abgesehen
hiervon hatte die neue, wunderbar schnell entstandene
Stadt*) ein sehr freundliches Aussehen. Die Häuser
waren etwas leicht gebaut, nicht höher als sechs Fuß
und etwa ebenso breit in der Grundfläche. Sie glichen
großen Bienenkörben, denen man zuckerhutförmige Dächer
aus Palmblättern aufgesetzt hatte. Die Araber, welche
diesen Bau leiteten, hielten es für recht und billig, sich
selbst während einer so mühsamen Beschäftigung gegen
die Sonne zu schützen. Sie benutzten demgemäß mein
Zelt trotz der Protestationen meiner Neger und be=
schenkten mich dafür mit einer Einquartierung, die mir
viele schlaflose Nächte machte. Matten und Teppiche
waren voller Insekten verschiedener Art, und das süße
Blut des Europäers schien eine besondere Anziehung

---

*) „Ksur" bedeutet auch jedes Hüttendorf zum Unterschied von
„Duar" oder Zeltdorf. Die Araber des Senegals haben keinen
anderen Ausdruck für „Stadt". „Medina" ist nicht gebräuchlich.

für sie zu haben. Mit der Zeit gewöhnte ich mich an diese Plage, wahrscheinlich hatte meine Haut durch Millionen von Stichen und Bissen die nöthige Dicke erreicht, welche die Araber befähigt, mit der größten Gleichgültigkeit die Angriffe der kleinen Blutsauger zu ertragen.

Während der nächsten Tage war der Scheich beschäftigt, die Beute zu sichten und seinen Untergebenen nach ihrem Range und der bewiesenen Tapferkeit zuzutheilen. Trotz der diplomatischen Geschicklichkeit Messaud's ging diese Vertheilung nicht ohne lebhafte Erörterungen vor sich. Die glücklichen Besitzer versahen die ihnen überlieferten Stücke mit ihren Zeichen und übergaben sie dann der Escorte, welche Sclaven und Vieh nach dem Duar zu transportiren hatte. Bis diese Reiter zurückkehrten, beschloß Messaud in dem Lager zu bleiben und die Ruhe zu kleineren Razzias in die Nachbarschaft zu benutzen. Es geschah dies hauptsächlich der Verwundeten halber, von denen viele nicht im Stande waren, einen mehrtägigen Marsch auszuhalten. An den Raubzügen, die von hier aus unternommen wurden und nur selten Beute eintrugen, betheiligte ich mich nicht. Ich war froh, einen Grund zu haben, der meine Ausschließung rechtfertigte. Messaud wünschte nämlich unser Lager zu befestigen, und da er, vielleicht der Einzige in seinem Stamme, die Ueberlegenheit der Europäer anerkannte, beauftragte er mich mit der Ausführung. Ich wurde also Ingenieur vom Platze und war

eifrigst bemüht, den Schiah eine hohe Meinung von
der Kriegskunst der Nazareni beizubringen. „Ich umgab
das Lager mit einem leichten Astverhau in Tenaillen-
form und brachte vor den eingehenden Winkeln kleine
Tambours an. So unbedeutend die Werke waren, erschienen sie doch den Arabern als das non plus ultra
der Befestigungskunst. Die Arbeit war in wenigen
Tagen beendigt, machte mir aber viel Last, da die
faulen Neger sich nur mit Unlust der leichten Mühe
unterzogen.

Die Ruhe war mir Anfangs sehr erwünscht, mit
der Zeit wurde aber die Einförmigkeit des Lagerlebens
so lästig, daß ich alles Mögliche versuchte, mir Zerstreuung zu verschaffen. Ich ging auf die Jagd und
verfolgte am Tage das einzige Wild, dessen Erlegung
die Mühe lohnte, eine Art kleiner Rebhühner, welche
in den bewohnten Districten des Sahels häufig vorkommen. Nachts lauerte ich den Schakals und Hyänen
auf, die das geschlachtete Vieh gewittert hatten und
uns regelmäßig von Sonnenuntergang bis zum Morgen durch ein mißtönendes Concert beglückten. Wir
litten sämmtlich von den Folgen der Langeweile und
sehnten uns nach neuer Aufregung; es herrschte daher
große Freude im Lager, als einige von Kundschaft zu-
rückkehrende Reiter die Nachricht brachten, daß sie die
Spuren zweier Löwen gefunden und bis in die Nähe
des Platzes verfolgt hatten, wo unser Schlachtvieh weidete. Die Hirten erschraken nicht wenig, als sie erfuhren,

in welcher gefährlichen Nachbarschaft sie geruht hätten; es blieb indeß zweifelhaft, ob der Angriff der Raub= thiere zur Ausführung gekommen war, da sich die Zahl des Viehes nicht genau feststellen ließ. Die beiden ge= übtesten Kiasats (Spürer) des Stammes wurden aus= geschickt, das Lager der Löwen aufzufinden. Sobald sie mit günstiger Nachricht zurückgekehrt waren, brach ein Trupp Reiter auf, dem Herrn der Wüste den Krieg zu erklären.

Ich ergriff um so lieber die Gelegenheit, einer Löwenjagd beizuwohnen, weil ich mir in Oran viele vergebliche Mühe gegeben hatte, dieses Vergnügens theilhaftig zu werden. Die Führung unseres Zuges wurde dem Neffen Messaud's anvertraut, einem jungen Manne, der gleich mir noch an keiner Löwenjagd Theil genommen hatte. Hamed=Ben=Abd'el=Naïl war, nach arabischer Erbfolge, der designirte Nachfolger seines Oheims und schon jetzt der Liebling des Stammes. Die Schiah wünschten ihrem künftigen Scheich eine Gelegenheit, sich die Sporen zu verdienen, und Messaud hatte diesem Wunsche nachgeben müssen. Die Jäger waren unter den besten Schützen ausgesucht und sämmt= lich mit Büchsen bewaffnet worden. Wir hingen Beutel und Schläuche an unsere Sättel und brachen sehr früh= zeitig am Morgen mit den freudigsten Erwartungen auf, und gleich im Beginn des Marsches schienen gute Vorbedeutungen uns Glück zu versprechen. Wir sahen nämlich die Wirkungen der Luftspiegelung in seltener

Ausdehnung. Es war während der Nacht empfindlich kalt gewesen, am Morgen dagegen brannte die Sonne zum Versengen. Etwa eine Stunde nach Sonnenaufgang lagerte sich ein brauner, durchsichtiger Duft über den Sand und verhüllte nebelartig die entfernteren Gegenstände. Die Hitze ließ nach, wir verfolgten vergnügt unseren Weg, sprachen über den wahrscheinlichen Ausgang der Jagd und unterhielten uns von Abenteuern, die meine Begleiter bei früheren Löwenjagden erlebt haben wollten. Plötzlich deutete Louis, der neben mir ritt, mit einem Ausruf der Verwunderung nach der Spitze des Zuges, wo die Pferde unserer beiden Führer den festen Boden verlassen hatten und in regelmäßigem Galopp die Luft traten. Louis hatte nie von dergleichen gehört und gerieth bei diesem Anblick ganz außer sich, und auch die Araber jubelten wie besessen, schrie'n ihr „Serab!" und jagten wie große Kinder hinter einander her. Es waren dies nur die Außenposten von dem Lande der Wunder gewesen, dessen Thore heut für uns geöffnet schienen. Die Feen der Wüste hatten ihr Zaubernetz über den Sand des Sahels gebreitet, um uns die Oede ihres Reiches zu verbergen. Reiter und Pferde nahmen die seltsamsten Formen an; die beiden Kameele, die in einiger Entfernung uns folgten, schwollen zu fabelhaften Dimensionen, und ihre langen Hälse schienen uns trotz des Abstandes erreichen zu können. Die Zweige der Alfa- und Densa-Büsche begannen zu wachsen, wir ritten durch einen

Wald riesiger Baobab=Bäume, und die Wipfel dersel=
ben bogen sich bis zur Erde unter dem Gewicht der
kleinen ammerartigen Vögel, welche die Samenkörner
dieser Gewächse aufpickten und Flügel und Krallen des
Riesenvogels der arabischen Märchen entlehnt zu haben
schienen. Die Täuschung währte unter wechselnden For=
men fast eine Viertelstunde lang. Als die Erscheinungen
schwanden, waren unsere Pferde, auf die wir bisher
nicht geachtet hatten, mit Schweiß bedeckt, ihre weit
geöffneten Nüstern zitterten und warfen stoßweise die
Luft aus; sie glaubten offenbar einer großen Gefahr
entgangen zu sein.

Der Himmel glänzte bald wieder in seiner früheren
Klarheit, und die Sonne brannte mit neuer Kraft. Wir
ritten jetzt vorsichtiger weiter, weil wir uns der Stelle
näherten, wo unsere Führer das Lager der Löwen ver=
mutheten. Nach einiger Zeit erreichten wir den Brun=
nen, bis zu welchem die Fährten am vergangenen Tage
verfolgt worden waren. Es war eine Lache mit bracki=
schem, übelriechendem Wasser, nicht ummauert und, wie
es schien, nur von den Thieren der Wüste besucht.
Einige Gerippe von Antilopen lagen umher, die Kno=
chen waren gebleicht und mußten lange gelegen haben.
Zahlreiche Fährten von Raubthieren führten von hier
aus meist einer Richtung zu, so daß wir uns über
den einzuschlagenden Weg nicht täuschen konnten.

Vereinzelte Sträucher und verdorrte Stengel und
Halme hatten bis hierher den Boden bedeckt, denn nur

die Feuchtigkeit zu fehlen schien, um neue Keime zu treiben. Diese spärliche Vegetation hörte jetzt nach und nach auf. Das Terrain wurde zerklüftet und uneben und stieg allmählich nach Westen, wo eine mächtige Fels=partie die Stelle der höchsten Bodenerhebung einnahm, sich mit steilem Abfalle auf der uns entgegengesetzten Seite senkte, uns gegenüber aber einen niederen Hügel bildete, dessen Fuß mit den Trümmern zerbröckelter Basaltmassen besäet war. Eine Schicht gelblichen San=des hatte sich über den felsigen Grund gelagert und sich in den Schluchten so hoch angehäuft, daß wir Ge=fahr liefen, in dieser beweglichen Masse zu versinken. Die vielen Steinblöcke, die halb vom Sande bedeckt umher lagen, machten unseren Marsch noch schwieriger.

Wir näherten uns den Felsen möglichst gedeckt und gegen den Wind und erreichten so eine kesselartige Ver=tiefung, wo wir anhielten und unsere beiden Führer zum Recognosciren vorschickten. Sie blieben lange aus und kamen zurück, ohne die Löwen zu Gesicht bekommen zu haben. Sie hatten indeß den Koth und die frischen Fährten gefunden und diese bis auf Büchsenschußweite von den Felsen verfolgt. Näher wagten sie sich nicht heran, sie umgingen aber die Felsen und überzeugten sich, daß das Wild den Bereich derselben nicht wieder verlassen hatte.

Wir schlugen nun einen Weg ein, der direct auf die Felsen zuführte, ohne von dort gesehen zu wer=den, einen schmalen Graben, kaum breit genug für zwei Reiter nebeneinander, auf der einen Seite eine Wand, auf der anderen ein Abhang, der durch seine Steilheit das Ausbiegen verhinderte. Das Terrain konnte nicht ungünstiger für Reiter sein, ich drang daher darauf, die Pferde zurück zu lassen; die Araber wollten aber davon nicht hören und schienen meinen Vorschlag für ein Zeichen von Furcht zu halten. Ich ritt verstimmt neben Hamed, der sich an die Spitze gestellt hatte, und befahl meinem Diener, mit einer zweiten Büchse zu folgen. Wir ritten so vorsichtig als möglich, die Waffen klapperten aber doch, einzelne Steine rollten geräuschvoll den Abhang hinab, und als wir uns dem Ausgange der Schlucht näherten, verkündigte ein langes, deutlich vernehmbares Knurren, daß wir entdeckt waren. Der Zug stockte wie auf Commando, unwillkürlich drehten wir uns herum, und es gewährte mir eine gewisse Genugthuung, so viele bleiche Gesichter hinter mir zu sehen. Wir schämten uns Alle und wollten stillschweigend weiter reiten, aber die Pferde weigerten sich jetzt, wir mußten Gewalt brauchen und kamen daher in einen Galopp, der uns rascher vorwärts brachte, als in unserer Absicht lag. Wir jagten um die letzte Biegung, die Pferde flogen rechts und links zur Seite, und als sie fanden, daß sie hier nicht ausweichen konnten, standen sie schnaubend und zitternd, und die Augen schienen ihnen aus dem Kopf dringen zu wollen.

Vor uns lag ein etwa fünfzig Schritte breiter freier

Raum, den eine Lage unregelmäßig über einander ge=
schichteten Gerölles begrenzte. Ueber diesem erhoben
sich zwei getrennte Felsmassen, gleich den Mauerresten
einer zerfallenen Burg, und ließen eine durch herab=
gerolltes Gestein theilweise verschüttete Oeffnung frei.
Zwischen den Felswänden, so daß sie den Fuß des
Hügels überblicken und die Grenze des freien Raumes
mit dem ersten Sprung erreichen konnten, standen die
beiden Löwen, die unseren Angriff zu erwarten schie=
nen. Die Löwin hatte den Körper vorsichtig durch das
Geröll gedeckt und nur den Kopf und die untere Hälfte
der muskulösen Vorderbeine entblößt. Der Löwe war
mit vollem Leibe in die Oeffnung getreten und bot die
breite, von der dunkel gefärbten Mähne bedeckte Brust;
der Schweif peitschte die Flanken, und die zurückgezo=
genen Lefzen zeigten das grimmige Gebiß.

Während des kurzen Haltes waren die Reiter auf=
geschlossen und standen jetzt so dicht gedrängt, daß sie
sich gegenseitig an der Flucht hindern mußten. Ich
wollte Hamed auf das Gefährliche unserer Lage auf=
merksam machen, als ich mich aber nach ihm umsah,
bemerkte ich, daß er das Gewehr am Backen hatte und
im Begriff war auf den Löwen zu feuern. Die Ge=
wißheit, daß die Kugel ohne Wirkung, und daß der
Schuß für beide Thiere das Signal zum Sprunge sein
werde, schoß mir blitzschnell durch den Kopf. Ich riß
die Büchse in die Höhe und feuerte, fast ohne zu zie=
len, auf die Löwin. Ein donnerartiges Gebrüll er=

schütterte die Luft, mein Pferd stand senkrecht auf den Hinterbeinen und flog mit einem Satze über den Abhang, ich verlor Sitz und Bügel und stürzte mit dem Kopf voran in den Sand.

Ueber mir erzitterten die Felsen von dem Wuthgebrüll der Löwen, und das Angstgeschrei der Jäger brachte mich rasch wieder auf die Füße. Ich trug einen kurzen Revolver im Gürtel, eine nutzlose Waffe für einen so ernsten Kampf, die mir aber doch einige Zuversicht gab. Ich kletterte mit schwer verletztem Fuße nach dem Hohlwege, wo das entsetzliche Kreischen kein Ende nehmen wollte; ich kam zu spät, um helfen zu können, und sah nur den Schluß der blutigen, durch Hamed's Unvorsichtigkeit herbeigeführten Scene.

Der Löwe hatte sich auf einen der vordersten Reiter geworfen und dessen Pferd niedergerissen. Der Mann lag unter diesem, noch lebend und um Hülfe flehend, aber gräßlich verstümmelt. Seine Kameraden waren durch ihre Pferde in Anspruch genommen, oder sie fürchteten den Löwen durch ihre Kugeln zu einem neuen Sprunge zu reizen. Sie hatten sich zerstreut, und nur ihr Führer war auf dem Kampfplatze geblieben und schien dem gewaltigen Raubthiere die Beute streitig machen zu wollen. Er hatte die Büchse weggeworfen und zur Lanze gegriffen und trieb, die Augen fest auf den Löwen gerichtet, langsam sein Pferd an. Der Rappe war jetzt vollständig dem Willen des Reiters unterworfen und blieb im Schritt; der leiseste

Schenkeldruck genügte, das gehorsame Thier vorwärts zu treiben, und nur das raschere Schlagen seiner Flanken und ein leichtes Biegen der Sprunggelenke verriethen, daß es die Gefahr erkannte, der es so muthig entgegentrat.

Der Löwe hatte sich halb aufgerichtet und verfolgte die Bewegung der Lanze. Drei seiner mächtigen Tatzen waren, zum Sprunge bereit, gegen den Boden gestemmt, die vierte hielt noch immer den zuckenden Leib des Pferdes. Jetzt wirbelte die Lanze durch die Luft, mit dröhnendem Gebrüll schnellte das wüthende Thier in die Höhe, und Löwe, Reiter und Roß wälzten sich am Boden. Ein Angstgeschrei erscholl aus allen Kehlen, selbst die Zaghaftesten eilten herbei, den geliebten Führer zu retten. Zwanzig Gewehre suchten den Körper des Löwen zu fassen, aber ehe Jemand abzudrücken wagte, sprang Hamed unverletzt zur Seite. Die Lanze hatte dem Löwen die Kehle durchbohrt, röchelnd lag er auf dem Rappen, und noch im Todeskampf zerfetzte er die Weichen des treuen Pferdes.

Der Araber starb, während wir ihn aufzuheben suchten; sein Körper war so entstellt, daß wir Bedenken trugen ihn mitzunehmen. Wir begruben ihn an der Stelle, wo er gefallen war, und wälzten Steine auf das Grab, um die Leiche vor der Entweihung durch Schakals und Hyänen zu bewahren. Die Löwin war verschwunden. Sie hatte stark geblutet, und an der Spur sahen wir, daß ihr meine Kugel die Tatze zer-

ſchmettert hatte. Wenn wir Hunde gehabt hätten, wür=
den wir ſie verfolgt haben; ſo wagten wir nicht, ſie
in den Schluchten aufzuſuchen, wo wir leicht einem
zweiten Angriff ausgeſetzt werden konnten.

Bei unſerer Rückkehr feierte Hamed einen Triumph,
den ich ihm von Herzen gönnte. Das ganze Lager war
ihm entgegen gezogen, und da die Weiber fehlten, um
die Feierlichkeit des Empfanges zu erhöhen, ſo beſorg=
ten die Neger das Händeklatſchen. Hamed erhielt die
Erlaubniß, die Löwenhaut als Satteldecke zu benutzen,
ein Vorrecht, das gewöhnlich nur den Häuptlingen zu=
geſtanden wird. Meine eignen Verdienſte wurden An=
fangs ſehr verkannt; erſt am folgenden Morgen war
Meſſaud darauf aufmerkſam geworden und ſorgte für
eine entſprechende Belohnung. Meine Neger, die das
Geſchenk abholen ſollten, traten grinſend zu mir in das
Zelt und führten eine junge Maurin ein, die bei einer
der Razzias in die Hände der Araber gefallen war.
Sie war eine Dame mit ungewöhnlich üppigen For=
men; ein gewiſſer Theil ihres Körpers, der beim Sitzen
das Gewicht der Schönen zu tragen hatte, war von
einem Umfange, der mich in Erſtaunen ſetzte. Sie
würde in Conſtantinopel viel Geld eingebracht haben;
meinem Geſchmack entſprach ſie ganz und gar nicht, es
wurde mir daher leicht, der Verſuchung zu widerſtehen
und die Sclavin dem Scheich zurückzuſenden. Ich ſank
dadurch in der Achtung der Araber um viele Stufen,
die ich während der letzten Tage mühſam erklommen

hatte. Die Rückkehr der nach den heimathlichen Duars entsendeten Abtheilung machte es uns endlich möglich, die Verschanzung zu verlassen und unsere Expedition wieder aufzunehmen. Die Verluste waren durch frische Mannschaft ersetzt, und Die, welche kampfunfähig geblieben waren, hatten sich so weit erholt, daß sie zu Pferd oder in den zu diesem Zwecke angefertigten Caramoods den Marsch nach dem Esthur unternehmen konnten. Es war Zeit, daß wir daran dachten, die Lücken zu ergänzen, die in unseren Getreidevorräthen entstanden waren; wir hatten in der letzten Zeit nur von Fleisch gelebt. Auch mein Kaffee und meine Cigarren waren geschwunden, und die geringen Ueberreste dieser unersetzlichen Gegenstände machten mir es zur Pflicht, künftig weniger freigebig damit zu sein, was Messaud übel vermerkte.

Viertes Kapitel.

Messaud hatte durch einen jüdischen Händler Nach=
richten erhalten, die ihn bewogen, seine Abtheilung zu
theilen und den Troß unter starker Escorte nach dem
Marriget von Djelelli voraus marschiren zu lassen.
Der Rest der Mannschaft sollte unter Messaud's Füh=
rung einen Streifzug in das wüste, brunnenarme
Bled=el=Sebja unternehmen. Nahe bei dem größten
der zahlreichen Salzseen dieser Gegend liegt Kubar,
eine maurische Stadt, deren Einwohner vom Salzhan=
del und von den nicht unbeträchtlichen Abgaben frem=
der Kaufleute leben. Sie hatten, wie es scheint, auf
die ihre Stadt umgebende Wüste vertraut und es vor=
gezogen, einen etwaigen Angriff der Araber abzuwar=
ten. Der Scheich hoffte nun auf Kosten der reichen
Städter die Unwirthbarkeit der verschrieenen Gegend
prüfen zu können. Hamed erhielt das Commando des
Trains. Die Geschwulst meines verstauchten Fußes
nöthigte mich, gleichfalls der langsamer reitenden Ab=
theilung zu folgen, die Begleitung Hamed's, dem ich

mich seit unserer gemeinschaftlichen Jagd mehr ange=
schlossen hatte, kam mir daher sehr erwünscht.

Wir schieden von dem Wadi in Beduinen=Manier.
Verhau und Hütten wurden niedergebrannt, eine bereits
arg gelichtete Pflanzung junger Palmen gänzlich zerstört
und die beiden Brunnen verschüttet, nachdem die Araber
zuvor das Wasser derselben gründlich verderbt hatten.

Wir hatten Schlachtvieh bei uns, Ochsen und Schafe.
Der Marsch wurde durch die letzteren außerordentlich
verzögert, der Zug nahm eine Besorgniß erregende Aus=
dehnung an, sah aber um so malerischer aus. In
langer Reihe zog die bunt zusammengesetzte Kolonne,
meilenweit zerstreut, über die Sandsteinhügel und durch
die mit grünen Kameelkräutern bedeckten Thäler. Voran
die Schuafs (Eclaireurs), weit auseinander und selten
im Gesichtskreis der Kolonne. An der Spitze dieser
eine Avantgarde, die auf meine Veranlassung formirt
worden war. Dann folgten die Kameele, eins an den
Schweif des anderen gebunden, die Neger oben auf,
zwischen Ballen und Schläuchen schaukelnd oder schreiend
und lachend nebenher laufend. Hinter ihnen die Heer=
den, mit berittenen und unberittenen Treibern, und die
Arrière=Garde.

Die Spitze mußte öfter anhalten, um nicht von
dem Haupttrupp abzukommen, und gewöhnlich geschah
dies an einer Stelle, die uns einen Ueberblick über
den eben zurückgelegten Weg gestattete. Stäbe und
Lanzen der Treiber geriethen dann in besonders heftige

Bewegung, die Reiter jagten gesticulirend an der Linie hin, und die Kolonne verschwand in Folge des erneuten Eifers meist in einer undurchdringlichen Staubwolke, aus der das Brüllen und Blöken der müden Thiere klagend zu uns herübertönte. Die Gegend war im Allgemeinen fruchtbarer, als die, welche wir bisher durchzogen hatten. Densa=, Alfa= und Schia=Büsche standen in jeder Bodenvertiefung. Die saftlosen Blätter dieser Pflanzen wurden von den Kameelen gierig verzehrt, auch die Ochsen und Schafe fanden Geschmack daran; unsere Pferde nagten dagegen nur widerstrebend an dem ungewohnten Futter. In Folge des reichlicheren Pflanzenwuchses zeigte sich auch das Wild häufiger, die Hasen wurden zwischen den Beinen der Kameele getödtet, und kleine Rudel von Antilopen beobachteten von Zeit zu Zeit unseren Marsch. Ich sah hier zum ersten Male ein Zebra. Es stand ziemlich weit von uns, und wir hielten es Anfangs für eine Antilope. Unser Jagdeifer, durch mehrfaches vergebliches Rennen nach Antilopen während der letzten Tage stark abgekühlt, erwachte von Neuem, als der dicke Kopf und das gestreifte Fell des Thieres erkannt wurden. Das seltene Wild schien, mehr neugierig als erschreckt, den Ansturm zu erwarten, ließ die Vordersten der Verfolger auf etwa zweihundert Schritte herankommen, ehe es umwandte, schlug dann einigemal heftig mit den Hinterbeinen aus und rannte mit einer Schnelligkeit davon, die den Galopp unserer abgetriebenen Pferde verspottete.

Die Schafe wurden uns täglich hinderlicher, viele von ihnen konnten nicht mehr fort und mußten entweder geschlachtet oder lebend auf Kameelen weiter transportirt werden. Man band ihnen die Beine, befestigte je zwei aneinander und warf sie so über den Rücken der Lastthiere, daß auf jeder Seite des Packsattels ein in allen Tonarten jammerndes Schaf dem anderen das Gleichgewicht hielt. Ich blieb seitdem bei der Avantgarde und vermied es, mich der Kolonne zu nähern, wo Einen das fortwährende klägliche Blöken zur Verzweiflung bringen konnte.

Nach einem mehrtägigen Marsche trafen wir die alte Karavanenstraße zwischen den Sebjas und dem Senegal. Der Leser stelle sich keinen gebahnten Weg vor. Die Straße war die Verbindung verschiedener, mehrere Tagemärsche auseinander und selten in gerader Linie liegender Brunnen. Sie wurde in früherer Zeit, als die Neger ihr Salz zum großen Theil von den Mauren bezogen, stark benutzt. Seit Engländer und Franzosen den Salzhandel nach Senegambien betreiben, hat der Verkehr auf diesem Wege fast ganz aufgehört. Die Knochen gefallener oder geschlachteter Thiere waren die einzigen nicht durch die Bodengestaltung hervorgebrachten Kennzeichen der Straße. Sie lagen zahlreich im Sande, besonders an den Halteplätzen. Wo es an Steinen fehlte, hatte man die Knochen sogar zum Ausmauern der Brunnen benutzt, Kameelhäute über dies Mauerwerk gedeckt und mit Sand beschwertes Gestrüpp darauf gehäuft, um das Wasser gegen Versanden und Verdunsten zu schützen. Es ist dies deshalb nöthig, weil das Wasser dieser Brunnen nicht quillt, wie in den durch natürliche Röhren gespeisten Brunnen wasserreicher Gegenden. In der Wüste sind die Brunnen mit wenigen Ausnahmen künstlich hergestellte Gruben, meist an den tiefsten Stellen des Landes. Hier sammelt sich nach und nach die Feuchtigkeit, welche der Sand der Umgegend während des Winters und während der wolkenbruchartigen Regen der heißen Jahreszeit aufsaugt. Ihr Wasservorrath ist bald erschöpft und bedarf längerer Zeit zum Nachsickern. Continuirlich quillende Brunnen sind im Senegal stets zu bleibenden Ansiedelungen benutzt. Die Yessurs und Wadis, die Oasen der Sahara, sind solche durch lebendes Wasser begünstigte Punkte des unermeßlichen Sandmeeres.

Unsere Späher berichteten täglich über entdeckte frische Mahari-Spuren, ein Zeichen, daß unser Marsch genau beobachtet wurde. Hamed beschloß daher, der Kolonne am nächsten Brunnen einen Ruhetag zu schenken, um mit den ausgeruhten Thieren von da an in gedrängterer Ordnung marschiren zu können. Ich ritt mit Hamed und einigen Reitern voraus, wir durchsuchten das Terrain meilenweit vor- und seitwärts, ohne etwas Verdächtiges zu entdecken. Statt verborgener Feinde stöberten wir einen Trupp halbwüchsiger Strauße auf, die dicht vor uns so plötzlich aus einer

Grube hervorschossen, daß unsere Pferde erschreckt zu=
rückprellten. Die Vögel liefen mit erstaunlicher Ge=
schwindigkeit einer mit lockerem Kies bedeckten Thal=
sohle zu, als hätten sie gewußt, daß ihnen dort die
Pferde nicht folgen konnten. Ihre langen Hälse waren
weit vorgestreckt, die kurzen Flügel schlugen den Tact
zu dem windschnellen Lauf, und die Krallen fuhren bei
jedem Schritt zurück, wie die Hufe eines Harttrabers
in höchster Action. Wir waren zum Glück vertheilt,
und es gelang uns, das flüchtige Wild von seinem
Zufluchtsort abzuschneiden. Sie suchten nun seitwärts
auszubrechen und zerstreuten sich, um einzeln leichter
zu entkommen; als wir ihnen auch hier zuvorkamen,
begann eine der lustigsten Jagden, die ich mitgemacht
habe.

Wir hatten keine Waffen zur Straußenjagd, nur
Einer von uns war mit einer Lanze versehen, und die
mit Blei beschwerten Stäbe, deren sich die Araber zur
Tödtung der umstellten Strauße gewöhnlich bedienen,
fehlten gänzlich. Die Jäger waren aber um so hart=
näckiger, und die Pferde geriethen bald in eine gleiche
Aufregung und jagten ohne Zügel Seite an Seite
mit den geängstigten Vögeln dahin. Die Reiter schrieen
wie besessen, schlugen mit Kolben und Yatagan nach
dem gehetzten Wild und griffen, sich über den Sattel
hinbeugend, jubelnd nach den langen Hälsen der Vögel.
In der Verzweiflung duckten die Strauße zusammen,
wie Hasen vor dem verfolgenden Windhunde, die Pferde

stürmten darüber hinaus, und bis der Reiter sein Thier gezügelt und gewandt hatte, war das Wild in entgegengesetzter Richtung mit weitem Vorsprung voraus. Mehrmals sah ich Reiter und Pferde über die listigen Thiere hinpurzeln. Die verwundeten oder niedergerittenen Strauße wehrten sich übrigens mit Kralle und Schnabel, und mehrere Pferde wurden erheblich verletzt.

Ich hatte einen Revolver in der Hand und feuerte aus nächster Nähe, doch ohne Erfolg; meine Kugeln gingen entweder fehl oder trafen ungefährliche Stellen. Es gehört viel Glück dazu, von dem Rücken eines flüchtigen Renners herab ein so schmales Ziel, wie Kopf oder Beine eines Straußes, zu treffen, wenn dieses Ziel noch dazu mit gleicher Geschwindigkeit davoneilt. Da ich um jeden Preis einen glücklichen Schuß thun wollte, verfolgte ich einen Strauß so lange, bis er ermüdet in den Sand kauerte. Das Mißgeschick so vieler Jäger hatte mich indeß vorsichtig gemacht, mein Pferd stand gut am Gebiß und hielt wie eine Mauer, sowie der Vogel niedersaß. Ich habe gelesen, daß der Strauß in der höchsten Bedrängniß den Kopf in den Sand zu verbergen pflegt. Diese wunderbare Kriegslist schien meinem vis-à-vis noch unbekannt zu sein; es blieb allerdings sitzen, hackte aber recht ernstlich nach meinem Pferde und ruhte nicht, bis ich ihm den Kopf zerschmetterte.

Als wir uns nach und nach wieder zusammenfanden, zeigte sich, daß die Jagd doch ziemlich ergiebig

gewesen war. Zu den ganz unglücklichen Jägern ge=
hörte mein Diener. Er war gleich Anfangs über einen
Strauß gefallen, der Vogel hatte ihm einen häßlichen
Schnabelhieb in die nackte Wade versetzt und war da=
vongelaufen. Louis gab sofort die Jagd auf und
kam fluchend hinter uns her geritten. Die verschiedenen
Abenteuer dieses Tages, die aber von den zunächst
Betheiligten meist in Abrede gestellt wurden, gaben
noch lange den beliebtesten Stoff zu unserer Unter=
haltung ab.

Am Tage nach dieser Jagd erreichten wir unseren
Ruheplatz, den Brunnen von „Sidi=Modschaheddi“,
dem das Grab eines im Kampf mit den Ungläubigen
hier gefallenen Marabuts den Namen gegeben haben
soll. Der Marabut, die steinerne Hütte, stand in der
Nähe des Brunnens. Sie war den Steinhütten, die
unter gleichem Namen in Algerien vorkommen, ganz
ähnlich, machte aber den Eindruck eines älteren Bau=
werks. Ich glaube, daß diese Marabuts ursprünglich
einem ganz anderen Zwecke gedient haben, als ihnen
später beigelegt wurde. Sie werden im Sahel nur
neben den Brunnen der Karavanenstraßen gefunden
und dienen noch jetzt zum Markiren der Lage eines
ohne dieses Kennzeichen schwer aufzufindenden Brun=
nens. Araber und Mauren, welche dort lagern, ver=
fehlen selten, kleine Vorräthe an Datteln und Korn in
der Hütte niederzulegen. Wer in wirklicher Noth ist,
darf von diesen Speisen essen, aber Nichts davon mit=

nehmen. Der Aberglaube bewirkt die strenge Einhaltung dieses Gesetzes. Außerdem ist der Marabut ein Asyl für Verfolgte, doch von zweifelhaftem Werthe. Auf dem Grabe eines Heiligen darf kein Blut vergossen werden; wer in die Hütte flüchtet, ist daher momentan gesichert, seine Verfolger dürfen ihn aber bewachen und selbst einmauern, und ein längerer Aufenthalt unter den heißen Steinplatten muß tausendfacher Tod sein.

Modschahebdi war früher zeitweise bewohnt. In der guten Jahreszeit ließ sich einer der berberischen Wanderstämme dort nieder, um die hier haltenden Karavanen mit Schlachtvieh zu versehen, die Weiterziehenden zu den Salzseen zu geleiten und Diejenigen, welche den Tribut verweigerten, zu plündern. Der Verfall des Karavanenwesens machte diesem einträglichen Handel ein Ende, der Platz ist wüst geworden, und ein den Wurzeln der gefällten Fruchtbäume entsproßtes Gebüsch ist das letzte Zeichen der einstigen Wohnlichkeit des verlassenen Ortes.

Der folgende Tag war ein Yemma (Freitag, der Sabbath der Mohamedaner), und da er zugleich der uns versprochene Ruhetag war, und Hamed sich mit weiser Berücksichtigung der vielen maroden Schafe außerordentlich freigebig erwies, wurde ein Fest daraus, zu dessen Feier mehr Braten verzehrt wurde, als ein französisches Regiment hätte vertilgen können. Unglaubliche Quantitäten Fleisch wurden verschlungen.

Ich glaube, die ganze Schafheerde wäre zwischen den gierigen Zähnen meiner Reisegefährten verschwunden, hätte es nicht schließlich an Feuerung gefehlt. Gegen Abend, als das Singen und Toben nachließ, Araber und Neger sich dem angenehmen Geschäft der Verdauung hingaben oder den Vorträgen der offiziell anerkannten Erzähler lauschten, wurde unsere Ruhe plötzlich durch einen blinden Alarm unterbrochen. Die Vedetten brachten nämlich einen Reiter ein, den sie für einen Spion hielten, der sich aber als Deserteur auswies. Er war ein Mulatte, halb Maure, halb Neger, wie er sagte, der Sclave eines maurischen Häuptlings, dessen bestes Pferd er gestohlen hatte und zur Legitimation seiner Gesinnung uns vorführte. Ich war dabei, als Hamed ihn examinirte, konnte jedoch aus dem Kauderwelsch, das er mit merkwürdiger Zungengeläufigkeit von sich gab, nicht klug werden. Seine Sprache war aus der der Araber, Berbern und Neger zu gleichen Theilen zusammengesetzt, zwei Dolmetscher waren erforderlich, uns seine Rede verständlich zu machen.

Die Ankunft dieses Mannes war insofern wichtig, als sie Hamed's Entschluß befestigte, die Straße zu verlassen und den geraden Weg nach dem zum Rendezvous bestimmten Arme des Senegals einzuschlagen. Wir hatten einen Araber bei uns, der diesen Weg vor längerer Zeit geritten war; er getraute sich zwar nicht, ihn wieder zu finden, kannte aber die Marken

und Entfernungen, und seine Angabe stimmte so genau
mit der des Mulatten, daß die Wahrheitsliebe des
Letzteren wenigstens in dieser Beziehung nicht bezweifelt
werden konnte. Dennoch hielt es Hamed für besser,
ihm seinen stolzen Hengst zu nehmen und ihn auf ein
Pferd zu setzen, das vermöge seines Temperamentes
und seiner Kräfte einen etwa beabsichtigten Verrath
für den Verräther höchst gefährlich machen mußte. Die
Leute waren angewiesen, sich auf anstrengende Märsche
gefaßt zu machen. Unser Wasservorrath reichte auf
zwei Tage, so lang, als ein Reiter unter gewöhnlichen
Verhältnissen bis zu dem nächsten Brunnen zu reisen
hatte. Unsere Heerde brauchte aber hierzu viel mehr
Zeit; die meisten Ochsen gingen blöde und verzögerten
den Marsch. Wollten wir wirklich am Abend des
zweiten Tages den Brunnen erreichen, so mußte während der heißen Tageszeit marschirt oder die Nacht zu
Hülfe genommen werden. Mit Nachtmärschen konnten
sich aber die abergläubischen Araber nicht befreunden.

Es giebt nichts Ermüdenderes, als einen langsamen
Ritt in ebenem Terrain. Stundenlang sieht man denselben Gegenstand vor sich, oft scheint er weiter abzu-
rücken, je näher man ihm kommt. Die Pferde legen
sich schwer auf das Gebiß, machen den Rücken hoch
und nehmen einen unbequemen Gang an. Hier ein
Stolpern, dort ein Zusammenfahren, Folgen des Schla-
fens mit offenen Augen, eines Kunststückes, das viele
Pferde mit großer Geschicklichkeit practiciren. Der

Reiter, der selbst die Augen geschlossen hatte, muß es entgelten. Ist er ärgerlicher Natur und will er, noch halb im Schlafe, durch einen gelinden Ruck in die Zügel die Störung rächen, dann fährt das Thier plötzlich mit der Nase in die Höhe, der Rücken wird gleich dem Buckel einer Katze, und einige Trabstöße folgen, so ungelenk und nervenerschütternd, daß sie einen schlummernden Heiligen zum Fluchen bewegen würden. Ich habe diese Unannehmlichkeiten, die alle meine Reisegefährten verdrossen machten, redlich getheilt und meine gute Laune selbst dann noch bewahrt, als mich ein Fieberanfall packte. Ich nahm Chinin, und als dieses wirkungslos blieb, versuchte ich eine Arzenei, die mich in Oran oft von heftigem Kopfweh befreit hat. Ich trank nämlich am Abend eine beträchtliche Quantität echten Jamaika-Rums, den ich für den Nothfall mitführte, schlief darauf wie ein Bär und erwachte am anderen Morgen mit freiem Kopf.

Die Gegend war überaus trostlos, eine Fläche ohne Humusdecke und ohne jegliche Vegetation; zuweilen niedere Felsmassen, die, trotz der mangelnden Feuchtigkeit verwitternd, das Material zu neuen Versandungen lieferten. Nirgends Spuren, daß schon vor uns Reisende diesen Weg gezogen waren; der feine, weiße und röthliche Flugsand hatte Alles verweht. Ich kam mir vor wie ein Seemann, der allein mit seinen Schiffsgenossen auf dem Ocean treibt. Wie diesen umgab mich ein Meer, flach und einförmig, das gefürchtete

Sahel-bela-ma, Strecken, die vielleicht noch nie der Fuß eines Menschen betrat.

Wir hatten am ersten Tage die Kräfte der Thiere zu sehr angestrengt, am zweiten kamen wir deshalb nicht vom Fleck. Auf halbem Wege fielen die ersten Ochsen; sie wurden getödtet und ihr Fleisch, in Streifen geschnitten, auf Kameele geladen. Als aber alle Neger abgestiegen waren und die Reihe an die Araber kam, wurde auf fernere Fleischvorräthe verzichtet. Die halb verschmachteten Thiere blieben im Sande liegen, und unsere steten Begleiter, die häßlichen kahlhälsigen Geier, fanden reichlichen Schmaus. Ich wechselte öfter die Pferde und ließ auch meine Neger stellenweise absteigen; sie hielten dies für einen gewaltigen Schimpf und folgten dem Befehle erst, als ich ihnen die Mündung des Revolvers zeigte.

Der Tag schien endlos wie der Weg, und unsere Ungeduld steigerte sich mit der zunehmenden Müdigkeit und dem Durste. Hamed war genöthigt, unseren Führer neben sich reiten zu lassen, um ihn vor Mißhandlungen von Seiten der erbitterten Araber zu schützen. Das Benehmen des Mulatten war allerdings beunruhigend; er hatte die frühere Zuversicht verloren und beobachtete ängstlich die Gegend. Als es dunkel wurde, ließ er uns mehrfach anhalten, einmal sogar die Richtung verändern, ein böses Zeichen für einen Führer in der Wüste, der gewöhnt sein muß, sich nach den Sternen zu orientiren. Wir fanden endlich ein schmales

Thal, dessen Eingang der Mulatte gesucht hatte; auf der entgegengesetzten Seite sollte der Brunnen liegen. Die Nachricht verbreitete sich rasch und verursachte große Aufregung. Die Pferde und Kameele, welche die Bedeutung des plötzlichen Schreiens und Antreibens kannten, boten freiwillig die letzten Kräfte zu einem kurzen Galopp, und der Zug drängte wild und unordentlich nach dem Ausgange der Vertiefung. Ich war unter den Ersten, die hier ankamen. Was uns bewogen hatte, die Straße zu verlassen, die Besorgniß, daß der Feind die Brunnen vor uns zerstören werde, war hier erfüllt. Kameele und Pferde zerstampften den Sand auf der Stelle des verschütteten Brunnens.

Mit Mühe gelang es uns, einige Ordnung in das Gedränge zu bringen. Es wurden Fackeln angezündet, und die zum Einschlagen der Pflöcke und zum Reinigen der Brunnen dienenden Hacken herbeigeholt. Einige Neger begannen den Sand aufzuwerfen, den andere in Decken und Tüchern zur Seite trugen; selbst die Hände wurden gebraucht, das Ausheben zu beschleunigen. Um die Arbeiter standen die Zuschauer Kopf an Kopf, alle Gesichter voll ängstlicher Erwartung, voller Sorgen, daß der Brunnen nicht blos verschüttet, sondern auch mit Koth verunreinigt sein möchte. Letzteres geschieht gewöhnlich dann, wenn die Zerstörer voraussehen, daß sie selbst den Brunnen nicht wieder benutzen werden.

Die Neger trafen bald auf einen festen Körper, sie glaubten eine der zum Bedecken des Brunnens verwendeten Kameelhäute zu finden und stießen die Hacken hinein, sie herauszuziehen. Als dies nicht rasch genug ging, traten Andere hinzu, halfen mit den Händen und reichten Fackeln, den Gegenstand zu beleuchten. Da sprangen die Arbeiter plötzlich schreiend und ihr Werkzeug wegwerfend aus der Grube. Ein nacktes Bein ragte über den Sand, einer der Neger zog es, seinen Ekel überwindend, hervor, es folgte der Rumpf eines Mannes, wahrscheinlich eines der beiden Araber, die wir seit mehreren Tagen vermißten.

Ich will das Kreischen der Neger und die Wuth= ausbrüche meiner arabischen Begleiter nicht schildern. Ihre Sprache ist bekanntlich reich an Flüchen und Ver= wünschungen, und der ganze Reichthum wurde sicher in diesem Augenblick aufgeboten. Bald vereinigten sich alle Stimmen in einem Rufe, der unseren Wegweiser, wenn er noch in Hörweite war, mit Entsetzen erfüllen mußte. „Der Mulatte" schrie es auf allen Seiten, im Nu war die Menge auseinander, die Lichter zerstreuten sich, und die wüthenden Araber begannen die Suche nach dem unsichtbar gewordenen Führer. Der Lärm war noch immer so laut, daß ich ein neues Geschrei überhörte, welches einige noch in der Schlucht befind= liche Nachzügler erhoben. Ich sah den tobenden Schwarm mit derselben Hast zurückströmen, mit der er vor Kurzem nach der freien Ebene gedrängt hatte, und folgte zu einer Stelle, wo der Reiter, den Hamed auf des Mu= latten Pferd gesetzt hatte, mit durchschnittener Kehle am Boden lag. Beide Pferde fehlten, der Mörder hatte mit derselben Kaltblütigkeit gehandelt, mit der er uns bis dicht an den Brunnen führte, der ihn verrathen mußte.

„Seine Habsucht soll ihn verderben", sagte Hamed, der neben mir zurückgaloppirte, „das zweite Pferd ist dem Hengst nicht gleich und wird ihn aufhalten." Als wir aber den Eingang des Thales erreicht hatten, blickten wir in eine Finsterniß, die jede Spur verbarg, nur ein Zufall hätte uns auf die Spur des Flüchtlings führen können. Wir erschöpften die Kräfte unserer Pferde in nutzlosem Suchen und kehrten dann, gleich den anderen Reitern, getäuscht zum Brunnen zurück.

Hier rief Hamed die Araber zusammen und setzte ihnen das Gefährliche unserer Lage auseinander. Wir waren in eine Schlinge gegangen, aus der uns nur energische Maßregeln herausziehen konnten. Hamed ließ Feuer anzünden, die Pferde anpflöcken und die Leute sich lagern und umgab uns mit einer Kette von Vedetten, denen er Befehl ertheilte, ihre Posten nicht vor dem Morgen zu verlassen. Als das Abendessen vorüber und die Feuer erloschen waren, wurde Alles zum Weitermarsch vorbereitet, wir saßen wieder auf den müden Gäulen und ritten so still wie möglich davon.

Es wurde genau östliche Richtung eingehalten, weil wir in dieser hoffen durften, den Marrigot zuerst zu erreichen; an welcher Stelle dieses stattfand, war gleichgültig, wenn wir nur Wasser antrafen. Der Mond

war aufgegangen und ermöglichte einigermaßen das
Aussuchen eines gangbaren Weges; trotzdem reichte der
Sand oft den Pferden zu den Sprunggelenken, den
abgesessenen Reitern über die Kniee. Gräben und an=
gehäufte Sandmassen kreuzten den Weg, oft verbarg
sie die unsichere täuschende Beleuchtung, bis das Stürzen
der Vorderleute die Nachfolgenden aufmerksam machte.
Was von den Kameelen und Ochsen fiel, blieb liegen;
die Treiber freuten sich, einer Last enthoben zu sein;
selbst das Gepäck wurde den gefallenen Thieren nicht
mehr abgenommen. Die Neger schienen am längsten
ihren Muth zu bewahren, obgleich sie seit 24 Stunden
fast ununterbrochen auf den Beinen waren. Sie hatten
den „Kedu“ angestimmt, der ihnen Anfangs verboten
wurde, sie waren aber so daran gewöhnt, durch diesen
eintönigen Gesang die Strapazen des Marsches ver=
gessen zu machen, daß ihnen Hamed das leise Absingen
des Liedes gestatten mußte. Ihr Singen täuschte mich
während·der Nacht, ich hielt sie für unermüdet und
bewunderte ihre Ausdauer; am Morgen sah ich da=
gegen ihre geschwollenen Gesichter mit den blutunter=
laufenen Augen; sie waren kaum noch im Stande, dem
Marsche zu folgen. Ich stellte ihnen meine Pferde zur
Disposition und suchte es, wiewohl vergeblich, bei
Hamed durchzusetzen, daß Einige von ihnen auf die
Pferde abgesessener Araber genommen wurden. Nicht
lange, so lag hier und da Einer im Sande und wei=
gerte sich weiter zu gehen. Die Reiter der Arrière=

garde wandten die gewaltsamsten Mittel an, um sie zum Aufstehen zu bewegen, und konnten doch nicht verhindern, daß Einzelne zurückblieben. Meist wurde dies erst bemerkt, wenn wir uns eine Strecke von ihnen entfernt hatten; dann faßte die armen Burschen die Angst, sie schrieen und suchten uns zu folgen, die Abstumpfung war aber so allgemein, daß nur selten Jemand daran dachte, sich dieser Unglücklichen halber der Gefahr des Zurückbleibens auszusetzen.

Das erste Zeichen von der Nähe einer wasserreichen Gegend brachten uns unsere verhaßtesten Feinde, die Geier, deren durchdringendes Geschrei uns seit der vergangenen Nacht unaufhörlich daran erinnert hatte, daß sie uns als ihre Beute betrachteten. Zwei von ihnen waren vorausgeflogen. Vielleicht wollten sie sehen, ob die müden Reiter wirklich die Aussicht hatten, die Grenze ihres Reiches zu überschreiten. Wenige Flügelschläge trugen sie über die Wüste, zu den Brüteplätzen der Vögel, die im Rohr und Schilf des Marrigot nisten. Dort lag die Mittagsonne heiß auf dem Gebüsch, das die Ufer des sumpfigen Stromes einfaßt; die federartigen Kronen der Rohrstauden neigten sich unter den senkrechten Strahlen, und die glockenförmigen Blüthen der Schlinggewächse senkten die welken Blätter. Die Stimmen, die den Morgen über Busch und Wasser belebt hatten, waren verstummt, die Vögel hatten ihre schattigen Verstecke aufgesucht, nur die Krokodile lagen träge in dem heißen Schlamme und freuten sich der

Temperatur, die jedem anderen Geschöpf unerträglich war. Von Zeit zu Zeit schallte der Ruf einzelner Vögel über das Wasser, wie der Ruf von Schild= wachen, die sich zur Wachsamkeit ermahnen. Die Silberreiher waren es, die so die Ruhe der anderen Vögel störten, die langbeinigen, Federbusch gezierten Gesellen, denen die Bewachung der gefiederten Kolonie anvertraut zu sein schien. Wer von der Wüste kam, konnte sie sehen, wie sie vorschriftsmäßig auf Einem Beine standen und das schwere brümirte Gewehr, den langen, breiten Schnabel balancirten, als wären sie im Begriff, vor einem ihrer vorüberschreitenden Stabs= officiere zu präsentiren. Wer näher hinzutrat, bemerkte wohl auch, daß es mit ihrer Wachsamkeit nicht weit her war. Das silbergraue Kollet drückte an so heißem Tage, die Sonne blendete; hier und da hatte Einer bequem den Kopf und Schnabel unter den Flügel ge= schoben. Zuweilen öffnete er dann das eine Auge und blinzelte dem Nebenmanne zu, als wollte er sagen: Gott, was ist das Postenstehen langweilig! Der An= dere ließ das in die weichen Bauchfedern hinaufgezogene Bein etwas sinken und streckte es wagerecht ab, nach der Richtung hin, wo ein besonders beliebter Vor= gesetzter wohnen mochte, und die Nebenleute verstan= den diese Pantomime, sie kicherten leise und schlossen dann vergnügt wieder beide Augen. Es war schlecht bestellt um die Wachsamkeit des zeitweilig hier garni= sonirenden fliegenden Corps. Früher war es anders

gewesen, der lange Friede hatte seinen verderblichen
Einfluß geübt, die Disciplin war erschlafft, und Miß=
bräuche verschiedener Art hatten sich eingeschlichen. Der
General en chef war noch aus der alten Schule,
grob und pedantisch, stammte aus dem Geschlecht der
ägyptischen Störche, war wie alle seine Vorgänger
ein Freund des Paradewesens und besonders erpicht
auf Ehrenbezeigungen. Er ließ die Truppen so oft
im langsamen und beschleunigten Schritt paradiren,
bis diese das ganze Exerciren satt kriegten und sich
auf das Raisonniren legten. Erst erhoben sich schüch=
terne Stimmen, die behaupteten, der Parademarsch sei
doch nicht die Hauptsache. Dann fingen die Jüngeren
an zu denken (Enten und Rohrspatzen, schweres Ge=
schütz und Füsiliere waren darin die Schlimmsten),
dann kamen sie zu ihrem eigenen Erstaunen und zur
gerechten Entrüstung der Aelteren und aller Freunde
des Bestehenden zu dem Ergebniß, daß das Parade=
wesen, das Klappen der Gewehrgriffe und die Drill=
manoeuvres als unnütz abzuschaffen seien. Alles Das,
meinten die vorwitzigen Burschen, sei doch nur für die
Gänse. (Hier erhoben die Löffelgänse, die Hahl= und
sonstigen Gänse ein furchtbares Protestgeschrei; auch
sie waren vom Fortschritt angesteckt und wollten mit
veralteten Vorurtheilen Nichts zu thun haben.) Die
Armee, wurde ferner behauptet, enthalte zu verschie=
dene Bestandtheile, fast so viele Contingente wie Re=
gimenter, jedes Contingent mit verschiedener Bewaff=

nung und besonderem Commando, jedes mit der Sucht, etwas Apartes zu besitzen, einer Leidenschaft, zu deren Befriedigung schon einzelne Contingente ihre zufällig mit dem Kaliber fremder Regimenter übereinstimmenden Gewehre abgeändert hätten. Die prächtigen Uniformen des Generalstabes, der Garden und Küraſſiere wurden unbarmherzig kritiſirt, die Bruſt- und Rücken-Harniſche als veraltet verworfen, die rothen, gelben und blauen Hoſen für zu eng, die Federbüſche und Pickelhauben für zu ſchwer, die Halsbinden und Ringkragen für zu hoch und ſteif, die bunten Kollets und Waffenröcke bald für zu kurz, bald für unbequem erachtet. An den Generälen und höheren Officieren ließen die Raiſonneure keine gute Feder.

Wo dieſer Geiſt erſt um ſich greift, iſt es mit der Disciplin vorbei; die Unluſt erfaßt Officiere und Gemeine, die Wachen vergeſſen ihre Pflicht, und der Feind paſſirt unangerufen die Poſtenkette. Hätten nicht die Kibitze an dieſem Tage eine Landpartie veranſtaltet, ſo wäre das Lager wahrſcheinlich von den beiden Geiern überrumpelt worden, die uns verlaſſen hatten und mit ſchnellem Fluge ſich dem Marrigot näherten. Junge Reiterofficiere genirt weder Sonne noch Regen, wenn es gilt, einer Schürze den Hof zu machen. Heute hatten ſie die Sumpf- und Haar-Schnepfen eingeladen, promenirten mit ihnen auf dem mit Schlamm gedüngten Sande der Niederung, verbeugten ſich oft und wechſelten ſchöne Redensarten. Da bemerkten die Damen, die alles Neue zuerst erspähen, das Anrücken der beiden Feinde und gaben kreischend das Alarmsignal.

Pfeifend, krächzend, schreiend und schnatternd eilten die Truppen nach dem Alarmplatz, in dem Anzug, in dem das Signal sie überrascht hatte, mit schmutzigen Hosen und ungewichsten Schuhen, ganze Regimenter ohne Federbüsche. Wüst und unordentlich schwirrte und flatterte Alles durch einander; jedes Bataillon beanspruchte eine besondere Aufstellung; die Sumpfvögel wollten nicht auf trockenem Boden stehen, die Insectenfresser und Kernbeißer machten dagegen geltend, daß sie in dem feuchten Schlamme den Unterleib erkälten würden. Die Commandeure wetterten, die Adjutanten krächzten sich heiser, Hornisten und Tambours lärmten. Es war ein Spektakel, daß kein Vogel mehr sein eignes Pfeifen verstand.

Da rannte hinter dem dritten Treffen ein tölpischer Trainknecht unsanft an seinen Nebenmann. Der Getroffene (wie sich später herausstellte, eine gemeine Rohrdommel, die gleich ein feindliches Bajonnet zwischen den Rippen zu fühlen glaubte) kreischte ein schmetterndes sauve qui peut über den Alarmplatz. Dieser unglückliche Zufall war entscheidend. Die Linien öffneten sich, die noch ungeordneten Treffen gingen auseinander, die Armee löste sich auf. Goldreiher und Flamingos reckten die langen Hälse und wateten eiligst tiefer in den Schlamm; Trappen und Kibitze, Rallen und Läufer verbargen sich im Rohr; Pelikane, Enten,

Gänse und Wasserhühner ruderten der Mitte des Sumpfes zu, bereit, bei dem ersten Anzeichen wirklicher Gefahr in das befreundete Element zu tauchen. Nur die kleinen Vögel blieben auf dem Alarmplatz, Schützen und Jäger, leichtes und leichtfertiges Gesindel, wenig zur Parade geeignet, aber so keck und unbesonnen, daß es gerade jetzt erst seine Verstecke verließ. Aus den Höhlen, die sie mit Kralle und Schnabel in den Lehm des Ufers gebaut, von den künstlich zwischen schwankende Schilfhalme aufgehängten Nestern, aus dem verwachsenen schilfartigen Grase des Uferrandes, unter Büschen und Zweigen kamen sie hervor, ein dichter Schwarm, der sich furchtlos den Geiern entgegenwarf. Schreiend und pfeifend umflatterten sie die Raubvögel, streiften die gewaltigen Fittige und glitten unter den scharfen Fängen hin, bis ihre Gegner, des Lärmes und der Neckereien müde, umkehrten und, von den triumphirenden kleinen Feinden verfolgt, der Wüste zuflogen, bis unser Halloh die lärmenden Verfolger schreckte. Da erst schwenkten sie ab, flogen einige Male hin und her, ungewiß, ob sie uns für Feinde oder Freunde halten sollten, und kehrten dann nach dem Marrigot zurück, ihren Gefährten die Ankunft der seltsamen Gäste zu melden.

Jetzt witterten auch unsere Pferde die Feuchtigkeit, die, von dem Niveau des Marrigot aufsteigend, sich der Luft mittheilte; sie ließen das tiefe, einem Lachen ähnlich klingende Wiehern hören, und die anderen Thiere fielen mit lautem Brüllen ein. Im Trab und Galopp eilten die zum Umsinken müden Thiere plötzlich dem Wasser zu. Gebiß und Ring hatten ihre Wirkung verloren; die Kameele galoppirten, Reiter und Ladung in den Sand streuend, neben den Pferden, und die Ochsen jagten mit senkrecht gehobenem Schweif, den Kopf dicht an den Boden gedrückt, schnaubend und blasend zwischen ihnen. Der Staub, den dieses tolle Rennen aufwirbelte, hinderte uns, die lichteren Stellen des Gebüsches zu erkennen, das wie aus einem Nebel zu uns aufstieg. Wir mußten froh sein, der Masse der Lastthiere so weit voraus zu bleiben, daß uns diese nicht in den Schlamm drängten, an ein Ablenken oder Anhalten war nicht zu denken. Das Rohr split=terte, Schlamm und Wasser, die hoch über mich hinaus=spritzten, blendeten mich fast; mit äußerster Anstrengung trieb ich mein Pferd vorwärts in das klare Wasser, das in der Mitte des Marrigot stand.

Hinter mir kam es wie eine Lawine über das Ufer; kopfüber die schwerfälligen Lastthiere auf Reiter und Pferde in den zum Glück nicht tiefen Schlamm. Stöh=nend und zappelnd wälzten sich die Gefallenen in dem zähen Schmutze, stets von Neuem unter dem Gewicht der Nachfolgenden zusammensinkend. Zu matt, um wie=der aufzustehen, blieben die Meisten in dem Schlamme liegen, schlürften die schmutzige Flüssigkeit und suchten die heißen Leiber durch Wälzen zu kühlen, während die Kräftigeren und die Späterkommenden, die einen gebahnten Pfad nach dem Wasser fanden, uns dorthin folgten.

Als der letzte Reiter des Nachtrabes über das rampenförmig ausgetretene Ufer ritt, erschien hinter ihm noch ein Nachzügler, den wir während des durch den Wettlauf erregten Tumultes vergessen hatten, unser einziges Schaf, der Rest der Heerde, die mit uns ausmarschirt war. Der Ledersack, in dem es reiste, war zu Boden gefallen, geborsten und von dem Gefangenen abgestreift worden; jetzt rannte dieser, in tödtlicher Angst zu spät zu kommen, so rasch der schwere Schwanz es gestattete, über das Ufer und steckte mit den ersten Sprüngen fest in dem Schlamme. Ueberstandene Noth macht theilnehmender gegen die Leiden Anderer. Meine Begleiter, die sich sonst nicht durch Theilnahme für ihr Vieh auszeichneten, sprangen dem Schafe bei, kräftige Arme hoben es auf und trugen es zu dem klaren Wasser.

Die Rast nach einem anstrengenden Marsche ist der höchste Genuß, den ich kenne. Wenn aber die Anstrengung das Maß der Kräfte übersteigt, folgt eine Abspannung, die zum Genießen unfähig macht, eine Gleichgültigkeit gegen Gefahr und Bequemlichkeit, wie sie jetzt unsere Neger zeigten, die mit unbedecktem Haupte in der Sonne lagen, zu träge, wenige Schritte weiter den Schatten zu suchen. Das Lager gewährte heute nicht den freundlichen Anblick wie sonst, schmutziges Sattelzeug und Gepäck hingen unordentlich auf

den Büschen, es brannten keine Feuer, und selbst die
Vedetten fehlten. Am Nachmittage brachte Hamed
einige Reiter in den Sattel, die den zurückgebliebenen
Negern Hülfe leisten und verlorene Vorräthe sammeln
sollten. Sie kamen nach kurzer Abwesenheit mit der
Meldung wieder, daß der Feind den Weg bereits besetzt habe. Diese Nachricht verscheuchte auf einige Zeit
die Müdigkeit, die Araber sattelten, und die Büchsen-
schützen besetzten das Gebüsch. Wir blieben indeß unbelästigt; kleine Trupps feindlicher Reiter zeigten sich
zwar, gingen aber, als sie unsere Bereitschaft gewahr-
ten, wieder zurück.

Auch am folgenden Tage war der Feind nicht stark
genug, einen ernstlichen Angriff zu wagen. Seine
Reiter umschwärmten uns und unterhielten sich damit,
ihre oft mit doppelten und dreifachen Patronen gelade-
nen Gewehre abzufeuern, eine Spielerei, die uns einen
Ochsen kostete, den Arabern dagegen eine sehr geringe
Meinung von der Geschicklichkeit ihrer Gegner bei-
brachte. Wir erreichten die Furth von Tjelelli, wo
wir Messaud erwarten sollten, überschritten hier den
Strom und lagerten dicht am linken Ufer an einer
Stelle, wo ein glacisartiger Uferrand uns gegen die
Neckereien unserer auf der anderen Seite bleibenden
Feinde schützte. Das rasch und reichlich genossene
Wasser hatte Vielen eine ruhrartige Krankheit zugezo-
gen, die Sumpfluft trug dazu bei, diese Anfälle hart-
näckiger zu machen; wir waren indeß genöthigt, uns

auch ferner ihren schädlichen Einflüssen auszusetzen, wollten wir nicht Gefahr laufen, von dem Wasser abgeschnitten zu werden. Ich ließ jetzt abermals mein fortifikatorisches Talent glänzen, um das Lager auf der Seite der Ebene zu sichern. Anfangs wollte ich eine Verpfählung einrichten; das Rohr bot hierzu sehr geeignetes Material. Der Boden war aber zu locker, die Pfähle hafteten nicht, selbst einige Wolfsgruben füllten sich nach kurzer Zeit mit Sand. Ich begnügte mich daher mit einer Reihe unregelmäßig angelegter Schützengräben, die mehrmals des Tages aufgeräumt wurden und so lagen, daß sie auch den Zugang zur Furth bestrichen. Die Mauren hatten sich indeß durch Fußgänger verstärkt, sie bezogen ein Bivouak, eine halbe Meile von uns, und ließen ihre Reiter längs des Ufers streifen. Während der Nacht besetzten sie das Ufer unserem Lager gegenüber; als wir am Morgen die Pferde zur Tränke führen wollten, begrüßten uns ihre Kugeln. Es entspann sich ein hartnäckiges Tirailleurgefecht, auf beiden Seiten gab es Verwundete, schließlich mußten wir das Wasser in Schläuchen, die an Lederstricken über das Ufer gelassen wurden, wie aus einem Brunnen schöpfen. Mehrfach kamen dabei die Schläuche leer und durchlöchert oben an. Eine matte Kugel verirrte sich an diesem Morgen in das Blechgefäß, in welchem Louis meinen Kaffee bereitete. Der Topf stand am Fuße der Brustwehr, und die Kugel mußte, um ihn zu erreichen, fast senkrecht herunter gekommen sein. Sie war indeß nicht mehr kräftig genug, den Boden des Gefäßes zu durch= dringen.

Ich hatte den Marrigot recognoscirt und oberhalb der Furth eine Stelle gefunden, wo das Strombett frei vom Schlamme und das Ufer fest war. Ich erbot mich, eine Abtheilung Reiter hier während der Dunkel= heit überzuführen und den Störern unserer Morgen= ruhe in den Rücken zu fallen. Hamed gab mir die Erlaubniß, Freiwillige aufzurufen, ich stieß aber, als ich das Unternehmen erläuterte, auf nicht geahnte Schwierigkeiten. Zuerst kamen die Krokodile. Dieser Einwurf wurde siegreich beseitigt; es fanden sich Had= jamads genug, um Alle gegen den Rachen der häß= lichen Amphibien zu schützen, und die Besitzer waren sogar erfreut, die Wirksamkeit ihrer Talismane er= proben zu können. Außerdem behaupteten Einige, die am Senegal gewesen waren, daß das Krokodil keine rechtgläubigen Araber, nur Neger und maurische Ketzer fresse. Wenn ich keinen besseren Grund gekannt hätte, wäre ich vielleicht selbst bedenklich geworden, mich dem Strome anzuvertrauen. Ich wußte aber, daß die Krokodile den Lärm scheuen und bei dem Geräusch unseres Ueberganges sofort verschwinden würden.

Das zweite Bedenken war schwieriger zu widerlegen. Es handelte sich nämlich darum, ob das arabische Pferd die Fähigkeit des Schwimmens besitze. Ver= gebens versicherte ich, daß in meiner Heimath die

kleinsten Knaben in tiefes Wasser zu reiten pflegten;
die Araber blieben dabei, daß ihre Pferde von anderer
Race seien, daß sie nie Gelegenheit gehabt hätten, sich
in der fraglichen Kunst zu üben, daß sie folglich auch
nicht die Fertigkeit zu einer so schwierigen Gangart
besitzen könnten. Es geht mit den Thieren wie mit
den Menschen, sagte mir Einer. „Du selbst schwimmst
auch, weil Du es gelernt hast." (Ich hatte bei unserer
Ankunft am Marrigot zu ihrem großen Erstaunen im
Strom herumgeplätschert.) „Du liegst und gehst auf
dem Wasser und kannst so wenig ertrinken wie eine
Ente, während wir ertrinken würden, wollten wir ver=
suchen, es Dir gleich zu thun." Er disputirte ganz
logisch, und seine Behauptung war lange nicht so wider=
sinnig, wie ich ihm einzureden suchte. Die Pferde
stellen sich nämlich, zuerst zum Schwimmen aufgefor=
dert, oft ungeschickt genug an. Ich habe Pferde ge=
sehen, die sich hierbei so ängstlich benahmen, daß sie
nahe daran waren, im ruhigsten Wasser zu ersaufen.
Ich hütete mich aber, meinem Widersacher dies zu er=
zählen und erbot mich zu einer Privatvorstellung. Erst
ging ich auf meinem Falben, dann auf einem fremden
Pferde in das Wasser und überzeugte die Zuschauer
so gründlich, daß sich Alle zu dem Wagniß bereit er=
klärten. Während der Nacht führte ich meine Reiter
glücklich auf das andere Ufer. Wir hatten dort lange
zu warten und in unbequemer Stellung; um nicht
durch das Wiehern eines ungeschulten Pferdes verrathen

zu werden, mußten wir absitzen und die Hand oder die Kaputzschnüre über die Nüstern unserer Pferde halten. Der Morgen war nahe, als wir den Anmarsch eines beträchtlichen Corps hörten; das Dröhnen der langen Schilde, welche die Mauren überall mit sich herumschleppen, verrieth die Feinde. Jetzt brachen wir los. Es war zu dunkel, um großen Schaden anrichten zu können, der Schreck aber, den unser plötzliches Anstürmen und das weitschallende „ya-arab" den Gegnern einjagte, muß ein gewaltiger gewesen sein. Als es hell wurde und wir längst wieder auf dem anderen Ufer waren, sahen wir die tapferen Krieger auf den Schauplatz ihrer nächtlichen Heldenthaten zurückkehren, um die weggeworfenen Schilde, Lanzen und Gewehre aufzulesen. Dieser Ueberfall verschaffte uns einige ruhige Tage; als wir aber dann zu einer zweiten Excursion ausrückten, fanden wir den Weg über den Marrigot gesperrt. Die Feinde hatten auf dem rechten Ufer Gruben angelegt, wie sie die Neger zum Einfangen der Elephanten und Flußpferde graben, tiefe und geräumige Löcher, die mit Strauchwerk und Sand zugedeckt waren.

Unsere Lage wurde mit der Zeit immer kritischer. Wir hörten Nichts von Messaud und durften doch ohne seine Genehmigung die Furth nicht verlassen, den einzigen Punkt, wo wir unsere Vereinigung mit den Kameraden bewerkstelligen konnten. Hamed sandte Kundschafter aus; der Scheich hatte, wie wir später erfuhren, dasselbe gethan; alle fielen den Mauren in die Hände. Das Corps Messaud's wurde dadurch ähnlichen Leiden ausgesetzt, wie wir sie auf dem Hermarsche erduldet hatten.

Endlich meldeten die Vorposten das Aufsteigen großer Staubmassen, aber an dem linken Ufer. Wir vermutheten, Messaud, von unserer Lage benachrichtigt, sei weiter unterhalb mittelst einer uns unbekannten Furth über den Marrigot gegangen, um die von seinem Streifzuge mitgebrachte Beute nicht dem Angriff der uns gegenüber stehenden Feinde auszusetzen. Die Anrückenden kamen in zwei getrennten Kolonnen, vorn eine schwächere, dem aufsteigenden Staube nach aus Reitern bestehende, weiter zurück eine größere und langsamer marschirende Abtheilung, wahrscheinlich Lastthiere und Fußgänger. Die Gewehre wurden zur feierlichen Begrüßung geladen, die Reiter machten sich fertig, ihrem Scheich entgegen zu jagen, und warteten nur auf die Rückkehr der Patrouillen, die Hamed der Sicherheit halber zum Recognosciren ausschickte. Ehe diese zurückkamen, belehrte uns das Verhalten der Feinde am anderen Ufer über unseren Irrthum. Dort hatten die Mauren die schmutzigen Kopftücher abgebunden und auf die Lanzen gesteckt; sie jagten, diese improvisirten Fahnen schwenkend, längs des Wassers hin und schrieen, wenn sie uns nahe genug kamen, um verstanden zu werden, im schlechtesten Arabisch die häßlichsten Schimpfworte herüber.

Die diesseitige Abtheilung, deren Lanzen und Schilde wir jetzt erkannten, hatte sich in Galopp gesetzt und unsere Reiter bis vor die Mündung unserer Gewehre verfolgt. Ohne die Gräben, die wir rasch besetzten, würde sie das Lager im ersten Anlauf erstürmt haben. Sie ging, als sie eine Salve aus so großer Nähe erhielt, eiligst außerhalb Schußweite zurück, doch nicht rasch genug, daß wir nicht den Reiter erkannt hätten, der sie führte. Die hohe, breitschultrige Gestalt des Mulatten war nicht zu verkennen, und sein Pferd machte eine Täuschung noch unwahrscheinlicher; es war derselbe Hengst, an dem Hamed so großes Gefallen gefunden hatte.

Die Araber drangen jetzt ihrem Führer die Erlaubniß zum Ausfall ab; ich selbst stimmte dafür, weil ich den Augenblick für günstig hielt, den Feinden eine Schlappe beizubringen, ehe sich die getrennten Abtheilungen vereinigt hatten. Wir jagten, durch die Enge des Weges zusammengehalten, ziemlich geschlossen aus der Verschanzung, als die Mauren eben Kehrt machten. Raum zum Flankiren war nicht da. Die Araber hatten nicht geglaubt, daß die Mauren Stand halten würden, diese, auf ihre Anzahl und Reserven vertrauend, erwarteten gar keinen Angriff; so kamen wir denn rasch aneinander, sicherlich zum Erstaunen der beiderseitigen Kämpfer. Meine Begleiter überließen mir bereitwillig den Mulatten, der sich in dem Gemetzel bald bemerklich machte und seine Lanze mit großer Geschicklichkeit, doch mehr zum Schlagen als zum Stoß gebrauchte. Seine Art, mit dem Schilde zu pariren, war mir fremd, dagegen rückte ich mit einer Erfindung der Neuzeit an, die meinem Gegner ebenfalls unerwartet zu kommen schien. Ich benutzte nämlich meine breite gerade Pallaschklinge gleichzeitig zum Stechen und Schneiden und kam dem vorgestreckten Arme des Mulatten damit so nahe, daß er es vorzog, unseren Zweikampf auf eine gelegenere Zeit zu verschieben. Er wollte wenden, da fiel ihm ein, daß sein Rücken jetzt schutzlos meinen Stichen preisgegeben sei. Er warf den Schild zurück und drehte den Kopf; in diesem Augenblicke traf ihn meine Terz. Er ließ Zügel und Waffen fallen und fuhr mit beiden Händen nach dem verletzten Gesicht. Ich drängte dicht an ihn, faßte mit der Linken die Zügel seines Pferdes, mit der Rechten das Bein des Reiters, den ich aus dem Sattel warf. Die Araber umringten den Gefallenen und suchten seine herbeieilenden Kameraden abzuwehren, Hamed schickte Neger und Schützen aus dem Lager, und ihren vereinten Anstrengungen gelang es, den Mulatten in die Verschanzung zu schleppen. Wie dies geschah, habe ich nicht selbst gesehen, ich war in einen Kampf mit dem erbeuteten Pferde verwickelt, der alle meine Aufmerksamkeit in Anspruch nahm. Anfangs war mir das Thier gutwillig gefolgt, in der Nähe der Verschanzung nahm aber diese Folgsamkeit plötzlich ein Ende. Es stemmte die Hufe fest gegen den Boden, und als ich die Zügel fester anzog, stellte es sich auf die Hinterbeine und ging mit zurückgezogenen Lefzen auf mich ein. Jetzt bäumte auch mein Pferd, ich sah die Hufe des Hengstes über mir, rutschte im ersten Schreck hinter den Sattel und warf mein Pferd um. Glücklicher Weise hielt ich die Zügel fest, unsere Neger kamen mir zu Hülfe und nöthigten den widerspenstigen Hengst in das Lager. Hier herrschte großer Jubel; wir hatten mehr Glück gehabt, als wir billig erwarten konnten, und die Gefangennahme des Mulatten ließ meine rachsüchtigen Gefährten alle ferneren Gefahren vergessen. Es kam mir daher sehr erwünscht, daß uns die Feinde durch eine Schaustellung ihrer überlegenen Kräfte daran erinnerten, die angefangenen Verschanzungen zu vollenden. Sie formirten uns gegenüber eine förmliche Schlachtordnung. Fußgänger mit Gewehren und Bogen, Lanzen und Schilden im Centrum; Reiter auf Pferden und Maharis auf den Flügeln. Alle mit der langen Tobe bekleidet, die hemdartig auf nacktem Leibe getragen und nur dann gewechselt wird, wenn sie in Stücke zu zerfallen droht. Warum sie zu diesem ihrem einzigen Kleidungsstück eine bestimmte Farbe, sogenanntes Pfeffer- und Salz-Muster wählen, habe ich nie einsehen können. Alle Toben, die ich sah, hatten die Farbe des Zeuges in ein unbestimmtes Grau verändert, starrten von Schmutz und Insecten und verbreiteten einen europäischen Nasen unerträglichen Gestank.

Wir arbeiteten fleißig an einer Brustwehr zum

Schutz unserer Pferde und Kameele und rückten zugleich mit einigen Gräben der Furth näher, die während des Gefechtes von einer feindlichen Abtheilung benutzt worden war. Ich hielt es für nöthig, in dem äußeren Graben zur Bewachung der Furth einen Nachtposten aufzustellen, und wählte dazu, um die Araber, die den Wachtdienst im Innern des Lagers versahen, nicht noch mehr in Anspruch zu nehmen, einen meiner Neger.

Said, den ich selbst aufführte, versprach mir, sich mannhaft gegen den Schlaf zu wehren; aber Ort und Gelegenheit waren zu verführisch; das Schilf rauschte so leise und einladend, der Sand war so weich, und selbst die Sterne, die neugierig zu ihm in die Grube schauten, nickten und winkten und schienen ihn zum Schlafen aufzufordern. Said war sehr müde, er machte sich ein Kopfkissen aus Sand, legte sich darauf und fing an die Sterne zu zählen, von eins bis zwanzig; wenn er so weit gekommen war, fing er von vorn an; höher hinauf reichten seine algebraischen Kenntnisse nicht. Da glitt sein Blick von einem Sterne, den er besonders lange betrachtet hatte, zu dem oberen Rande des Grabens herab; was er hier sah, mußte seine Nerven furchtbar alterirt haben, er zitterte am ganzen Leibe und murmelte ein „stuffer Allah" über das andere. Längs des Grabenrandes ritten zwei bewaffnete Männer auf kleinen Pferden, Reiter und Pferd zusammen nicht höher als eine Faust. Sie trugen Fackeln und schienen einen gangbaren Weg in das Innere des

Grabens zu suchen. Einer von ihnen hatte sich weit über den Sattel gebeugt und deutete auf die volle Kürbisschale, die in einiger Entfernung von Said auf der Grabensohle stand. Jetzt hatten sie die Stelle er= reicht, wo Said selbst in den Graben gestiegen war, und fingen an hinab zu reiten. Der vorderste Reiter setzte, ehe er sein Pferd antrieb, eine Pfeife an den Mund, und bald wimmelte es hinter ihm von kleinen Gestalten, wie Mäusegetrappel kam es über den Sand, winzige Kameele und zierliche Pferdchen, Reiter und Fußgänger. Sie zogen schräg und im Zickzack herun= ter, die Pferde setzten sich dabei gewaltig auf das Hin= tertheil, um nicht die Böschung hinab zu rutschen, die ihnen wie ein unergründlich tiefer Abgrund erscheinen mochte. Als sie unten ankamen, gab der Führer sei= nem Pferde die Sporen, das Thierchen sprang wie eine Katze und war mit einigen Sätzen neben dem Neger auf dem erhöhten Sand. Salem alaikum Said, sagte der kleine Scheich mit feinem Stimmchen. La illah, murmelte Said, aber die Worte versagten ihm vor dem Blicke, mit dem der Kleine die sonderbare Antwort auf seinen Gruß hinnahm. Ist es Dir etwa unangenehm, fuhr dieser fort, wenn wir Dir Gesell= schaft leisten? Said wollte „ja“ sagen, er besann sich aber und nickte mit dem Kopf, was in der Zeichen= sprache der Neger „nein“ bedeutet. Du bist müde, Said, sagte der Kleine mit treuherzigem Gesicht und schmeichelnder Stimme, meine Leute sollen für Dich wachen. Du brauchst nicht ängstlich zu werden, ich habe dieses Thal nur deshalb zum Lagerplatz gewählt, weil es einen guten Brunnen hat, und weil wir hier ungestört sind. Oben bei Euren Zelten ist es zu unruhig, ich war nahe daran, unter die Hufe Eurer plumpen Kameele zu gerathen, einer solchen Todesart kann ein Rechtgläubiger wie ich keinen Geschmack abgewinnen, Du gewiß auch nicht, Said? Der Neger zog den Mund in die Breite und versuchte pflichtgemäß den Witz zu belachen, aber die Angst schnürte ihm die Kehle zu, er brachte es nur zu einem häßlichen Grinsen, das den Frager höchlichst zu amüsiren schien. Dieser grüßte jetzt vornehm mit der Hand, ließ dem ungeduldig vorwärts drängenden Pferdchen die Zügel und war bald wieder bei den Seinen. Said kannte die nächtlichen Besucher nur zu gut. Wie oft hatte ihm seine Mutter von den Iimes erzählt, von den niedlichen Geistern der Nacht, den Kleinsten unter den Gesteinigten, die mit freundlichem Gesicht den Menschen entgegen kommen, aber voll neckischer Bosheit und Tücke sind. Noch an dem Tage, wo er sich entschloß, mich in die Wüste zu begleiten, hatte man ihn vor ihren Streichen gewarnt, und nun mußte gerade ihm das Unglück widerfahren, mit ihnen zusammenzutreffen, ihm allein von mehr als hundert Menschen, die sorglos drüben im Lager ruhten. Er überlegte, was in dieser bösen Lage zu thun sei. Sprang er auf, sich der gefährlichen Nachbarschaft zu entziehen, so riskirte er, einen der Kleinen unter die Füße zu bekommen, und dann war es aus mit ihm, davon war er fest überzeugt. Er beschloß also, ruhig liegen zu bleiben, Alles über sich ergehen zu lassen, aber um alle Schätze Sudans nicht zu schlafen.

Die Jimes hatten sich indeß häuslich niedergelassen. Einige waren auf den Rand der Kürbisschale gestiegen und schöpften mit ledernen Eimern und Schläuchen das Wasser. Die Thiere wurden getränkt, rings um die Zelte kleine Feuer angezündet und Gruben gegraben und glühende Steine hineingelegt. Bald duftete es so köstlich nach geröstetem Mais und saftigem Braten, daß dem Beobachter das Wasser in dem Mund zusammenlief. Die kleinen Leute sammelten sich vergnügt um die Lagerfeuer und fingen an zu schmausen und zu jubeln. Wenn sie recht laut wurden, klang es wie das Zirpen eines Nestes junger Vögel, die von der Alten gefüttert werden.

Wenn sie nur die Feuer nicht zu hoch schüren, sagte sich der Neger, am Ende verräth der Schein dem Feinde meinen Graben, und ich bekomme maurisches Blei zum Lohn für meine Gastfreundschaft. Said fing an sich traurigen Gedanken hinzugeben; er bedachte, welchen Gefahren er während dieser schrecklichen Nacht noch ausgesetzt sein werde, er verwünschte seinen Herrn, der ihn zur Reise in die Wüste überredet hatte, er wünschte sich selbst den Tod; er war so niedergedrückt, daß er den fremden Scheich nicht bemerkte, der mit zweien seiner Leute, diesmal zu Fuß, wieder neben ihm stand. Said, sagte der Kleine, ich habe sechs Posten ausgestellt, die Dir den Dienst erleichtern sollen. Ich weiß, Du willst wach bleiben, weil Du fürchtest, Hamed möchte visitiren und Dich schlafend finden. Du brauchst auch nicht fest zu schlafen, Du solltest aber wenigstens das Einschlafen versuchen, auf dem weichen Sande muß das wunderbar leicht und süß sein. Sieh, ich habe hier zwei Leute mitgebracht, ich stelle neben jedes Deiner Ohren eine Schildwacht, so wie Du über das erste Einschlafen hinaus kommst, sollen diese Dich wecken.

Nur um den Fremden nicht zu erzürnen, schloß der Neger jetzt die Augen, hütete sich aber einzuschlafen. Einige Minuten vergingen, da schrien ihm die beiden Posten, so laut sie konnten, in die Ohren; er that, als ob er erwache, und schaute schläfrig in die hellen Augen des kleinen Scheichs, der ihm mit freundlichem Lächeln zunickte. Said hatte aber jetzt die Süßigkeit des Einschlafens gekostet, er fühlte, wie es ihm immer schwerer wurde, wach zu bleiben, bald senkten sich zum zweiten Male die Lider. Wieder mahnte die Wache, die Mahnung schien ihm viel zu früh zu kommen, sie mußte aber doch wohl an der Zeit gewesen sein. Vergebens zog er an den Augenlidern, ein Bleigewicht hielt sie nieder. Diesmal war er wirklich eingeschlafen.

Das wird eine schöne Geschichte geben, flüsterte der

Posten rechts. Hamed hat die Wachen noch nicht visi= tirt, lachte der Andere, wenn ihn der findet! Morgen kommt Messaud, der Alte mit den dunklen Brauen und dem schweren Lanzenschaft, sagte der Scheich, in= dem er mit dem Fuße nach der aufgestülpten Nase des Schlafenden stieß. Der Rücken des Negers krümmte sich bereits unter der Wucht der eingebildeten Schläge, dicke Schweißtropfen rollten in den Sand, die Brust hob sich, er machte verzweifelte Anstrengungen, den Schlaf abzuschütteln, dann gab er es auf.

Jetzt rief der Scheich die lagernden Truppen, sie bestiegen ihre Pferde und begannen ein wildes Tur= nier um den Schläfer. Sie stachen ihn in das Gesicht und die Hände, sie stachen selbst durch die lederne Be= kleidung, denn Said fühlte die eindringenden Lanzen= spitzen an Stellen seines Körpers, von denen er genau wußte, daß sie nicht blos lagen. Die Stiche kamen ihm, wie er mir später versicherte, ganz bekannt vor und juckten mehr als sie schmerzten, dennoch zuckte er zuweilen zusammen und suchte mit der Hand die ge= troffene Stelle zu schützen; dann brachen aber die Jimes in ein Gelächter aus, das ihn noch am meisten kränkte. Nach und nach verschwammen die Reden und das Lachen seiner Peiniger, das Lager, der Scheich, die Feinde, Alles zu einem wilden Durcheinander; dann sah und dachte er eine Zeit lang gar nicht; dann kamen andere lieblichere Bilder, hohe Palmen und runde Rohrhütten; dann sah er in die dunklen Augen der

Geliebten und fühlte ihre weichen Arme. Er öffnete den Mund, statt zärtlicher Worte drangen aber jetzt Töne aus der schwarzen Brust hervor, so rauh und ungeheuerlich, daß die Jimes entsetzt davon jagten. Said schnarchte, daß die Wände seiner Grube erzitter= ten, daß es der feindliche Posten am anderen Ufer gehört haben würde, hätte der nicht ebenso fest ge= schlafen.

Nun stand es geschrieben, daß in dieser Nacht einer unserer Kundschafter zurückkommen sollte, dem es ge= lungen war, die feindlichen Posten zu täuschen und zweimal an dem Lager der Mauren vorüberzuziehen. Er brachte uns die Nachricht von der baldigen Ankunft Messaud's. Als er jetzt durch die Furth ritt, war er bemüht, seiner Meldung ein möglichst schönes Kleid anzupassen, um sein eignes Verdienst in das gehörige Licht zu stellen. Die Aufgabe war nicht so leicht und die Entfernung zwischen der Furth und dem Lager sehr gering, der Reiter ließ sein Pferd kurz treten und beobachtete nachdenklich dieselben Sterne, die Said so gewissenhaft gezählt hatte. Das benutzten die Jimes, die, aus ihrem Lager vertrieben, jetzt mißvergnügt und rachsüchtig hier umherschwärmten. Sie ergriffen heim= lich die herabhängenden Zügel und lenkten das Pferd nach dem Graben, das Thier stolperte über den an dem Grabenrand aufgeworfenen Sand und warf seinen Reiter dem ahnungslos schlummernden Neger in die Arme. Dieser empfing den unerwarteten Gast mit einem entsetzlichen Gebrüll. Vergebens suchte ihn der nicht weniger erschrockene Araber zu beruhigen, Said schüttelte den Anderen ab und lief der Verschanzung zu, alarmirte das Lager durch sein Geheul und erzählte, als er mich glücklich aufgefunden hatte, in der kläglichsten Weise, was ihm passirt war. Die Sache klärte sich durch die Ankunft des Kundschafters bald auf, und die Nachrichten, die dieser brachte, ließen Said's Schuld vergessen und machten, daß ihm die Püffe und Schläge geschenkt wurden, die ihm so Mancher zudachte, dem der erste Schlummer durch das Geschrei des wachsamen Postens verscheucht worden war.

Es war eine unruhige Nacht; nicht blos für Said; auch bei den Feinden schienen die Jinnes zu rumoren. Unsere Außenposten hörten ungewöhnliches Geräusch auf beiden Seiten des Flusses und weckten, einen Ueberfall befürchtend, zum zweiten Mal die Schläfer. Wir besetzten die Gräben und ließen die nicht in Bereitschaft stehenden Reiter satteln und aufsitzen, bis uns fernes, anhaltendes Kameelgebrüll, das charakteristische Zeichen eines Aufbruches, von unserer Besorgniß befreite. Jetzt kam die Erntezeit für unsere habsüchtigen Reiter; sie wußten, daß der Troß der Mauren bei dem unvorbereiteten Rückzug an der Queue der Kolonne marschiren mußte, und daß ihnen die Dunkelheit eine seltene Gelegenheit bot, ihrer Raubsucht zu fröhnen. Hamed ließ sie Alle ziehen und ermahnte sie nur, keine Getreidesäcke zurückzulassen. Unsere Kornvorräthe hatten stark abgenommen, und Messaud's Pferde waren nach der Angabe des Kundschafters fast verhungert.

Am Morgen langte Messaud's Avantgarde, etwas später der Scheich selbst an. Der desolate Zustand seines Corps war schon von weitem zu erkennen. Trotz zweitägiger Ruhe waren die Pferde so matt, daß Messaud den geschlossenen Marsch aufgeben mußte; die Reiter hatten sich über eine meilenlange Wegstrecke zerstreut. Schlachtvieh fehlte ganz, und statt der gehofften Schätze trugen die Kameele leere Säcke und unberittene Araber. Das Unternehmen des Scheichs war total mißglückt. Er fand zwar die Stadt bewohnt und allem Anschein nach wohlhabend, wie sie der Jude geschildert hatte; der Berichterstatter hatte nur zu erwähnen vergessen, daß die Häuser auf einer felsigen Anhöhe lagen und durch eine solide Mauer gegen einen Ueberfall geschützt waren. So hatte denn Messaud einige Tage lang vor diesen Mauern gelagert, Ingrimm im Herzen und Drohungen auf der Zunge, hatte regelmäßig alle zwei Stunden die Feinde zur Uebergabe aufgefordert, weil er ganz und gar keinen anderen Weg in die Stadt wußte. Durch Wassermangel bezwungen zog er end= lich auf einem Wege ab, der der Beschreibung nach noch schlimmer war, wie der von uns eingeschlagene.

Die Stimmung des Scheichs war durch dies Miß= geschick nicht liebenswürdiger geworden. Ein wahrer Sturm ergoß sich über Hameb's Haupt, veranlaßt durch dessen eigenmächtiges Abweichen von der vor=

geschriebenen Route. Vorwürfe und Schmähungen fielen wie Regen und Schloßen, so dicht, daß ich glaubte, der ganze Vorrath Messaud's müsse sich auf lange Zeit erschöpft haben, und nicht wenig verblüfft war, als mich plötzlich ein ebenso reicher Guß bedachte. Ich wurde des Undankes, des Neides, des heimlichen Einverständnisses mit den Feinden angeklagt; ich war die alleinige Ursache des Mißlingens der Sebja-Expedition. Ich war unter falschem Vorwande zurückgeblieben, um nicht genöthigt zu sein, dem Scheich bei der Einnahme von Kubar zu helfen.

Es gehört viel Selbstbeherrschung dazu, einem schimpfenden, mit Armen und Beinen gesticulirenden Araber gegenüber die nöthige Ruhe zu bewahren. Ich mußte mir alle Gewalt anthun, nicht selbst leidenschaftlich zu werden, und schnitt die endlosen Anschuldigungen Messaud's endlich dadurch ab, daß ich erklärte, ich würde ihn bei nächster Gelegenheit verlassen und zum Scherif ziehen. Nun zog er gelindere Saiten auf, und da meine Drohung so ernstlich nicht gemeint war, ließ ich mich leicht umstimmen. Er drückte mir mit sauersüßem Gesicht die Hände, und um ihn ganz zu versöhnen, versprach ich ihm den Hengst des Mulatten, auf den ich doch nur ein zweifelhaftes Anrecht hatte. Dies führte zu Erörterungen über die Abenteuer, die wir unter Hamed's Führung bestanden hatten. Als Messaud hörte, daß es uns ebenso schlecht wie ihm ergangen war, wurde er zugänglicher, und die finsteren Falten seines Gesichtes schwanden, eine nach der anderen, als Hamed die vorzüglichen Eigenschaften meines Geschenkes rühmte. Er gab Befehl, den Hengst gesattelt vorzuführen, und schickte seinen Lieblingsdiener, meinen Negern zu helfen.

Da stiegen aber an dem Himmel unserer neuen Freundschaft Wolken auf, deren Dasein ich nicht ahnen konnte. Ich hatte mich bisher wenig um das erbeutete Pferd bekümmert und erfuhr erst jetzt, daß das Thier seit seiner Gefangenschaft ganz unbändig sei. Ben-Gaml, Messaud's jugendlicher Reitknecht, stand Lebensgefahr aus, ehe es seinen geschickten Händen gelang, den Sattel aufzulegen, und als dem Pferde die doppelten Fesseln abgenommen wurden, waren meine beiden Neger kaum im Stande, es zu halten.

Messaud war ein gewandter und kühner Reiter, er sprang, ohne die Bügel zu berühren, in den Sattel, die Zügel wurden frei gelassen, die Zuschauer traten zur Seite, wir erwarteten, den Hengst mit wilden Sätzen davonschießen zu sehen. Statt dessen stand er unbeweglich, spreizte die Beine auseinander und ließ geduldig die heftigsten Bügelstöße seine Rippen stacheln.

Wüthend schrie der Scheich nach der Peitsche, zwei Araber kamen mit langen Karbadjis (Rhinoceroshaut) und fingen an, das Hintertheil des stätigen Gaules zu bearbeiten. Jetzt kam Bewegung in die starre Masse, aber nach der falschen Richtung. Kopf und Hals wurden immer niedriger und unscheinbarer, die Vorhand schien sich in sich selbst zurückzuziehen, dagegen fuhren die Hinterbeine mit fabelhafter Präcision nach jedem Schlage in die Höhe. Der Sattel war nicht gut befestigt, die Riemen, welche die Gurte hielten, gaben nach, und die Last kam der Croupe in bedenklicher Weise näher. Messaud suchte das gestörte Gleichgewicht durch Vorwärtsrutschen wieder herzustellen, unglücklicher Weise in einem Augenblick, wo ein Peitschenhieb den Hengst zu ganz besonders energischem Ausschlagen aufforderte. Die Folge dieser entgegengesetzten Anstrengungen war eine Trennung zwischen Reiter und Sattel; der Reiter flog über den Kopf des Pferdes, der Sattel hing einen Augenblick auf der Croupe und wirbelte dann von den Hufen getroffen durch die Luft.

Messaud stand bald wieder auf den Beinen und spuckte heftig Sand aus. Während wir in den Zügeln des bäumenden Pferdes hingen, fand er Zeit, sein Pistol zu ziehen und uns eine Kugel zuzusenden, die, nach dem Kopfe des Hengstes gezielt, nur die Mähne streifte, aber zugleich dicht an meiner linken Wange hinflog. Meine Vorwürfe über diese Rücksichtslosigkeit machten keinen sonderlichen Eindruck auf ihn; so wie er zu Wort kommen konnte, schrie er nach dem Mulatten. Der Verwundete wurde hergebracht, man zog ihm einen Ledersack über den Kopf, zwei Mann hoben ihn auf und trugen ihn nach dem Marrigot. Messaud gab uns während dessen ein neues Schauspiel und verhinderte dadurch die Anwesenden, der Execution beizuwohnen.

Komm hierher, Ben-Gaml, rief er dem Knaben zu, dem er die Schuld an seinem Sturze beimaß, Du bist ebenso geschickt im Reiten wie im Satteln, ein viel besserer Reiter als ich, Du wirst uns zeigen, wie man mit widerspenstigen Pferden umgehen muß.

Ben-Gaml betrachtete zögernd den ungesattelten Rücken des Pferdes, um das die Zuschauer in ehrerbietiger Entfernung herumstanden.

Steig auf, brüllte der Scheich, und ein Dutzend Stimmen wiederholten die Worte in sanfteren Tönen. Alle hatten den Knaben gern und waren besorgt für ihn.

Ben-Gaml wartete keine dritte Einladung ab, er sprang auf den Hengst, die Zügel wurden los gelassen, das Pferd stieg in die Höhe und jagte dann, als es die leichte Hand des Knaben fühlte, längs des Ufers hin.

Einige hundert Schritte stromab machte der Marrigot eine Biegung, das Ufer war hier steil und ohne Gebüsch, und klares Wasser stand unmittelbar unter dem Uferrande, das Niveau wenigstens zehn Fuß tiefer als dieser. In gleicher Höhe mit dieser Stelle bog der Hengst plötzlich nach dem Marrigot; das gebüschlose Ufer hatte ihn getäuscht, er vermuthete wahrscheinlich eine Furth. Dicht vor dem Wasser machte er einen Versuch anzuhalten, aber die Vorderbeine hatten schon den lockeren abschüssigen Boden gefaßt, er schnellte noch einmal mit aller Kraft in die Höhe und flog dann wie zum regelrechten Sprunge über das Ufer.

Wir hielten Reiter und Pferd für verloren; als

wir aber zu der Stelle kamen, wo beide verschwunden waren, kletterte Ben-Gaml eben an dem Ufer in die Höhe, und auf der anderen Seite watete der Hengst durch den Schlamm und stieg, das Wasser aus den Nüstern blasend, an das Land. Einige Araber jagten auf ungesattelten Pferden durch die Furth, der Versuch, den flüchtigen Hengst einzuholen, scheiterte aber vollständig. Messaud verfluchte den Tag, an dem ihm so viel Unheil widerfahren, zog sich in sein Zelt zurück und war für Jedermann unzugänglich.

Fünftes Kapitel.

Messaud hatte eine schlaflose Nacht; der Vorsprung, den er den Feinden geschenkt, ließ ihn nicht ruhen, die Ochsen und Maharis der Mauren waren ihm im Traum erschienen und hatten seinen Schlaf gestört. Er weckte uns vor Sonnenaufgang und beorderte seinen Neffen mit den kräftigsten Pferden zur Verfolgung. Ich war zweifelhaft, wem ich mich anschließen sollte. Mein Diener litt am Fieber und mußte beim Troß bleiben; er war sehr schwach und niedergeschlagen, und da er nicht arabisch sprach, ließ ich ihn ungern allein. Andererseits rechnete Hamed bestimmt auf meine Begleitung und schlug mir vor, an Louis' Stelle Ben-Gaml, den maurischen Diener Messaud's, anzunehmen. Ich fürchtete, den Neffen zu kränken, nachdem ich mich mit dem Onkel überworfen hatte; ich ging daher zum Scheich, verehrte ihm einen Taschencompaß und erlangte dadurch die Entlassung Ben-Gaml's aus den Diensten seines bisherigen Herrn. Ehe wir aufbrachen, schloß ich mit dem Knaben einen förmlichen Contract ab, wonach er sich verpflichtete, mir gegen einen Lohn

von monatlich dreißig Francs während meines Auf=
enthaltes im Sahel zu dienen. Außerdem mußte ich
ihm Ersatz seines Pferdes versprechen für den Fall,
daß dieses in meinen Diensten beschädigt würde.

In Hamed's Begleitung waren etwa sechzig Reiter;
sie bildeten die Avantgarde des Scheichs, der seine ab=
getriebenen Pferde durch einen weiteren Ruhetag zu
stärken und dann zu folgen beabsichtigte. Zur Ver=
bindung beider Corps diente ein Reitertrupp, der am
Nachmittag nach unserem Abmarsch aufbrach.

Die Spur, welche der Marsch des Feindes hinter=
ließ, war so breit, daß wir ihr des Nachts hätten
folgen können. Sie führte einige Meilen am linken
Ufer abwärts zu einer Furth. Hier war die kleinere
feindliche Abtheilung über den Marrigot gegangen und
mit den Kameraden vereinigt in östlicher Richtung
weiter gezogen; später, einen Tagemarsch vom Marri=
got, hatten sich Reiter und Fußgänger getrennt; Letztere
waren nach Norden, wahrscheinlich nach ihren heimath=
lichen Dörfern marschirt. Es wäre leicht gewesen, sie
einzuholen, den Arabern lag aber weniger daran, die
Zahl ihrer Feinde als deren Reichthümer zu vermin=
dern, und da Alles, was die Habsucht reizen konnte,
vor uns war, blieben wir in der eingeschlagenen Rich=
tung.

Die Ebene, in der wir jetzt marschirten, ist als
Kampfplatz der dem Senegal anwohnenden, unter ein=
ander in beständiger Fehde lebenden Völkerschaften

berühmt geworden. Neger, Tuaregs, Mauren und
Araber haben sich abwechselnd hier niedergelassen und
sind von ihren Nachbarn wieder vertrieben worden.
Das Land ist zu fruchtbar, als daß eine dieser Nationen die andere im ruhigen Besitz desselben lassen
könnte. Die Morra, wie die Ebene bei den Berbern
heißt, ist von dem Senegal und zwei todten Armen
desselben fast eingeschlossen. Das Wasser des Flusses
steigt zweimal jährlich in den Marrigots aufwärts,
überfluthet die Ufer und setzt in den Niederungen einen
fruchtbaren Schlamm ab, der in früheren Zeiten zu
Reis- und Kornfeldern benutzt wurde, seit langer Zeit
aber nur Gras und wilden Hirse hervorbringt. Die
verachteten Neger haben ehemals dieses Land bebaut,
die Eintheilung ihrer Felder, die verschlämmten Gräben
zur Bewässerung und die Reste zahlreicher Lehmdörfer
sind noch deutlich zu erkennen. Araber und Mauren
haben das Alles zerstört, die Cultur bis auf die erwähnten Spuren vernichtet, und doch sehen sie stolz
auf die fleißigen Schwarzen herab, die ihren Flinten
und ihren Pferden gewichen sind.

Es muß eine merkwürdige Zeit für diese Gegend
gewesen sein, als die Neger selbst erobernd über den
Senegal gingen, die Mauren zurückdrängten und ihre
Kolonien bis zu den Oasen im Norden des Sahels
verschoben. Daß dies wirklich und zwar im vergangenen Jahrhundert stattfand, darin stimmen die
Nachrichten der Neger, Mauren und Araber überein.

Wahrscheinlich erfolgte der Rückschlag in der Zeit, wo die Araber nach dem Süden vordrangen und die Mauren aus ihrem Gebiet verdrängten. Seitdem bestehen rechts des Senegals nur einzelne, meist von den Mauren abhängende Negerdörfer. Die Semiten sind ihrerseits zur Offensive übergegangen, besetzen in den eigentlichen Negerländern Throne und Ministerstühle, bekehren mit List und Gewalt die Schwarzen zum Islam und werden schon jetzt als die herrschende Race angesehen. Schaaren maurischer Marabuts durchziehen fortwährend das Land. Sie sind gleich den Missionairen anderer Nationen förmlich zum Proselytenmachen erzogen worden; gleich jenen wissen sie das Nützliche dem Angenehmen zu vereinen, für leibliches und geistiges Wohl zugleich zu sorgen. Mit dem Koran gewinnen sie dem Himmel Seelen, sich selbst ein Plätzchen im siebenten Paradiese; mit schmutzigen, bekritzelten Pergamentstreifen locken sie dem gläubigen Zuhörer das Wenige ab, was der dumme Schwarze besitzt. Jedes Jahr zur Erntezeit rücken dann die Reiter nach, um mit dem Yatagan in der Faust zu nehmen, was die schriftgelehrten Landsleute übrig gelassen haben. Der Senegal hat, so weit er hier in Betracht kommt, nur drei oder vier Furthen. Sobald diese Engpässe gangbar werden, ergießen sich Hunderte von bewaffneten Banden über das unglückliche Land, zerstören, was sie nicht mitnehmen können, und führen die Einwohner in die Gefangenschaft. Wahrscheinlich wird der

ganze District links des Senegals, von den Stromschnellen aufwärts, bald den Mauren und Arabern
anheimfallen und dann ebenso wüst werden, wie die
Wüste am anderen Ufer.

Wir überschritten den östlichen Marrigot am Tage
nach dem Aufbruch aus dem Lager. Jenseits des
Flusses, eine halbe Meile abwärts desselben, trafen
wir auf ein halb zerstörtes, von Mischlingen bewohntes
Dorf. Die Bewohner flüchteten bei unserer Ankunft;
sie hatten Kähne oder Flöße auf dem Wasser und
ruderten nach einer Insel, die wir, ohne uns großen
Verlusten auszusetzen, nicht angreifen konnten. In dem
Dorfe fanden wir einen vom Fieber geplagten Greis,
von dem wir die erste Nachricht über unsere Feinde
erhielten. Die Mauren waren am Tage vorher hier
vorüber gezogen und hatten das Dorf geplündert, ohne
der Stammesverwandtschaft mit den berberischen Ein-
wohnern Rechnung zu tragen. Alles Werthvolle war,
wie der Mann versicherte, mitgenommen worden. Die
elenden Hütten hatten wohl niemals Werthvolles ent-
halten; die Araber aber dachten anders und hielten in
den schmutzigen, stallartigen Räumen strenge Inspection.
Einer von ihnen entdeckte eine frisch angesetzte Durrah,
ein gährendes, aus Negerkorn bereitetes Getränk. Dieses
Anzeichen von kürzlich vorhanden gewesenen Kornvor-
räthen veranlaßte die Araber zu weiteren Forschungen,
sie fanden einzelne Getreidekörner vor den Hütten,
verfolgten die Richtung und sammelten sich an dem

Knotenpunkte, einem freien Platze, der, so viel ich
sehen konnte, in Nichts von seiner Umgebung verschie=
den war.

Ich habe oft die Geschicklichkeit und den Scharfsinn
bewundert, mit denen unsere Zuaven die Silos der
Kabylen aufzuspüren wissen. Sie bedienen sich dabei
ihrer eisernen Ladestöcke, klopfen da, wo sie das unter=
irdische Vorrathshaus vermuthen, emsig den Boden und
schließen aus dem helleren oder dumpferen Klang auf
das Vorhandensein des Kellers. Meine jetzigen Be=
gleiter kannten ein noch sinnreicheres und einfacheres
Mittel, das ich hier zum Nutz und Frommen aller
Zuaven=Aspiranten mittheilen will. Sie vertheilten
sich auf einem Kreise von nicht allzu großem Durch=
messer, jedem Einzelnen schien ein bestimmter Abschnitt
der Kreisoberfläche zugetheilt zu werden, dann kauerten
Alle plötzlich nieder und betrachteten aufmerksam den
Boden. Diese Vorbereitungen waren ohne viel Worte
ausgeführt, so daß ich, im Unklaren über das, was
hier vorging, mit gespannter Aufmerksamkeit ihren
Bewegungen folgte. Da bemerkte ich denn, daß die
schlauen Kinder der Wüste das verdächtige Terrain der
Wasserprobe unterwarfen und sich dazu einer Flüssig=
keit bedienten, die auch in wasserarmen Gegenden leicht
zu haben ist. Nicht lange, so sprang Einer mit einem
Freudenschrei auf, und seine Nachbarn folgten diesem
Beispiel. Ich trat eifrig näher, das Resultat kennen
zu lernen, und fand, daß die Erde an der betreffenden

Stelle die Feuchtigkeit vollständig aufgesogen hatte und so trocken erschien, als wäre sie nie benetzt worden. Ein Yatagan, den der Entdecker dieses Phänomens in den Boden stieß, traf auf eine Lage Bambusstäbe, die Träger der künstlichen Erddecke, die den Eingang zu einem trichterförmig nach Innen sich erweiternden, mit ansehnlichen Vorräthen von Korn und Hirse angefüllten Raume verbarg.

Das Terrain jenseits des Marrigot nöthigte zu größerer Vorsicht und langsamerem Marsche. Die Spur der Feinde führte parallel mit dem Flusse, zwischen sumpfigen, mit Rohr und federbuschartigen Farren bestandenen Gehölzen, die sich vortrefflich zu einem Hinterhalt eigneten. Wir marschirten deßhalb mit Vor- und Seitentrupps, die Reiter der Avantgarde umritten alle Stellen, die zum Versteck dienen konnten, und nöthigten uns dadurch zu häufigem Halten. Ich wurde von den Moskitos arg geplagt, ertrug diese Qual aber geduldiger wie das Verbot des Schießens, das Hamed erneuern zu müssen glaubte. Aus den klumpartig über die Ebene zerstreuten Gehölzen flogen die Tauben bei unserem Anmarsch zu Tausenden auf, und jeder Schritt des Weges zeigte neue Fährten. Das wilde Schwein hatte einzelne Strecken in einer Weise bearbeitet, daß sie frisch umgeackerten Feldern glichen.

Rohr und Sumpf rückten uns immer näher, gegen Abend sahen wir uns in einen jener sumpfigen Wälder verstrickt, wie sie ähnlich in der Niederung der Senegalmündung vorkommen, Wälder, in denen Rohr, Schilf und Farren die Stelle der Bäume einnehmen. Ein schmaler Wildpfad führte hindurch, die Mauren, die das Terrain dieser Gegend genau kannten, schienen ihn absichtlich gewählt zu haben, um uns von der Verfolgung abzuschrecken. Sie hatten ihre Klingen häufig brauchen müssen, um sich und wider Willen auch uns einen Weg zu bahnen; die durchhauenen Schlingpflanzen hingen wie Stricke zu beiden Seiten des Pfades. In dem moorartigen Boden waren die Sumpfgewächse üppig gediehen, die Farren hatten den Durchmesser starker Buchen erreicht, ihre riesigen Wedel, die langen Bärte und die sonderbare Rinde der niedrigen Stämme erregten sogar die Bewunderung meiner Begleiter, denen allzu viel Sinn für Naturschönheit nicht zum Vorwurf gemacht werden konnte. Eine Familie der kleinen hundsköpfigen Affen hatte sich zu uns gesellt, sie begleiteten uns von Gebüsch zu Gebüsch, steckten zuweilen neugierig die blauen Schnauzen durch die Zweige und erhoben, offenbar von unserem Anblick nicht befriedigt, ein entsetzliches Geschrei, in das die Perlhühner, ihre nächsten Nachbarn, enträstet und lärmend einstimmten. An den trockenen, vom Rohr freien Stellen fand ich zahlreiche Fährten, und trotz des Lärmes unseres Anmarsches kreuzten mehrmals kleine Rudel von Mohur- und Korrigum-Antilopen den Weg.

Gegen Abend, gerade als wir eine zum Lagern geeignete Waldblöße erreichten, kehrten unsere Recognoscirungspatrouillen zurück. Sie schilderten den vor uns liegenden Theil des Weges als äußerst schwierig und widerriethen unserem Führer den Weitermarsch. Hamed hatte aber die Erfahrungen dieses Feldzuges nicht vergessen; die Gegend schien ihm in verdächtiger Weise dem waldigen Terrain bei den Dowisch zu gleichen, es drängte ihn, ein so gefährliches Defilée hinter sich zu haben. Es war schon Nacht, als wir einen Steg zu passiren begannen, der im Zickzack durch einen morastigen Grund führte. Hamed stellte Leute auf, die mit improvisirten Fackeln die engsten und schwierigsten Stellen beleuchten sollten; wir saßen ab und führten unsere Pferde im Reihenmarsch hinüber.

Die Fackeln, aus frischem und wenig harzigem Holze, erloschen häufiger als sie brannten, und wenn sie brannten, gaben sie ein unsicheres Licht, das die Pferde scheu und ängstlich machte. Der Weg war von der schlimmsten Art, kaum so breit, daß die Beine der Pferde Platz fanden, und zu beiden Seiten ein sumpfiger Boden mit dünner Moosdecke, durch welche die Vorsicht der Thiere getäuscht wurde. Jeden dritten Schritt stolperte ich über einen der vielen Baumstämme, die von dem dunklen Erdreich kaum zu unterscheiden waren; dann führte mich das Bestreben, meinen Falben vor dem Verderben zu bewahren, bis über die Kniee in den Sumpf. Der Schweiß lief mir am Leibe herunter; ich war in der übelsten Laune; als daher von der Queue aus die Meldung kam, daß das

Handpferd, welches Said führte, in den Sumpf ge=
drängt sei, fing ich in so vortrefflichem Arabisch zu
fluchen an, daß meine Nachbarn in ein lautes Gelächter
ausbrachen. Hamed ließ auf meine Bitte halten, ich
drängte mich zu der Stelle, wo der Unfall passirt war,
und fand, daß die Neger das Pferd in der besten Ab=
sicht so weit in den Sumpf gearbeitet hatten, daß es
sich nicht mehr rühren konnte. Ich stellte die Leute
an Kopf und Schweif, ließ Rohrstämme schlagen und
unter dem Leibe des Pferdes durchstecken und brachte
das Thier durch Heben und Ziehen glücklich auf das
Trockene. Die Kolonne hatte sich wieder in Marsch
gesetzt, ich suchte meinen alten Platz einzunehmen und
war eben neben meinem Falben angekommen, als vor
mir ein furchtbares Demelée entstand, ein Stocken und
Rückwärtsdrängen, das sich durch die ganze Linie fort=
zupflanzen schien. Die Fackeln waren ausgelöscht wor=
den, ohne daß Jemand Befehl dazu ertheilt hatte; ich
hörte trotz des Lärmes Hähne neben mir knacken und
suchte vergeblich meinen Nachbarn begreiflich zu machen,
daß sie höchstens sich und mich, sicherlich aber bei dieser
Dunkelheit keinen Feind treffen würden. In diesem
Augenblick rannte mir Etwas mit solcher Heftigkeit
zwischen die Beine, daß ich der Länge nach zu Boden
fiel; zwei bis drei Bestien setzten über mich weg;
mehrere Schüsse fielen, und jetzt gab es einen Spektakel,
der besonnenere Leute wie unsere Araber verwirrt ge=
macht hätte. Unzählige Vögel waren, durch das Knallen

der Gewehre aufgestört, kreischend in die Höhe gegangen, ihr Flügelschlag rauschte über den Häuptern meiner erschreckten Kameraden, als wenn ein Wirbelwind durch die Wipfel führe. Die Affen flohen zeternd unsere Nähe, Schakals und Hyänen ließen ihr unheimliches Geheul hören, und selbst die Pferde schnoben und suchten durch Bocken und Rückwärtsdrängen an dem allgemeinen Wirrwarr möglichst Theil zu nehmen.

Wir aber standen verdutzt und fragten uns, was all' diesen Lärm veranlaßt habe. Da ging es denn von Mund zu Mund und erreichte auch endlich mein Ohr. Was ich geahnt hatte, wurde zur Gewißheit, und noch dazu eine recht kränkende Gewißheit für rechtgläubige Moslemin. Das unreinste Thier, das verachtete Geschöpf, dessen Bekanntschaft mir so oft zum Vorwurf gemacht wurde, war über uns gekommen; eine Heerde wilder Schweine war durch die Büsche gebrochen und hatte sich zwischen den Reitern durchgedrängt. Es währte länger als eine Stunde, bis wir wieder zur Ruhe kamen, das heißt bis wir Kehrt gemacht, eine Anzahl Pferde aus dem Sumpf geholt und die Wiese erreicht hatten, an der wir einige Stunden früher so stolz vorüber gezogen waren. Auch hier wurde uns wenig Ruhe zu Theil, Moskitos und Holzböcke hatten sich auf dem einladenden Platze niedergelassen und griffen uns in so erfolgreicher Weise an, daß wir versucht wurden, das Feld zu räumen. Da half weder Burnus noch Kapuze, kein Jucken oder

Schlagen, selbst die Feuer, deren Rauch uns fast er=
stickte, erwiesen sich als unnütz.

Es war mir nicht möglich einzuschlafen, ich wehrte
mich, so gut es ging, gegen die Stiche der gierigen
Mücken und horchte auf den leisen Flug der Nacht=
vögel und auf das Geheul der Schakals, die in eini=
ger Entfernung eine Antilope in den Sumpf getrieben
hatten und sich nun die Beute streitig machten. Noch
lange, nachdem die klagende Stimme des Wildes ver=
stummt war, störte mich das Knurren und Heulen
dieser wilden Meute. Ich sprang endlich auf, um
durch einen Spaziergang meinen Peinigern zu ent=
gehen. Die Wache sah mir bedenklich nach, als ich
an ihr vorüberschreitend den Zweck meiner nächtlichen
Wanderung angab; ich schlug den Weg ein, den wir
am Tage gekommen waren, und nahm, um nicht
wehrlos zu sein, von dem Packsattel meines Hand=
pferdes ein leichtes Jagdgewehr und eine Tasche mit.
Das Gehen war mir eine Erquickung, die Luft war
kühler geworden, und die Moskitos ließen mir Ruhe.
Ich war seit langer Zeit keinen Augenblick allein ge=
wesen, und es erweckte mir ein behagliches Gefühl,
einhergehen zu können, ohne mich beobachtet zu wissen.
Die fremdartigen Formen der Bäume und Sträucher,
die in der Nacht noch grotesker erschienen, paßten zu
meiner Stimmung; während ich sie betrachtete und mir
die Zeiten zurückrief, wo ich in dem Treibhause meines
Onkels die ersten Tropengewächse gesehen, vergaß ich

meine Müdigkeit und ging so weiter, als ich beabsich=
tigt hatte.

An einer Waldwiese, etwa eine Meile von unserem
Lagerplatz, machte ich Halt. Hier lag neben dem Wege
eine umgestürzte Mimose, ein ungewöhnlich starker
Baum, der bis zur Krone von den dichten Geweben
der Schlinggewächse umzogen war, die, nachdem sie
die Säfte des lebenden Baumes getheilt, endlich den
Sturz des mächtigen Stammes veranlaßt hatten. Das
Holz war morsch geworden und dicht über dem Boden
gebrochen; Aststücke und Zweige hatte die Wucht des
Falles über die Wiese gestreut, der Stamm fing an
zu zerbröckeln; nur die Schmarotzer hielten noch und
verbanden die einzelnen Stücke mit dem Wurzelende.
Gleich ihren Namensvettern dieser liebenswürdigen
Spezies des Menschengeschlechts saßen sie fest an dem
Ernährer, fest, so lange die Wurzeln des Stumpfes
noch Saft zogen, so lange Rinde und Holzfasern noch
einen Halt boten, an dem sich haften ließ.

Ich muß übrigens gestehen, daß ich in jener Nacht
nicht daran dachte, Betrachtungen über die verächtliche
Natur der Schmarotzerpflanzen anzustellen; ich war
vielmehr sehr befriedigt, einen so weichen und beque=
men Sitz zu finden. Ich schloß bald die Augen, wurde
aber ebenso rasch wieder geweckt. Die trockenen Aeste
krachten und verriethen, daß sich mir Etwas nähere.
Ich ließ es ziemlich nahe kommen, ehe ich mich ent=
schloß, die Müdigkeit zu überwinden. Als ich die

Augen öffnete, sah ich keine Armlänge von mir ent=
fernt die spitzen Hörner einer Antilope, die mich neu=
gierig zu betrachten schien. Ohne Ueberlegung riß ich
das Gewehr in die Höhe und drückte ab; das Wild
flog auf die andere Seite des Weges und brach da
zusammen.

Als der Schuß und das von Vögeln und Vier=
füßlern gebildete Echo verhallt waren, machte ich mir
Vorwürfe über die Unbesonnenheit, mit der ich Hamed's
Befehl übertreten und wahrscheinlich das Lager alarmirt
hatte. Die Sache war nun nicht mehr zu ändern, ich
beschloß daher, sie bestens zu benutzen, die Ankunft
meiner Diener zu erwarten und mit ihrer Hülfe das
Fleisch in Sicherheit zu bringen. Ich trug Holz und
Gestrüpp zusammen, häufte es neben der todten Anti=
lope an und steckte es in Brand, dann stapelte ich
einen zweiten Reisighaufen vor meinem Sitz auf.
Während ich noch hiermit beschäftigt war, raschelte es
in dem Gebüsch, die trockenen Zweige brachen unter
verstohlenen Tritten, der Blutgeruch hatte die Scha=
kals angelockt, sie kamen, mir bei der einsamen Wache
Gesellschaft zu leisten. Mit hochgehobener Nase strichen
sie durch das Rohr, knurrend und meckernd, wenn
ihnen Kameraden begegneten. Sie kamen von den
abgenagten Knochen des Gemsbockes, den sie während
der Nacht in den Sumpf getrieben, von der Ebene
jenseits des Waldes, wo sie am Abend zuvor die
äsende Antilope gehetzt, aus der sumpfigen Niederung,

wo sie hungrig im Schilfe gelegen, auf den Schrei der Enten gehorcht oder Eier und Nestvögel gesucht hatten. Sie umgaben das todte Wild im Halbkreise, vorsichtig auf der mir abgewandten Seite des Feuers bleibend. Bei dem Aufflackern der dürren Reiser konnte ich sehen, wie sie gleich einer Meute hungriger Hunde auf den Hintertheilen saßen und gierige Blicke nach der ersehnten Beute warfen, von der das Feuer sie zurückschreckte. In regelmäßigen Pausen hob einer den Kopf und stieß ein leises, klagendes Geheul aus, in das die anderen im Chore einfielen. Ihre Anzahl vermehrte sich mit jeder Minute, bald mochten einige fünfzig der hoch=beinigen Burschen beisammen sein. Jetzt wuchs ihre Kühnheit, die vordersten rannten vor dem Feuer hin, schnappten in die Luft, daß ich das Klappen der Zähne hörte, und verschwanden wieder in der Dunkelheit; dann warf sich das ganze Rudel plötzlich auf das todte Wild.

Die Scene war viel zu aufregend, als daß ich länger an die Folgen meines Schießens denken konnte. Ich setzte eine zweite, mit Röllern gefüllte Patrone auf und gab dann Feuer. Der Knäuel stob auseinander, mehrere der Getroffenen wälzten sich verendend am Boden, die leichter Verletzten zogen hinkend dem Walde zu, wo sie auf ihre nach überwundenem Schreck zurückkehrenden Kameraden trafen. Die Verwundeten schienen ihr Schicksal zu kennen, sie gaben die Flucht auf und warfen sich auf den Rücken, in wenigen

Secunden waren sie zerrissen und bis zu den Knochen aufgezehrt.

Während die Schakals diesen Beweis des Mitgefühls für die Leiden ihrer Brüder lieferten, waren mir zwei neue, gefährlichere Gegner erschienen, hatten mit heiserem Lachen die schwächeren Raubthiere zur Seite gedrängt und sich auf die Reste der Antilope geworfen. Ich war schon über den Baumstamm geklettert, hinter dem ich bisher gestanden hatte, und im Begriff, die nutzlos gewordene Wache aufzugeben und den Platz zu räumen, als die Hyänen neben dem erlöschenden Feuer ankamen. Diese Thiere sind mir von jeher verhaßt gewesen; ich habe in Algerien, trotz des Vorurtheils der unter mir dienenden Araber, keine Gelegenheit vorüber gehen lassen, Jagd auf sie zu machen; ich konnte auch hier der Versuchung nicht widerstehen, eins dieser widerwärtigen Geschöpfe aus der Welt zu schaffen. Ich nahm die größte von ihnen auf's Korn, sie stand zwar ungünstig, sie bot mir fast den Rücken, ich hoffte indeß mit den groben Schroten beide Hinterbeine zugleich zerschmettern zu können. Als ich abdrückte, sprang das Thier grunzend herum, seine tückischen Augen suchten einen Augenblick nach dem Angreifer, dann stürzte es mir auf drei Beinen entgegen. Sein Angriff kam mir völlig unerwartet, mein Gewehr war abgeschossen, ich hatte nicht einmal Zeit gehabt, über den Baumstamm zu springen; so stieß ich denn die ungeladene Waffe der Bestie in den Hals. Sie faßte mit den muskulösen Kinnbacken den Kolben und biß wüthend in die Beschläge, sie schien die Waffe für ein Glied meines Körpers zu halten, sie zog und zerrte daran, daß ich mich anstrengen mußte, ihre Illusion nicht zu stören und meine wirklichen Glieder außerhalb des Bereiches ihrer langen und scharfen Zähne zu hal= ten. Ich hatte den Lauf des Gewehres fest unter den rechten Arm gedrückt, mit der anderen Hand suchte ich den Dolch zu erreichen, den ich nach arabischer Mode eingenäht in dem linken Aermel trug. Als ich das Heft des breiten Messers zwischen den Fingern fühlte, stieß ich das zerbissene Gewehr meiner Feindin in die Zähne. Sie fürchtete in Folge des unerwarteten Stoßes den Halt zu verlieren, den sie doch fest genug gefaßt hatte, sie fuhr deshalb so weit nach vorn, daß ich ihr die scharfe Klinge über den Kehlgang ziehen konnte. Mit einem häßlichen Röcheln brach sie zu= sammen und bespritzte mich im Fallen über und über mit Blut.

Jetzt hatte ich die Lust an ferneren Abenteuern verloren, ich faßte das verbogene, unbrauchbar gewor= dene Gewehr und sprang in das Gebüsch, um auf einem Umwege das Lager zu erreichen. Ich hörte noch das Geheul meiner nächtlichen Gäste, die über das letzte Opfer herfielen, das ich ihren gierigen Rachen geliefert hatte, ich beschleunigte meine Schritte und war bald wieder auf dem Pfade. Da brach der Tag an, voll und glänzend stieg die Sonne über der Wüste auf, und breite Lichtstreifen fielen zwischen den Büschen und Bäumen durch und verscheuchten die Schatten, die wenige Augenblicke zuvor noch Alles in Dunkelheit hüllten.

Als ich das Lager erreichte, fand ich die Pferde gesattelt; Ben Gaml hatte Kaffee gekocht und mit dem warm gehaltenen Getränke auf mich gewartet, schien aber über mein Ausbleiben nicht besonders beunruhigt. Zu meinem Erstaunen wußte Niemand Etwas von dem Schießen, selbst die Wache hatte es nicht gehört. Kurze Zeit nach meinem Eintreffen brachen wir auf. Als wir den Weg passirten, der uns während der Nacht so große Schwierigkeiten bereitet hatte, entdeckte ich eine Stelle, wo der Sumpf den getreuen Abdruck eines Mannes nebst den Fährten der Thiere bewahrte, die mich hier zu Falle gebracht hatten. Hamed, der den Ort gleichfalls erkannte, machte eine boshafte Bemerkung über den Genuß des Schweinefleisches. Glücklicher Weise hatte er keine Idee davon, daß es auch Würste giebt, und daß diese in den Därmen des unreinen Schweines aufbewahrt werden; hätte er Das gewußt, würde er mich sicher nicht neben sich geduldet haben.

Beim Debouchiren aus dem Walde fanden wir die Spuren unserer Feinde, die hier am Abend vorher auf uns gewartet hatten. Wir untersuchten die Vorbereitungen, die sie zu unserem Empfange getroffen, und fanden Alles vortrefflich angeordnet. Abgesessene Reiter waren zu beiden Seiten des Weges im Walde gewesen, ein stärkerer Trupp Fußgänger hatte uns den Rückweg verlegen sollen und zu diesem Zweck rückwärts des An= griffspunktes Bäume angehauen, an deren Stämmen noch die zum Umstürzen nöthigen, aus Schlinggewächsen gedrehten Stricke hingen. Der Zufall hatte uns vor einem Hinterhalt bewahrt, dem wir widerstandslos er= legen sein würden. Aergerlicher war die Entdeckung, daß uns die Mauren nur deshalb durch Sumpf und Wald geführt hatten, um ihren Fußgängern Vorsprung zu verschaffen. Sie zogen jetzt, wo sie unser Gros diesseits des zweiten Marrigots vermutheten, im Bogen um die Sümpfe herum den vorausgegangenen Ge= fährten nach, zu ihren Ksurs und Duars, um hinter Gräben und Zäunen die Zeit abzuwarten, wo Hunger, Durst und Hitze die Araber zum Rückzug nöthigen würden. Der Plan war gut ausgedacht und würde ohne Messaud's ungewöhnliche Langsamkeit reussirt haben. Der Scheich war noch mißmuthig und folgte uns in sehr kurzen Tagemärschen. Durch die Verbin= dungspatrouillen wußten wir, daß er an diesem Tage in dem Dorfe an der Furth zu lagern gedachte; wir hatten daher Zeit, ihn zu benachrichtigen und ihn von dem Ueberschreiten des Marrigots abzuhalten.

An diesem Morgen wurden wir durch die Nachricht erschreckt, daß mehrere unserer Pferde von Fliegen ge= stochen und in Folge der Stiche stark geschwollen seien. Wir glaubten uns Anfangs in dem Bereich einer giftigen Fliegenart, die an den Sümpfen des Senegals zuweilen angetroffen und deshalb außerordentlich ge= fürchtet wird, weil ihre Stiche den Pferden absolut tödtlich sind. Die Wunden erwiesen sich glücklicher Weise als ungefährlich, die Geschwulst verlor sich rasch unter einer Auflage von feuchtem Grase. Die Mittags= ruhe wurde neben dem verlassenen Lagerplatze der feind= lichen Arrièregarde gehalten. Die Mauren waren nur wenige Stunden vorher abgezogen, ihre Lagerfeuer brannten noch und lieferten den Beweis, daß unsere Gegner mit Vorräthen besser versehen waren wie wir. Knochenreste und Dattelkerne lagen um die Feuer her, und das Getreide war verschwenderisch verstreut und an den Futterplätzen von den Hufen der Thiere in den Boden getreten. Die Araber fanden, in die Spalte eines Bambusstabes eingeklemmt, ein schmutziges Pa= pier, wie es schien ein Stück des Titelblattes irgend eines arabischen Buches. Das Blatt war auf der Rückseite mit arabischen Lettern bekritzelt, die mir zum Entziffern vorgelegt wurden. Die Worte gehörten einer uns unbekannten Sprache an; sie enthielten wahrschein= lich eine gegen uns gerichtete Beschwörung, oder sie waren dazu bestimmt, später kommenden Freunden eine Nachricht mitzutheilen. Auf den Wunsch meiner Begleiter wurde das geheimnißvolle Blatt sammt dem Stabe, der es verborgen hatte, feierlich von mir verbrannt.

Unsere Ankunft hatte eine Anzahl Raben aufge= scheucht, die an den verlassenen Feuerstellen nach Fleisch=

reſten ſuchten und uns widerwillig Platz machten. Sie flogen in der Richtung weiter, in der unſere Feinde abgezogen und unſere kleine Avantgarde bereits vorausgeritten war. Sie mußten dort Beute gefunden haben, denn während wir ruhten, kam fortwährend neuer Zuzug, der krächzend über uns hinflog, ohne ſich durch den Duft einiger magerer Streifen gebratenen Ochſenfleiſches in dem eiligen Fluge ſtören zu laſſen. Während des Weitermarſches kamen uns einige von ihnen wieder zu Geſicht. Wir waren für unſere Avantgarde beſorgt; Hamed hielt es deshalb für rathſam, durch einige Reiter nachſehen zu laſſen, was die Gier dieſer Vögel erregt hatte. Ich meldete mich mit mehreren Anderen zur Ausführung dieſes Auftrages und wurde dadurch Zeuge eines eigenthümlichen Schauſpiels.

Schon von Weitem hörten wir ein betäubendes Johlen und Krächzen. Ein Schwarm von mehreren Hundert Raben hatte ſich an einer Stelle der Ebene verſammelt und umlagerte hier einen Gegenſtand, den die ſchwarzen Leiber und Flügel buchſtäblich bedeckten, ſo daß wir nicht erkennen konnten, was es war. Wir bemerkten indeß in dem Boden die friſche Fährte eines Rindes und ſchloſſen daraus, daß ein unſeren Gegnern entlaufener und in Folge des übereilten Aufbruches zurückgelaſſener Laſtochſe von den Raben attakirt werde. Die Spur war an mehreren Stellen dem Boden tief eingedrückt, offenbar hatte der Ochſe hier ohnmächtige Verſuche gemacht, ſich ſeiner Gegner zu entledigen;

dann war er weiter gerannt; die Ledersäcke seiner Belastung hatten sich unter den Schnabelhieben geöffnet,
und das verstreute Korn bezeichnete die Richtung einer
Flucht, deren Eile die zahlreichen, seinen Hörnern und
Hufen unerreichbaren Feinde bald gehemmt hatten. Er
war ein starker Bulle mit breiter Stirn und kurzen,
oben nach vorn gebogenen Hörnern, ein Thier, das
den Schakals ein gefährlicher Gegner gewesen sein
würde. Er stand unbeweglich und drückte das Gesicht,
das ihn zu schmerzen schien, fest gegen den Boden.
Als wir näher kamen, bemerkten wir, daß ihn die
Schnäbel der Vögel geblendet hatten, das Blut floß
aus Augenhöhlen und Nüstern, und der Rücken war
durchlöchert wie ein Sieb. Wir kamen dem gequälten
Vierfüßler zu Hülfe und nöthigten die Vögel, von ihrem
Raube abzulassen; sie geriethen darüber in eine unbeschreibliche Wuth und zeigten so unverhohlen die Absicht, auch mit uns anzubinden, daß wir Yatagan und
Gewehrkolben brauchen mußten, um uns das schwarze
Gesindel vom Leibe zu halten. Als wir den Ochsen
wegführten, folgte uns der krächzende Schwarm bis
zu unseren Kameraden. Eine Ladung Schrot aus der
langen Flinte eines Arabers bewies den hartnäckigen
Thieren endlich unsere Ueberlegenheit.

Wir lagerten in dieser Nacht dem Gros unserer
Feinde so nahe, daß wir deutlich den Schein der zahlreichen Lagerfeuer bemerkten, zu deren Unterhaltung
die Mauren Holzvorräthe mitgeführt haben mußten.

Unsere Avantgarde hatte während des Marsches mehr=
fach Gelegenheit zum Angriff gehabt, Hamed befahl
aber, jedem Gefecht so lange auszuweichen, bis wir
uns mit der Abtheilung Messaud's vereinigt haben
würden. Ich holte hier den Schlaf nach, den ich in
der vergangenen Nacht versäumt hatte; ich vergaß so=
gar die Cigarre, die mir unentbehrlicher ist als die
Abendmahlzeit; ich schlief gegen meine Gewohnheit die
ganze Nacht durch und erwachte erst am anderen Mor=
gen, als mich Ben Gaml schüttelte und mir den heißen
Kaffee unter die Nase hielt.

Hamed hatte Nachricht vom Scheich; Messaud war
mit dem Troß noch weit zurück, er hatte aber den
größeren Theil seiner Reiter vorausgesandt und unter
den Befehl seines Neffen gestellt. Die Verstärkung sollte
gegen Mittag eintreffen; Hamed beschloß daher, so
lange zu warten und die verlorene Zeit durch Ver=
stärken und weiteres Vorpoussiren seiner Avantgarde
wieder einzubringen. Ich kannte die Unbequemlichkeiten
eines Marsches während der heißen Tagesstunden zur
Genüge; um ihnen zu entgehen, erbot ich mich, die
Avantgarde zu begleiten. Ich beurlaubte mich von
Hamed und ritt bald unter den Reitern des Vortrupps
neben einem alten Bekannten, dem vielerfahrenen
Biskra, dessen Gesicht sich verklärte, als er die Quelle,
aus der seine ungewaschenen Hände dann und wann
eine Cigarre zu schöpfen pflegten, so dicht neben sich
sah. Biskra stieß einige Hm's und Ha's aus und

förderte dann die inhaltsschweren Worte zu Tage:
„Heute wollen wir sehen, wer von uns das schnellste
Pferd hat.“

„Es geht doch Nichts über einen solchen Ritt,“
wollte ich eben ausrufen, da fällt mir ein, daß ich
einen ähnlichen Ausruf schon früher gethan habe, daß
ich auch vorsichtiger mit derartigen Expectorationen sein
muß, wenn ich mich nicht dem mitleidsvollen Lächeln
meiner Freunde aussetzen will, die mir schon Sinn
und Gefühl für feinere Genüsse abgesprochen haben.
Freilich über Opern, Ballets und Soupers verstehe ich
kaum noch zu reden, ich habe es aber früher verstan=
den, der Mode und dem Genuß so gehuldigt, wie die
Unermüdlichsten meiner Bekannten. Die Lust, mir die
Sinne zu benebeln, hat seitdem abgenommen. Früher
war ich recht gern berauscht; natürlich nicht in Folge
des Genusses von Spirituosen; aber jeder andere
Rausch ist auch eine Trunkenheit, es kommt nur auf
den Namen an. Wer sich in Schnaps betrinkt, ist ein
gemeiner Säufer; wer das ihm nöthige Quantum Auf=
regung in einer tüchtigen Schlägerei sucht, eine ordinäre
Natur; Champagner und Burgunder gehören dagegen
zum guten Ton, und feiner organisirte Naturen lassen
sich durch thränenreiche Trauerspiele rühren, ihre Ner=
ven durch Ballet und Oper kitzeln. Betrunken sind sie
Alle, und wenn sie schwärmen, mit Gefühl kokettiren
und unverständliches Zeug in schöne Worte kleiden, so
ist das nur ein Zeichen ihres bedenklich fortschreitenden

Rausches. Die liebebedürftigen, weichherzigen, leicht=
gläubigen Menschen aber, die, wenn sie die Hand eines
Mädchens drücken, sich einbilden, magnetische und sym=
pathische Fluiden — und Gott weiß, was für Unsinn
— gingen dabei von Einem zum Anderen, die sind
schon bei den letzten Stadien fortgesetzter schwerer Trun=
kenheit angelangt. Der Himmel behüte ihren Verstand
vor dem Delirium, sie selbst vor dem nüchternen Er=
wachen.

Es sind gleiche Ursachen bei Allem, was aufregt,
spannt, reizt und rührt. Ergo: Ist Euch Aufregung
Bedürfniß, dann wählt einen Rausch, der für's Leben
anhält oder in der Erinnerung befriedigt, und dem nicht
physischer und moralischer Katzenjammer auf dem Fuße
folgen. Betheiligt Euch an den Modethorheiten, wie
man sich an Kinderkrankheiten betheiligt; je rascher man
sie besteht, desto besser. Kommt Ihr aber in die Jahre,
wo man erwarten kann, verständige und gesetzte Leute
in Euch zu finden, dann sucht Euch einen ernsthafteren
Lebenszweck. Scharrt Geld zusammen, wenn Ihr An=
lage zum Geiz in Euch fühlt; lernt das Wedeln und
Kriechen, wenn Ihr den Ehrgeiz besitzt, im Staatsdienst
Carrière machen zu wollen, übt Euch in der Heuchelei,
verdreht die Augen und deckt die Schäden Eurer Neben=
menschen auf. Es ist wenigstens ein Ziel, das Euch
auf lange Zeit in Athem erhält, je vollkommener Ihr
es erreicht, desto mehr nähert Ihr Euch der irdischen
Glückseligkeit; daß Ihr es nicht allzu rasch erreicht,

dafür laßt Eure Nebenmenschen sorgen. Oder solltet Ihr zu den Ausnahmen gehören? Habt Ihr wirklich keine guten Freunde, die Euch, wenn Ihr auf der Rennbahn des Lebens in übereiltem Tempo dahinjagt, auf die Gefahr aufmerksam machen, Euch leise und heimlich ein Bein stellen, um Euch zu vorsichtigem Gang zu ermahnen? Ach, Ihr kennt sie nur nicht, die liebevollen Seelen, die so besorgt und ängstlich all' Euer Thun und Treiben überwachen, Eure guten Eigenschaften aufdecken und so herzlich Eure Fehler bedauern, Euch dann und wann einen kleinen freundschaftlichen Stich geben, damit Ihr nicht in Sorglosigkeit verfallet und bösen Menschen keine Blöße bietet. Wollt Ihr sie kennen lernen? Wartet, ich will sie Euch zeigen.

Wer soll den Reigen eröffnen? Laßt mich den Dummen zuerst präsentiren, er ist der Unschuldigste, denn wo er fehlt, fehlt er ohne Ueberlegung, die ein mißgünstiges Geschick ihm versagt hat. Er kann gefährlich werden, natürlich nur aus reinem Unverstand, in der besten Absicht. Er ist mißtrauisch; bei einem Menschen, der nie weiß, ob in der Rede eines Anderen nicht eine verborgene, gegen ihn gerichtete Pointe liegt, ist Mißtrauen wohl zu entschuldigen. Die Einsicht, am Verstande zu kurz gekommen zu sein, hat ihn verbittert; findet er nun eine der selten von ihm erkannten Gelegenheiten, seinem Unmuthe über den eignen Mangel an Geisteskräften Luft zu machen, sich an den besser begabten Mitmenschen zu rächen, dann greift er zu den massivsten Mitteln, die zwar leicht zu bemerken und deshalb leicht zu vermeiden sind, wenn sie aber treffen, auch um so gefährlicher werden.

Ihm zunächst steht ein anderes interessantes Exemplar, halb dumm, halb schlau, Halbblut, zwischen Unverstand und Geriebenheit gezeugt. Er borgt von seiner natürlichen Anlage zur Dummheit die Maske, unter der er seinem Geschäfte nachgeht; unter einem dummen Gesicht verbirgt er einen gefährlichen Charakter. Wenn er schaden will, braucht er ohne Scrupel die unnobelsten Mittel, er geräth aber außer sich, wenn Ihr ihn mit gleichen Waffen bekämpft. Er betrachtet die Schlechtigkeit als sein Privileg, er weiß, daß ohne dieses Ihr ihm überlegen sein würdet; er hat auf Eure Ehrlichkeit speculirt, es muß ihn daher in tiefster Seele betrüben, wenn Ihr ihn täuscht, seinen Glauben an die Redlichkeit der Nebenmenschen erschüttert und ihm zeigt, daß Ihr gerade so schlecht sein könnt wie er selbst.

Der Selbstsüchtige, der Vollblutegoist vom reinsten Wasser; das ist ein kapitaler Kerl, ganz Eisen und Stahl, voller Energie, durch und durch praktisch; von dem könnt Ihr lernen. Er benutzt Euch, so lange Ihr nützen könnt, drückt Euch aus wie eine reife Orange und wirft Euch weg ohne Scham. Macht ihm keine Vorwürfe, er versteht sie nicht; wenn Ihr ihm beweiset, daß er erröthen müßte, erklärt er Euch für verrückt. Er glaubt Charakterstärke zu zeigen, wenn er als engherziger Egoist auftritt, er bildet sich ein, seine häßlichen Eigenschaften müßten auch Anderen in diesem rosigen Lichte erscheinen. Rücksichten kennt er nur für sich, und mit souverainer Verachtung blickt er auf die Schwächlinge herab, die sich von natürlichem Anstands= gefühl, Gutmüthigkeit und Herz so weit beherrschen lassen, auch auf Andere Rücksicht zu nehmen.

Neben ihm gedeihen einige minder werthvolle Arten derselben Gattung, partielle und kleinliche Egoisten, wilde Schößlinge mit lächerlichen Abnormitäten und gemeinen Auswüchsen, verschieden nach dem Boden, in dem sie treiben, nach dem Standpunkt, den sie und den der Beobachter einnimmt, im Allgemeinen weniger schädlich und nicht so interessant wie der Mutterstamm.

Der Halbgebildete und Taktlose, für gewöhnlich un= sicher und unbehaglich in gebildeter Gesellschaft; soll er sich in der Action zeigen, muß er zuvor zutraulich ge= macht werden. Nennt ihn Du, belacht einen seiner Witze, und Ihr werdet sehen, wie er in das Geschirr geht; aber dann gebt Raum, wenn Ihr mit heiler Haut davon kommen wollt. Gleich dem Stiere, dem das rothe Tuch gezeigt wurde, rennt er mit gesenktem Kopf gegen Alles, was faßbar ist, nach rechts und links theilt er Stöße und Tritte aus, an Freund und Feind und Zuschauer; selbst wenn er lieb sein will, seid Ihr nicht sicher vor einem Rippenstoße. Er respectirt nur handgreifliche Grobheiten und ist am wildesten, wenn er in anständiger Gesellschaft mit Seinesgleichen zu= sammentrifft.

Die alte Jungfer, Vorsteherin eines blühenden Geschäftes, in welchem Nichtjungfern weiblichen und männ-
lichen Geschlechtes als Associé's und stille Theilnehmer
fungiren; Bewirthschafterin eines ausgebreiteten Feldes,
das menschlicher Scharfsinn und Erkennungstrieb seit
lange bebauen, dessen Kultur aber ungewöhnliche angeborene und anerzogene Eigenschaften erfordert: Lange
und feine Ohren, eine unverschämte Stirn, spitze Zunge,
die Fähigkeit, ein runzliges Gesicht selbst dann in die
süßesten Falten zu ziehen, wenn das Herz voller Bosheit ist, Geschmeidigkeit, unverwüstliche Neugier und
Verleumdungssucht. — Emsig wie die kleine Biene
durchstöbert sie alle Ecken und Winkel, keine Mühe ver-
drießt sie, keine Anstrengung ist ihr zu groß, sie kennt
keinen Hochmuth, wenn es das Interesse der Wissenschaft gilt. Sie fragt Euren Bedienten und Euren
Friseur, sie steht mit Eurem Koche fast auf Du und
Du. — Seht, was mag sie jetzt haben? Es geht Etwas
vor, was man ihr verbergen will, sie hat das instinct-
mäßig gefühlt, es läßt ihr keine Rast noch Ruhe, bis
sie ergründet hat, was das ist. Wie verwünscht sie
ihren Nachbar, der ihr mit langweiligem Geschwätz das
Handwerk erschwert; ihre Ohren und Augen scheinen
sich zu verlängern und zu erweitern, selbst der Mund
öffnet sich in ängstlicher Erwartung, daß ihr eine Bewegung, ein heimliches Lächeln, ein Händedruck entgehen könne. Jetzt hat sie es heraus, eine Kleinigkeit
hat es ihr verrathen; jetzt glänzt ihr Gesicht wie die

Herbstsonne, wenn sie auf vergilbte Blätter scheint. Sie möchte aufspringen, es hinaus jubeln in die weite Welt, daß sie Etwas weiß, dessen Veröffentlichung Euch unangenehm ist; sie sucht mit Hast nach geeigneten Bekannten, nach Leuten, die würdig sind, ihr bei der Verbreitung der Neuigkeit zu helfen; sie hält, wenn sie keinen Anderen findet, selbst den ärgsten Feind am Rockknopf fest. Im Feuereifer passirt es dann zuweilen, daß sie dumme Streiche macht, die ihr nicht selten schwere Unannehmlichkeiten von den Betheiligten zuziehen. Das schmerzt! aber das Bewußtsein, aus übergroßem Pflichtgefühl gefehlt zu haben, hält sie aufrecht. Sie duckt sich eine Zeit lang, zieht sich in ihr Nest zurück, beobachtet im Stillen, sammelt Wachs und Honig, um Zellen zu bauen und Maden aufzufüttern, bis der Zeitpunkt kommt, wo die Thierchen flügge sind, wo sie mit Mutterstolz den Stock öffnen und die Sprößlinge ihres erfinderischen Geistes hinaussenden kann, alle Wißbegierigen zu belehren. — Wollt Ihr sie in einer anderen Branche ihres weitverzweigten Geschäftes bewundern, setzt Euch zu ihr und laßt Euch von ihr unterhalten. Sie wird den reichen Schatz ihres Wissens aufthun; dann wird sie theilnehmend nach Euren Bekannten fragen, „lauter nette Leute, liebenswürdige Gesellschafter, brave Familienväter, nur Schade, daß sie die und die Fehler haben.“ Sie kennt alle wirklich schwachen Punkte Eurer selbst und Eurer Angehörigen, Schäden, die Ihr tief verborgen glaubtet; sie berührt diese schmerzenden Stellen mit unvergleichlicher Naivetät, ungeschickter Weise stets, wenn Fremde zugegen sind. Sie erzählt Euch eine boshafte Geschichte von Jemandem, den Ihr als harmloses Subject kennt, sie bemerkt, daß ihre Verleumdung keinen Glauben findet; thut Nichts, sie hat Euch doch überlistet. Sie ist ein erfahrener und geschickter Taktiker und weiß, daß Etwas von dem Schmutz, mit dem sie um sich wirft, stets hängen bleibt. Sie raisonnirt so: „Die meisten Menschen sind viel zu bequem, sich selbst ein Urtheil über Andere zu bilden, viele haben auch für derlei Dinge kein Gedächtniß; glauben sie mir daher das erste Mal nicht, beim zweiten Male fällt ihnen ein, dasselbe Urtheil schon einmal irgendwo gehört zu haben; das macht sie stutzig; eine Sache, die man von vielen Seiten hört, wird glaubhafter, der Argwohn greift um sich, und der Stolz des unschuldig Beargwohnten thut das Weitere." — Dann weiß die Schlaue, daß die Lust an den Bestrebungen, die ihr Lebenszweck sind, mehr oder weniger in jeder Brust keimt und durch Bildung und Sittenstrenge selten ganz erstickt wird. Es macht ihnen, denkt sie, doch Spaß, von ihren Nebenmenschen Böses zu hören; wenn sie mir auch nicht glauben, tragen sie doch die amüsante Neuigkeit weiter, der Zweite, der sie nacherzählt, kennt schon die trübe Quelle nicht mehr, aus der sie stammt. So gestaltet sich im Munde der Leute zur Thatsache, was offenkundige Verleumdung war. — Am widerwärtigsten erscheint die alte Jungfer in Gestalt eines Mannes.

Ein Stiefcousin der alten Jungfer, ein entfernter Vetter, der manchen schönen Zug mit ihr gemein hat, ein Strunkgewächs in dem Garten der Civilisation, mag das Rubrum vorerwähnter und zergliederter Unkräuter würdig abschließen. Der arme Vetter ist krank, geplagt von einem Uebel, an welchem leider fast die ganze Menschheit krankt, das uns gleich dem Gänseblümchen auf Schritt und Tritt entgegenlacht und dem Genus homo, speciell dem weiblichen Theile desselben, so gemein ist, wie den Hunden das Schräglaufen. Der Vetter ist unter Umständen ein braver verständiger Mensch, dem seine Krankheit (vanitas morbus chron.) in zarter Jugend eingeimpft und mit den Jahren durch fortwährenden Reiz zur fixen Idee groß gezogen wurde. Mittel zur Neutralisation oder Zerstörung des Krankheitsstoffes helfen jetzt nicht mehr, das Leiden ist chronisch geworden, und Befriedigung des Reizes ist das Einzige, was den Kranken bei Humor erhält. Patient kann von klarem, ausgebildetem Verstande sein, seine Umgebung übersehen, seine Schwäche kennen und sogar verbergen wollen. Zeigt ihm aber nur von fern das geliebte Steckenpferd und seht, ob Ihr ihn halten könnt durch irgend Etwas von dem Allen, was denkende, mit Augen, Ohren, Zunge und Gaumen begabte Wesen zu fesseln vermag. Er wird im Sattel sein, ehe Ihr es bemerken und hindern konntet, den abgetriebenen Gaul

paradiren und die eingeübten Sätze machen laſſen, daß
Ihr mit langen, verwunderten Geſichtern hinter dem
Reiter herſehen müßt, der vorhin noch ſo verſtändig
geſprochen hat und ſich jetzt wider Erwarten als fader
Schwätzer erweiſt. Der dümmſte Laffe kann ihn jetzt
an der Naſe herumführen, ſein Verſtand iſt mit der
Eitelkeit weggelaufen, ſeine Schlauheit hat ihn ver=
laſſen, ſein Mißtrauen iſt eingeſchläfert; es geht ihm,
wie dem Birkhahn während des Balzens, er hört nur
die eigne Stimme, er ſchwillt und ſchwelgt in den
ſüßen ſchnalzenden Lauten, mit denen er um die Be=
wunderung der heimlich lachenden Zuhörer wirbt, er
zeigt offen alle ſo künſtlich und vorſichtig bisher ver=
hehlten Blößen. — Der Eitle iſt nicht ſelten geſucht
und beliebt in der Jugend, immer verlacht, wenn er
alt wird; er iſt liebenswürdig, ſo lange er jung iſt,
und wird mit den Jahren immer abſtoßender, immer
geiziger nach dem ſpärlich gezollten Beifall. Er verbirgt
jetzt ängſtlicher das geheime Gefach, und wenn der Zu=
fall doch den Knopf berührt, der den Deckel ſpringen
macht, dann ſind die Bocksſprünge, mit denen der alte
Narr die Pirouetten ſeiner guten Tage nachahmt, mehr
zum Bemitleiden, als zum Lachen. Bildet Euch aber
deshalb nicht ein, daß er nicht auch bösartig werden
könnte. Verletzte Eitelkeit gleicht dem verletzten Stolz,
ſie iſt ein ſchwächerer Abklatſch von jenem, ſie ſchmerzt
nicht ſo tief und rächt ſich nicht ſo conſequent, ſie wird
durch die ihr anklebende Schwäche und Lächerlichkeit

zu neuen Böcken verleitet, während der Stolz seinen Träger eher zu Grunde richtet, ehe er ihm eine zweite Blöße gestattet. Principiell verschieden sind die Beiden nur in der Wahl des die Verletzung deckenden Pflasters. Der Stolz reißt die Wunde mit Vergnügen wieder auf und berauscht sich im Gefühl des Schmerzes und des Bewußtseins, sich rächen zu können, nimmt aber keinen Arzt an, dessen er sich zu schämen brauchte. Die Eitelkeit verbirgt sich und Anderen die Schramme, rächt sich, wenn es nicht anders geht, durch boshafte kleine Schläge, etwas Charlatanerie, Mittel, die Aufsehen erregen; sie braucht aber auch ebenso bereitwillig gefährlichere Medicamente, sie kriecht, heuchelt und verleumdet, vorausgesetzt, daß sie heimlich und ohne Rechenschaft ablegen zu müssen practiciren darf.

Von neu entdeckten Arten möchten wir deren zwei anführen, die wir selbst zuerst beschrieben, aber wegen Geschäftsüberhäufung leider noch nicht classificirt und benannt haben.

Die eine gehört wahrscheinlich einer höheren Ordnung der Zapfenträger an, ist schlanken Stammes und von robustem Aussehen, nach unten rauh und grob, nach oben glatt und geschmeidig.

Die andere rangirt zwischen Schmarotzer und Schmeichler, hat aber wesentliche von jenen verschiedene charakteristische Merkmale. Sie klemmt sich an Alles, was über ihr steht, nicht gerade, um schmarotzerhaft daran zu saugen (obgleich sie einen solchen Vortheil auch nicht von der Hand weiset), nein es genügt ihrer bescheidenen Natur, sich in dem Glanze eines größeren Sternes zu sonnen. Gleich der Mücke, die das Licht umflattert, zieht sie ihre Kreise um Alles was glänzt. Sie drängt sich an Höhergestellte und will nicht bemerken, daß sie trotz der scheinbaren Freundschaft über die Achsel angesehen wird; sie hängt beglückt an dem Arme eines Vornehmeren und sieht mit Herablassung auf die ihr im Range gleich Stehenden, die zu stolz sind, mit ihr in niedriger Gesinnung zu wetteifern.

Wir glauben mit diesem kurzen naturhistorischen Abrisse unserem Versprechen genügt zu haben. Die Abhandlung ist allerdings nicht erschöpfend; wir sind uns bewußt, nur einen Theil unserer Forschungen in dem Gebiete der Schurkologie zu Papier gebracht zu haben. Es konnte auch nicht wohl in unserer Absicht liegen, einem jeden Mitgliede jener noblen Zunft die Ehre einer detaillirten Beschreibung zu Theil werden zu lassen, wir haben nur die interessanteren herausgegriffen, Exemplare, die deshalb nicht auf den ersten Blick als gemeine Naturen erkannt werden, weil sie meist den höheren Schichten angehören. Sollte dessen ungeachtet der eine oder andere unserer verehrlichen Herren Abonnenten den Wunsch äußern, auch die ihm ferner stehenden Klassen des Menschengeschlechts kennen zu lernen, so sind wir keinesweges abgeneigt, diesem Wunsche zu willfahren. Es kostet uns Nichts, wir brauchen nur zu winken. Seht, schon rücken sie an, zu Roß und zu

Wagen, in Hosen und Crinolinen, ein ganzes Heer von Schuften. Schmeichler und Schmarotzer, Schleicher und Heimtücker, Stellenjäger, Neidhammel, ordinäre Betrüger, Schwindler, Heuchler, Geizhälse und Rechtsverdreher, Schurken und Schwachköpfe von jedem Kaliber, jedem Stand, jedem Alter und jeder Größe. Schließt die Thüre und verstopft das Schlüsselloch, wehrt mir das Gezücht ab, wenn Ihr wollt, daß ich Euch ferner unterhalten soll. Sie drängen sich um meinen Schreibtisch, daß ich kaum Raum behalte, die Feder zu führen, sie fallen mir auf das Papier wie reife Pflaumen, die der Gärtner auf den Rasen schüttelt; verjage ich sie vorn, stechen sie mich hinten in die Wade, drücke ich Einen todt, stehen hundert Andere an seinem Platz. Aus jeder Ecke grinsen mich ihre Fratzen an.

Wollt Ihr mir einen Vorwurf machen, weil mir diese Atmosphäre, in der Ihr lebt und webt, zuwider wurde?

Und nun, werthe Freunde und Bekannte, erlaubt mir jetzt, wo ich den letzten Tropfen Galle zu vorstehender Kapuzinade verbraucht habe, zu meinem Freunde Biskra und Genossen zurückzukehren.

Sechstes Kapitel.

Es war ein frischer Morgen, der Sand war noch
kühl, und der Thau war so reichlich gefallen, daß er
alle Wärme aufsog und den ersten Strahlen, mit denen
die Sonne ihren Lieblingsaufenthalt begrüßte, hartnäckig widerstand. Die ungewohnte Nässe trieb Würmer
und Insecten aus ihren Verstecken, aus den tunnelartig
in den Sand gegrabenen Höhlen, aus den Burgen, die
ihnen Schiefer und Kiesel gewölbt, aus den verbor-
gensten Falten der Gräser, aus den dunkelrothen Kelchen
der Disteln und Cacteen. Ueberall hatten sich glänzende
Tropfen eingenistet, auf allen Blüthen und Stengeln
rollten und kugelten sie über einander, in allen Blatt-
winkeln und Kerben suchten sie Schutz vor der Sonne.
Wie hielten sie fest an den feinen Härchen und Staub-
fäden, wenn neu hinzukommende Tropfen ihr künstliches
Gleichgewicht zu stören drohten; verzweifelt wehrten sie
sich gegen den Druck dieser unwillkommenen Verstärkung, immer länger und schmaler wurden die runden
kleinen Leiber, bis das eigene Gewicht den Tropfen
auseinander riß, den unteren schwereren Theil an dem

Stengel hinab in den Sand zog, während die obere Hälfte, wieder zur Kugel zusammengeflossen, glitzernd und glänzend an dem grünen Blatt hing.

Die gelb und roth gefleckte Eidechse glitt behend über den Boden, fuhr mit dem züngelnden Schwanze hin und her und spähte mit hellen Augen an jedem Halme in die Höhe. Die Scharrmäuse guckten neugierig aus ihren Löchern und liefen in höchster Eile zur Frau Nachbarin in den Nebengang; die Vögel jagten sich lärmend und mit den Flügeln schlagend durch das feuchte Gras, wo sie Käfer und Mücken gesucht, Larven und Würmer aus dem Boden gescharrt hatten. An den tieferen Stellen, wo die Feuchtigkeit, vor gänzlichem Verdunsten geschützt, üppigen Graswuchs erzeugt hatte, gingen wilde Ochsen*) und Gazellen ihrer Aesung nach, oder sie benutzten den leichten Nebel, der hier über Schluchten und Einsattlungen lag, um länger als gewöhnlich der Ruhe zu pflegen, in dem hohen Grase zu liegen, die feuchte Luft einzuathmen und den Leib mit Thau zu kühlen.

Menschen und Thiere freuten sich in gleichem Maße des köstlichen Morgens, der erquickenden Luft, der glänzenden Sonnenstrahlen, deren versengende Kraft durch die Feuchtigkeit gemildert wurde. Unsere Pferde tanzten über den Boden wie am Tage des Ausmarsches; es war nicht möglich, sie in kürzerem Gang als

---

*) Eine Antilopenart, von den Arabern so genannt wegen des stierartigen Kopfes.

gestrecktem Galopp zu erhalten. Faßten wir die Zügel kürzer, so fingen sie an zu springen und zu bocken, das Gebiß zu kauen und die Schaumflocken umherzustreuen, daß die schmutzigen Burnus davon bedeckt wurden und wieder weiß erschienen, fast wie damals, als sie vor langen Jahren zuerst die Schultern ihrer jetzigen Besitzer zierten.

Die Reiter hatten sich vertheilt, wie es ihnen selbst am besten dünkte, nur in der Mitte des unregelmäßigen Bogens, den sie einnahmen, blieb ein geschlossener Trupp, an dessen Spitze ich und Biskra ritten. Mein Begleiter war guter Laune; er hatte sich überzeugt, daß sein Pferd meinem Falben nicht nachstand, und nebenbei ein Mittel ausfindig gemacht, das selbstständige Commando behufs des eigenen Nutzens auszubeuten. Er schlug mir vor, jetzt wo wir, Dank unserem raschen Reiten, so weit von Hamed entfernt waren, daß dieser unser Schießen nicht hören konnte, die Gelegenheit zu benutzen und praktische Untersuchungen darüber anzustellen, ob Antilopenfleisch besser schmecke als die Speise, die bisher unseren Hunger gestillt, die lederartigen Streifen, die ehemals dem mageren Rücken eines halb verhungerten Stieres angehört hatten.

Lange konnten wir nicht zum Schuß kommen; das Wild war zahlreich und wenig scheu, aber die offene Ebene bot nirgends ein Versteck, welches das Anschleichen ermöglicht hätte. Endlich verlor Biskra die

Geduld; er rief die Reiter zurück, die sich zum Durch=
suchen des Terrains zerstreut hatten, beschwichtigte
meine und seine eigenen Bedenken durch eine kurze
Rede, in der er seine Ansichten über Schreiben und
Geschrieben entwickelte, und stellte dann ein regelrechtes
Kesseltreiben an. Unsere so plötzlich in Treiber um=
gewandelten Eclaireurs schienen ein noch weiteres Ge=
wissen zu besitzen; sie nahmen die Nachricht von ihrer
Degradation mit unverkennbarer Freude auf und
würden in lautes Jubeln ausgebrochen sein, hätte das
nicht Biskra aus guten Gründen untersagt. Zur Er=
klärung, wenn auch nicht zur Rechtfertigung dieser
groben Pflichtverletzung muß ich anführen, daß wir
an diesem Morgen mehrfach ein Rudel von acht bis
zehn Antilopen verfolgt hatten, die uns förmlich ver=
höhnten, uns auf große Schußweite herankommen
ließen, dann mit langen Sätzen davonjagten und wie=
der in Trab fielen, sobald wir die hoffnungslose Ver=
folgung aufgaben. Sie weideten jetzt keine tausend
Schritte von uns so ruhig und unbesorgt, als wären
wir eben so viele Meilen von ihnen entfernt.

Das Verfahren, welches wir einzuhalten hatten,
war unseren Leuten bekannt. Die Araber wenden
diese Jagdart in ebenem Terrain häufig an, meist
gegen solche Thiere, welche die Pferde an Schnelligkeit
oder Ausdauer übertreffen.

Die Jäger suchten das Wild in weitem Bogen zu
umstellen, während Biskra und ich, die gegen den

Wind standen, gerade auf die Antilopen zuritten und ihre Aufmerksamkeit von denjenigen Leuten ablenkten, die genöthigt waren, mit dem Winde vorzugehen. Die Thiere waren durch ihre eigenen Erfahrungen in Sicherheit gewiegt, sie thaten, als ob sie unser langsames Anreiten gar nicht bemerkten, und hoben erst dann und wann die Köpfe, als wir anfingen, die letzten fünfhundert Schritte zu überschreiten. Endlich schien dem feisten, durch das Alter dunkelbraun gefärbten Bock, der das Rudel führte, die Zeit zum Aufbruch gekommen. Er schnob einige Male heftig gegen den Wind, stampfte den Boden und gab damit den Gaisen und jüngeren Männchen das Zeichen zur Flucht. Ehe es aber dazu kam, hatte sich Biskra in's Mittel gelegt, so seltsame Grimassen geschnitten, so zierliche Verbeugungen ausgeführt und mit einem von mir entliehenen bunten Taschentuche so wunderbare Schnörkel beschrieben, daß sich die neugierigen Thiere unmöglich entschließen konnten, einem solchen Schauspiele sofort den Rücken zu kehren. Sie stellten sich in eine Reihe, zeigten uns die weißen Kehlen und schienen in hohem Grade verwundert über einen Anblick, der Alles übertraf, was sie bis jetzt gesehen hatten. Da wurde der Bock plötzlich unruhig und bog den Kopf einige Male ängstlich zur Seite. Vergeblich suchte Biskra durch verdoppelte Anstrengungen seine Aufmerksamkeit zu fesseln, er fuhr mit lautem Schmälen herum, warf den Kopf zurück, daß die leierförmigen

Hörner auf dem Widerrist lagen, und rannte, von dem Rudel gefolgt, der Richtung zu, in welcher die Reiter noch nicht Zeit gehabt hatten, den Kreis genügend zu verengen. Schon glaubten wir, daß sie uns entgehen würden, da schreckte sie das Geschrei der nächsten Jäger, die ihnen in voller Carrière zuvorzukommen suchten; sie machten Kehrt und kamen in sausendem Galopp wieder zu uns zurück. Hinter ihnen schloß und verengte sich rasch der Kreis, bald standen die Reiter einander so nahe, daß ein Durchbrechen des Wildes nicht mehr zu befürchten war. Nun erfaßte die Thiere die Angst, sie rannten wie toll von einer Seite zur anderen, Sand und Erde wirbelte über ihren Köpfen, wir sahen nur noch eine Staubwolke, die bald hier, bald dort sich bewegte und verdichtete. Endlich standen sie in der Mitte des Kreises und gaben uns Gelegenheit zum Zielen. Biskra feuerte zuerst, dann krachten wie zum Rottenfeuer die Gewehre der anderen Jäger. Ich war gut abgekommen und vermuthe, daß ich getroffen habe; Staub und Pulverdampf hinderten mich aber, dies unmittelbar nach Abgabe des Schusses zu erkennen; ich glaubte die ganze Heerde an mir vorbeirennen zu sehen und spornte mein Pferd gleich den Anderen zur Verfolgung. Der Falbe trug mich den anderen Reitern bald voraus; nur Biskra blieb vor mir, hinter einer verwundeten Antilope, die sich von dem Rudel getrennt hatte. Sie war waidwund geschossen und verlor viel

Blut, dennoch lief sie Anfangs mit unverminderter Schnelligkeit und ließ uns weit zurück; nach und nach aber schwanden ihre Kräfte, ihre Sprünge wurden kürzer, und der Raum, der uns von ihr trennte, verringerte sich. Nun fing sie an Haken zu schlagen. Dieser Kunstgriff half aber Nichts; da wir zu zweit waren und hinter einander ritten, konnte sie auf diese Weise nur den jedesmaligen Verfolger wechseln. Sie hatte einen Grasstreifen erblickt, wo kuppelförmige Ameisenhügel dicht neben einander standen; sie führte uns hierher, vermied mit bewundernswürdigem Geschick die lockeren Erdhaufen und war mit wenigen Sätzen auf der anderen Seite. Biskra, der ihr zunächst ritt, wollte folgen, sein Pferd verwickelte sich aber, stürzte auf die Kniee und warf den Reiter ab; beide kamen indeß ohne Verletzung hinüber. Ich selbst hatte das Hinderniß zeitig bemerkt und einen Umweg eingeschlagen. Jetzt waren aber die Kräfte der gehetzten Antilope erschöpft, ihr Haar klebte von Blut und Schweiß, ihre Flanken schlugen heftig, sie keuchte, als ob ihr die Brust springen wollte. Noch einmal bot sie die List auf, ihre abnehmenden Kräfte zu ersetzen. Sie drängte sich mühsam durch ein Gebüsch, das wir bequem umritten, sie benutzte den so gewonnenen Vorsprung, noch einige tausend Schritte weiter zu laufen, dann fing sie an zu taumeln, ihre Beine hoben sich noch mechanisch, höher als sonst, da stürzte ihr das Blut aus Maul und Nüstern, sie brach wie vom Blitz getroffen zusammen.

Ich gehöre nicht zu jenen abgehärteten Jägern, die mit Befriedigung auf das niedergehetzte Wild blicken; der Jagdeifer läßt mich wohl vergessen, welche Grausamkeit dazu gehört, ein edles und muthiges Thier zu Tode zu hetzen; ich suche aber wenigstens mein beschwertes Gewissen durch aufrichtige Reue zu erleichtern. Ich fühlte auch jetzt, als ich das starre und doch noch schöne Auge der todten Gazelle sah, recht ernstliche Gewissensbisse; mein Begleiter dagegen war ein härter gesottener Sünder, und Nichts lag ihm ferner, als derlei sentimentale Anwandlungen. Um seine Lippen spielte ein zufriedenes Lächeln, als er mit kunstgerechter Hand die fleischigen Partien des Wildes prüfte, er zog das Messer einige Male auf der nackten Wade hin und her und fing dann emsig an auszuweiden und abzuhäuten. Ich sah mich genöthigt, ihn in dieser angenehmen Beschäftigung zu stören, auf ein weniger systematisches Verfahren und auf größere Eile zu dringen. Wir waren weit von unseren Kameraden abgekommen und wußten Beide nicht, in welcher Richtung wir sie zu suchen hatten. Das Wild hatte uns so in die Kreuz und Quere geführt, daß selbst der angeborene Orientirungssinn des Arabers nicht mehr ausreichte, uns auf den richtigen Pfad zu bringen.

Endlich war Biskra fertig; er belud sein Pferd mit Rücken- und Lenden-Stücken und nöthigte mir, nachdem ich einige größere Stücke zurückgewiesen, die Zunge auf. Dann betrachtete er sorgfältig den Stand der Sonne und die wenigen hervortretenden Merkmale der einförmigen Gegend, sein Gesicht wurde immer länger, und schließlich erklärte er, daß er über die einzuschlagende Richtung gerade so unklar sei wie ich). Es blieb uns Nichts übrig, als unsere eigene Spur zurück zu verfolgen, mit müden Pferden alle während der Hetze zurückgelegten Umwege noch einmal abzureiten. Wir ritten langsam an und übten uns fleißig in dem Gebrauche meines kleinen Feldstechers. Wir waren plötzlich sehr vorsichtig geworden, die Abspannung nach der aufregenden Jagd mochte wohl Schuld daran sein, selbst die Raubvögel, die das Gerippe der Antilope aufsuchten, beunruhigten uns. Es war übrigens auffallend, wie diese Vögel flogen, fast schien es, als folgten sie unserer Fährte. Ein langer Zug von ihnen kam aus der Gegend, wo wir unsere Kameraden vermutheten, sie strichen niedrig über dem Boden hin und bogen regelmäßig aus, wenn sie zu der Stelle kamen, wo wir von der Fährte der Antilope abgewichen und um das jetzt wieder vor uns liegende Gehölz herumgeritten waren. Ich machte Biskra darauf aufmerksam, er legte aber keinen großen Werth darauf. „Es wird Wild in dem Gebüsch sein," meinte er, „es kam mir schon vorher so vor, als hätten sich die Zweige bewegt." Er wollte noch Etwas hinzufügen, ein lärmendes, höhnisches Gekrächz schnitt ihm aber die Rede ab. Ein Trupp Raben hatte sich über uns mit einigen Geiern gekreuzt und den stärkeren Kameraden eine

interessante Nachricht mitgetheilt; es klang wie ein
Hohn auf Biskra's zuversichtliche Beantwortung meiner
Frage. Schade, daß ich damals ihr Krächzen nicht
verstand, es würde meinem Falben manchen Schweißtropfen erspart haben; später wurde mir klar, was
der dickköpfige schwarze Bursche, der den anderen Vögeln vorausflog, mit seinem Geschrei gewollt hatte.
O, die Narren, hatte er gerufen, jagen da ein armes,
unschuldiges Thier zu Tode und ahnen nicht, daß sie
selbst gejagt wurden, daß die Feinde meilenweit hinter
ihnen herstreiften! Sie sind blind, krächzten die Anderen, blind wie Nachteulen, blind trotz ihrer lächerlichen Gläser, sie wissen nicht einmal, was hinter den
Büschen steckt. Wir Raben und Geier haben bessere
Augen, wir haben die Schimmel, die Rappen und die
Braunen gezählt und die langen Flinten und die Lanzen gesehen. Ho, ho, was wird das ein lustiges
Rennen geben; Fraß für uns, Alles Fraß für uns!
So tobten und jubelten, höhnten und lachten sie, und
die Geier lachten mit schrillem Sopran dazwischen, daß
mir himmelangst wurde. Ich faßte Biskra's Zügel
und bat ihn um Gotteswillen, einen Augenblick anzuhalten und mir zu sagen, was das für ein Thier sei,
das ich mittelst meines Fernrohres zwischen den Büschen
gesehen, und das mir für eine Antilope viel zu hell
erschien. Ich bot ihm das Glas an, er wies es aber
verächtlich zurück, er hatte mit unbewaffneten Augen
besser gesehen. „Ein Schimmel," rief er, „so wahr ich

lebe, ein Schimmel; Schaïtan hole die maurischen
Hunde, sie haben uns überlistet!" Er faßte meinen
Arm und zog daran, als ob er ihn zur Bekräftigung
seines frommen Wunsches aus dem Gelenk reißen
wollte. Ich hielt aber jetzt alle weiteren Erörterun=
gen für überflüssig, ich machte mich los und setzte die
Sporen ein, so fest ich konnte.

Biskra folgte, doch nicht so schnell, wie ich wünschte;
sein Rappe war schwer bepackt, und der Reiter drehte
noch fortwährend den Kopf und bemühte sich, unsere
Verfolger zu zählen. „Neun oder zehn," rief er mir
zu, „sie reiten so wild durcheinander, daß sie mich
irre machen." Seine Seelenruhe fing an, mich zu
ärgern; ich ersuchte ihn, seinem Pferde die unnütze
Last abzunehmen und an meiner Seite zu bleiben;
als er zögerte, ließ ich dem Falben die Zügel schießen.
Nun warf er Ballast aus, Rippen und Hochrück flogen
in den Sand, zwischen jedem Wurf machte er eine
kleine Pause, die er eifrig mit Verwünschungen aus=
füllte (ob diese mir oder den Feinden galten, war
nicht genau zu erkennen), dann betrachtete er zärtlich
das folgende Fleischstück und ließ es langsam und
seufzend von dem Sattel in den Sand gleiten. Er
würde viel Zeit gebraucht haben, um zu dem letzten
Stück zu kommen, aber die Feinde übernahmen es,
sein unfreiwilliges Handeln zu beschleunigen. Sie
hatten seine komische Unschlüssigkeit bemerkt; als sie
auf das zuerst weggeworfene Fleisch trafen, begrüßten

sie dasselbe mit einem jubelnden Gelächter. Da warf Biskra wüthend den Rest auf einmal ab und trieb nun sein Pferd so entschlossen vorwärts, daß ich Mühe hatte, in gleicher Höhe mit ihm zu bleiben.

Ich habe erwähnt, daß wir ungewiß über die von uns einzuschlagende Richtung waren; unsere Gegner kannten dieselbe besser, sie ritten in unserer rechten Flanke und schnitten uns dadurch den Weg ab, wenngleich ihre schlechteren Pferde hinter den unsrigen zurückblieben. „So geht's nicht," sagte Biskra nach einiger Zeit, während welcher wir, durch das Verhalten der Feinde belehrt, uns mehr rechts gezogen hatten, „wir jagen wahrscheinlich geraden Weges in das feindliche Lager; wir müssen an ihnen vorbei und sollten wir ihre spindelbeinigen Pferde in den Sand reiten!" Er drehte den Kopf seines Pferdes und ritt einer Stelle zu, wo er die während der Jagd passirten Ameisenhaufen zu erkennen glaubte; mein Pferd war auf solche kurze Wendungen nicht eingeübt, es kam im Bogen herum und blieb dadurch einige Pferdelängen zurück. Zwar strengte das ehrgeizige Thier jetzt jede Muskel an, den Rappen einzuholen, aber Biskra brauchte wieder Bügel und Schenkel und schrie sein „ya-arab", die Zauberworte, die das arabische Pferd zur rasenden Carrière antreiben. Er kam so dicht vor dem vordersten Mauren vorbei, daß dessen Pferd von selbst parirte und mir den Weg sperrte. Ich hatte nur einen Augenblick zur Ueberlegung, ich sah ein, daß ich nicht mehr ausweichen konnte, drückte daher fest die Sporen ein und setzte mich im Sattel zurecht. Der Falbe prallte mit voller Gewalt an das Hinderniß, warf meinen Gegner sammt dem Pferde über den Haufen und jagte dann, selbst erschrocken über die unfreiwillige Heldenthat, seinem Kameraden nach. Er hinkte aber jetzt eine Zeit lang und konnte das rasche Tempo, in welchem wir angeritten waren, nicht mehr einhalten, Biskra mußte sich entschließen, kürzer zu reiten oder mich zurückzulassen. Er wählte das Erstere, schimpfte und fluchte zwar, zog aber doch rechtschaffen die Zügel an. Nun hatten wir den ganzen Schwarm der Mauren auf den Fersen, die Lanzenspitzen der Vordersten dicht hinter unseren Nacken. Es war ein unbehagliches Gefühl, unter diesen Verhältnissen das Schnauben eines fremden Pferdes so deutlich zu hören, ich konnte mich der Empfindung eines eingebildeten Kitzels nicht erwehren und zog den Kopf tief in die Schultern; ich hätte mich für mein Leben gern herumgedreht, fürchtete aber die Geistesgegenwart zu verlieren und mein Pferd zu verhalten. Biskra hatte mehr Vertrauen zu seinen Nerven, er sah sich um und bemerkte, daß uns nur Einer der Verfolger gefährlich wurde, die anderen dagegen schon wieder zurückgeblieben waren. Er theilte mir die Entdeckung mit und forderte mich durch Winke mehr als durch Worte auf, einige Schritte von ihm abzubleiben. Ich errieth seine Absicht und lenkte gleichzeitig mit ihm zur Seite, der Maure fuhr zwischen uns

wie eine Rakete, und die drei Pferde jagten einige
Secunden lang nebeneinander hin, als wären sie zu=
sammen gekoppelt. Unser Gegner vergaß in der ersten
Ueberraschung, daß seine Lanze unbrauchbar gewor=
den; statt anzuhalten, suchte er mit der langen Waffe
den Kopf meines Pferdes zu treffen. Ich parirte die
Stiche mit der Hand und hielt die Lanze fest; ehe er
sich entschloß, den Schaft fahren zu lassen, traf ihn der
Griff von Biskra's Yatagan mit solcher Kraft vor die
Stirn, daß wir den Schädel krachen hörten. Er sank
lautlos auf den Hals des Pferdes.

Dies verschaffte uns Luft, unsere Verfolger hielten
neben dem Gefallenen, bis sie sich überzeugt, daß ihre
Hülfe zu spät kam, dann folgten sie mit geringerem
Eifer und weniger Zuversicht als zuvor; bald knallte
es hinter uns, ein Zeichen, daß sie die Verfolgung auf=
gaben. Sie schießen nicht gern im Rennen, sagte Biskra,
ich würde es auch nicht thun an ihrer Stelle, ich habe
einmal eins ihrer geradgeschäfteten, überladenen Gewehre
an den Backen genommen und meinen Zähnen weher
damit gethan als dem Mauren, auf den ich anschlug.

Biskra hatte sich nicht getäuscht, wir fanden an
der bezeichneten Stelle unsere alte Spur, die Fährten
aber merkwürdig verändert; die Feinde, mit denen wir
eben zusammengetroffen, waren darauf hergeritten, wir
konnten ihre Spur bis in die Nähe des Ortes verfol=
gen, wo die Jagd begonnen hatte. An einzelnen Stellen
hatten sie angehalten, an anderen, wo uns das Wild

zu Umwegen nöthigte, führte die feindliche Spur in gerader Linie nach der neuen Richtung. Sie waren uns also in kurzer Entfernung gefolgt, wenn wir Einmal zurückgesehen hätten, würden wir sie bemerkt haben.

An die Stelle der Sorgen, die wir so energisch abgeschüttelt hatten, waren indeß neue getreten; der Zweifel peinigte besonders meinen Begleiter, ob wir unsere Kameraden noch an dem alten Platze treffen würden, ob nicht vielleicht schon Hameb hier vorüber gezogen sei und die Truppen, denen er seine Sicherheit anvertraut hatte, führerlos gefunden habe. Der Avantgardenchef in dem Rücken der Armee, das war ein Gedanke, der selbst mich trotz meiner privilegirten Stellung unangenehm berührte; ich athmete daher eben so tief auf wie Biskra, als die scharfen Augen des Letzteren am Horizont drei leichte Rauchwölkchen entdeckten, die nur von unseren zurückgebliebenen Kameraden herrühren konnten. Ich habe mir unnöthige Sorge gemacht, sagte Biskra, so lange Die noch ein Stück Fleisch und eine handvoll Dünger zum Rösten haben, setzen sie sich gewiß nicht in den Sattel, hoffentlich haben sie noch nicht Zeit gehabt, Alles zu verzehren, es wäre hart, wenn ich nach solchen Anstrengungen und Hoffnungen leer ausgehen müßte.

So war es denn auch, sie hatten wirklich noch nicht Zeit gehabt, am guten Willen hatte es nicht gefehlt; es war noch Fleisch in Menge vorhanden, freilich fehlten alle delikaten Stücke. Da holte ich die vergessene

Antilopenzunge aus meinem Haik und bot sie Biskra an als Belohnung für seine heute bewiesene Kamerad=schaft. Ich könnte hier behaupten, daß ihn dieser Be=weis meiner Freundschaft zu Thränen gerührt habe, ich würde aber dann die Unwahrheit sagen. Er nahm zwar das Geschenk bereitwillig an, unterdrückte jedoch, da er Eile hatte, den Ausbruch seiner überwallenden Gefühle. Meine Dankbarkeit beschränkte sich übrigens nicht auf diese scherzhaft erwähnte Gabe, ich vergaß nicht, daß mir Biskra wahrscheinlich das Leben gerettet hatte.

Während wir noch ruhten, traf ein Reiter von Hamed's Abtheilung ein, der sehr verwundert war, uns so bald einzuholen. Die Verstärkung war angekommen, und Hamed mit derselben bereits unterwegs, wir hatten also keine Zeit zu verlieren. Rasch wurden nun die Spuren vertilgt, die unseren langen Aufenthalt ver=rathen konnten. Das übrige Fleisch wurde in Stücke geschnitten und auf die Pferde genommen, alle Aschen= und Knochenreste, selbst der frische Pferdekoth, wurden vergraben. Die Araber würden gern auch ihre Fähr=ten vertilgt haben, hätten sie ein Mittel gekannt, dies schnell und erfolgreich zu bewirken, sie boten aber wenig=stens ihre Schlauheit auf, die nachkommenden Kamera=den in anderer Weise irre zu führen. Sie gingen ein=zeln auf Umwegen zurück und trafen nach und nach auf dem Pfade ein, auf dem wir uns am Morgen den Antilopen näherten; sie ordneten sich hier, dann

jagten sie mit möglichst breiter Spur in einiger Ent=
fernung von den Feuerstellen vorüber, und jenseits der=
selben gingen sie wieder auseinander.

Es wurde scharf geritten, um die verlorene Zeit
einzubringen. Biskra saß wieder auf seinem unermüd=
lichen Rappen, ich bestieg das Handpferd, welches Ben=
Gaml geführt hatte, einen braunen Wallach, den ich
aus Frankreich mitgebracht hatte, ein gutes, aber etwas
eigensinniges Pferd. Meinen braven Falben habe ich
seit diesem Tage zu anstrengenden Touren nicht wieder
brauchen können; er behielt eine Schwäche im Bug und
ging lahm, sobald er längere Zeit galoppiren mußte.
Ich nahm ihn zwar aus Anhänglichkeit mit in die
Kolonie, sah mich jedoch veranlaßt, ihn dort zu ver=
kaufen. Er hatte in Folge starker Einreibungen kahle
Flecken bekommen, die ihn ganz entstellten.

Spät am Nachmittage trafen wir auf die äußersten
feindlichen Vorposten, einzelne Reiter, die wir rasch
zurücktrieben. Sie verdichteten aber ihre Reihen durch
herbeieilende Verstärkungen, und bald entspann sich ein
naturwüchsiges Reitergefecht, eine Phantasie, wie ich sie
zuletzt in der Ebene von Geryville von dem Gum
(Landsturm) von Maskara gesehen, nicht viel ernster,
als die dortige Vorstellung. Es knatterte und knallte
auf der ganzen Linie, Uneingeweihte mußten glauben,
es sei ein mörderisches Gefecht, dabei verloren wir einen
Mann und hatten mehrere Leichtverwundete, unter ihnen
Biskra, dem ein Finger der linken Hand abgeschossen

wurde. Fortwährend brachen einzelne Reiter in Carrière aus der Linie, parirten zur Abgabe ihres Schusses und jagten, nachdem sie die Feinde durch ihren Schlachtruf zu schrecken gesucht, mit über dem Kopfe geschwungenen Gewehren wieder zurück. Zuweilen setzte sich auch ein größerer Trupp in Galopp, es schien dies von der Laune des Einzelnen abzuhängen. Hinterließ aber zufällig eine Kugel eine sichtbare Wirkung, dann jagte die ganze Partei des glücklichen Schützen mit Ohren zerreißendem Geschrei vorwärts. Die Gegner gaben in diesem Falle selbstverständlich Fersengeld, sie suchten das verlorene Terrain und den eingebüßten Ruhm bei der nächsten Gelegenheit wieder zu gewinnen. Bald vorgehend, bald zurückgedrängt, unter anhaltendem Feuern kamen wir endlich in den Gesichtskreis des feindlichen Lagers. Hier stellten sich uns aber überlegene Kräfte entgegen und wehrten uns ernsthaft den Weitermarsch. Wir mußten wieder eine Strecke zurück, hielten eine Zeit lang, und da unsere Gegner geneigt schienen, dem blutigen Streite für heute ein Ende zu machen, saßen wir ab und ruhten, die Zügel in der Hand.

Als es dunkel wurde, half ich Biskra die Posten ausstellen; sämmtliche Mannschaft wurde hierzu benutzt. Die Reserve bestand aus Biskra und mir; mehr Leute waren hierzu auch nicht nöthig, es kam nur darauf an, den Feind nicht unbemerkt abziehen zu lassen. Als unsere Reiter ihre Plätze wieder einnahmen, fing das Schießen wieder an, doch beruhigten sich die Mauren,

nachdem sie sich von unseren friedlichen Absichten über=
zeugt hatten. Sie waren dann eine Zeit lang bemüht,
uns die lange Nacht in anderer Weise zu verkürzen,
sie redeten und sangen uns an, in Prosa und impro=
visirten Gedichten, in denen maurische Tapferkeit,
arabische Feigheit und Hinterlist geschildert wurden.
Ich bedauerte aufrichtig, daß mir Sinn und Worte
dieser Ansprachen wegen der Entfernung und meiner
Unkenntniß der Sprache verloren gingen. Bei den
effectvollsten Stellen, wenn die Redner durch einen
Sturm von Beifall für ihre Anstrengung und ihren
Patriotismus belohnt wurden, krachten diesseits gewöhn=
lich einige Gewehre, eine Remonstration, welche die
Mauren durch ein gellendes Hohngelächter beantworte=
ten. Als der Mond aufging, ließen die Neckereien nach,
der Anblick der Feinde und die Gewißheit, am folgen=
den Tag ein hartnäckiges Gefecht liefern zu müssen,
mochten wohl auf beiden Seiten Veranlassung zu ern=
steren Gedanken geben. In dem Lager der Mauren
stimmte Jemand die Todtenklage an (die Feinde hatten
während des vorhergehenden Gefechts mehrere Leute
verloren); die einfache und eintönige Melodie pflanzte
sich zu den vorgeschobenen Reitertrupps fort, unsere
eignen Leute fielen mit dem Chor ein. Es war das=
selbe Lied, das ich bei früheren Gelegenheiten von den
Arabern gehört hatte, dieselben Worte, wie mir Biskra
sagte. Die Todfeinde, die sich seit Jahrhunderten mit
unversöhnlichem Haß bekämpfen, fanden hier einen

Vereinigungspunkt, der sie an die nahe Verwandtschaft ihrer Racen erinnern mußte. Wir saßen jetzt wieder ab und ruhten. Es war kalt, ich fror, obgleich ich die Decke über den Kopf gezogen hatte. Ich war in dieser Nacht in einer fieberhaften Stimmung, die Sumpfluft schien nachträglich ihre Wirkung zu äußern, vielleicht kam etwas Aufregung in Folge des bevorstehenden Kampfes hinzu. Biskra wollte für mich wachen, ich nahm einen Schluck Rum und versuchte zu schlafen, da hatte ich aber den Gedanken, die auf mich einstürmten, erst recht Thür und Thor geöffnet. Während ich in einem unruhigen Halbschlummer lag, zog Alles an mir vorüber, was ich vergessen wollte, alle getäuschten Hoffnungen, alle gescheiterten Bestrebungen; wenn ich aufwachte, lag die Zukunft vor mir, so leer und trostlos, wie sie kaum in der Wirklichkeit sein konnte. Ich bin nicht abergläubisch, ganz kann sich aber wohl Niemand von den in der Jugend eingesogenen Lehren frei machen; in jener Nacht glaubte ich fast an Ahnungen, ich betrachtete meine gedrückte Stimmung als eine unglückliche Vorbedeutung für den nächsten Tag und hielt es nun für meine Pflicht, freiwillig die Vergangenheit Revue passiren zu lassen, weniger um mich aufzuheitern, als um mich zu überzeugen, daß ich nicht die mindeste Ursache hatte, dem drohenden Schicksale aus dem Wege zu gehen.

Ich kenne viele Leute, die, so lange sie denken können, ein zufriedenes und glückliches Leben geführt haben,

die, wenn ich sie frage, wie es ihnen geht, stets mit
strahlendem Gesicht ihr „sehr gut" antworten. Ich habe
Bekannte, denen sich das Glück aufdrängt, sie brauchen
nur die Hand auszustrecken, und sie haben es beim
Schopf. Ich habe mir die Beine fast abgelaufen, um
es nur bei Einem Haar zu fassen, ich hatte mir zuge-
schworen, es dann festzuhalten; ein neckischer Zufall
hat mich aber stets zum Stolpern gebracht, wenn ich
das Ziel erreicht zu haben glaubte. Anfangs war ich
wüthend über das consequente Fehlschlagen meiner be-
gründetsten Hoffnungen, später wurde ich gleichgültiger,
jetzt habe ich diese Wilde-Gans-Jagd vollständig auf-
gegeben. Zerstreuung, eine Beschäftigung, mittelst derer
die Gegenwart in anständiger Weise hingebracht wird,
das ist Alles, was ich suche. Ich wüßte auch nicht,
was mich zu erneuten Anstrengungen anspornen sollte;
die Vergangenheit gewiß nicht, dort finde ich nur wenige
heitere Bilder, nur wenige glückliche Tage, die mir ein
Spiegel für die Zukunft sein, die mich bewegen könnten, mühsam dem Schicksal ein ähnliches karges Geschenk abzuringen. Die erste Jugendzeit liegt zu fern,
mit dem zwölften Jahre aber mußte ich die Uniform
anziehen, da war ich schon ein armer Gefangener, der,
wenn er fleißig und gehorsam gewesen, Sonntags einige
Stunden ausgehen durfte, in der Zwischenzeit aber mit
einer entsetzlichen Wissenschaft, der gemeinen und mili-
tärischen Erdkunde, gequält wurde. Unser Stundenplan
führte zwar noch einige andere Fächer an, Mathematik,

Fortification, etwas Physik, ein klein wenig Taktik ꝛc., das waren aber Bagatellen, zu deren Erlernung wir nicht die Hälfte der Zeit brauchten, die unser geographisches Pensum allein in Anspruch nahm. Die Geographie galt hier für die eigentliche Mutterwissenschaft, den Prüfstein jeder Geistesthätigkeit. Sie wurde uns mittelst Dictates eingetrichtert. Fünf Tage schrieben wir, in den Mußestunden lernten wir, am sechsten Tage repetirten wir Geographie. Es war ein Unglücksheft, das Alles verschlang, was mit ihm in Berührung kam, Zeit und Denken, kindlichen Frohsinn und Phantasie. Mit jedem Cursus erhielt es Zusätze, schließlich schwoll es an wie der Bauch einer Boa, die sich satt ge= fressen hat.

Ich war damals Inhaber von dem Drittheil einer Dachstube, die ich mit zwei Alters= und Leidens=Ge= nossen theilen mußte. Vier kahle Wände, ein Fenster, drei Tische, drei Stühle, drei Waschtische und drei Betten, das war unser Zimmer, unser Mobiliar. Das Fenster hatte man uns boshafter Weise mit einem Gitter versetzt; neidische Nachbarn hatten uns gesehen und angeklagt, als wir an einem schönen Sommernach= mittage unseren gewohnten Sitz auf dem abschüssigen Dache einnahmen, kühne Wettläufe um einen Schorn= stein anstellten und zum Aerger aller minder begün= stigten Spaziergänger einige fünfzig Fuß über den Köpfen jener einherwandelten. Nun hatte man uns dieses Vergnügen gelegt, nur selten verbreitete sich das

Gerücht, daß wieder Eleven bei ihrer Lieblingsprome-
nade bemerkt worden seien. Wir bewiesen dann stets
unsere Unschuld mit Hinweis auf das Gitter, an dem
kein Draht verbogen, keine Schraube verletzt war.

Zum Frühstück bekamen wir trockenes Brod und
Wasser, das den verwöhnten Muttersöhnchen gar nicht
schmecken wollte. Dann kam unser grimmiger Feind,
der Wachtmeister, und hielt Inspection; seinen kleinen,
bösartigen Augen entging kein Staubfleck auf dem
Bandelier, kein dunkler Punkt auf den Knöpfen der
Lithewka. Wehe dem Armen, der seine Leibwäsche nicht
in Reihe und Glied gelegt, Giberne und Säbel nicht
an den vorschriftsmäßigen Haken gehängt, oder gar,
wie es mir einmal erging, einen Apfel auf die Karnebank gelegt und dort vergessen hatte; er fiel unrettbar
dem Verderben anheim, wurde ohne Gnade zu vierzehn
Tagen Hausarrest verurtheilt.

Den Morgen begannen wir gemeinschaftlich mit
einem Gebete, das uns aber, zu unserer Schande sei
es gesagt, sehr lang und langweilig vorkam. Wir
hielten nämlich während dieser frommen Uebung unser
Frühstücksbrod in der Hand, und da wir einen geseg-
neten Appetit hatten und nicht eher anbeißen durften,
bis der Pfarrer „Amen" sagte, so konnten wir dieses
Segen spendende Wörtchen kaum erwarten. Hiernach
fingen die Lehrstunden an, abwechselnd mit den Wissen-
schaften wurde geturnt, geritten, gefochten, exercirt und
getanzt. Den ganzen Tag über hatten wir nur eine

Stunde für uns, wo wir Knaben sein, uns unter einander besuchen und auf dem geräumigen Hofe der Anstalt spielen durften.

Abends saßen wir wieder vor dem unvermeidlichen Atlas und memorirten Geographie. Wir versicherten uns gegenseitig, daß wir hundsmüde seien, daß wir unmöglich die Augen länger aufbehalten könnten; wir blickten sehnsüchtig nach dem harten Soldatenbette und zählten jeden Glockenschlag. Gott sei uns gnädig, was würde es wohl gegeben haben, wenn wir vor der reglementsmäßigen Zeit zu Bett gegangen wären! Da mußte in anderer Weise geholfen werden; der Stiefel-knecht wurde unter den Atlas geschoben und so ein erträgliches Lager hergestellt; die müden Häupter von zweien der Stubengenossen legten sich darauf und über-ließen sich sorglos dem süßen, verbotenen Schlummer, während der dritte die Schlafenden bewachte und gegen Ueberraschung von Seiten der visitirenden Officiere und Unterofficiere schützte. Rascher als damals habe ich mich in meinem Leben nicht entkleidet, und doch muß-ten die Kleider in bestimmter Reihenfolge und Ordnung auf den Stuhl gelegt werden. Mit dem ersten Trom-melwirbel lagen wir unter der wollenen Decke, mit dem zweiten waren die Augen zu und blieben so bis zum Morgen, wo uns der Aufwärter, nachdem er alle Vorstellungen und gelinderen Mittel erschöpft, durch Wegnahme der Decken wecken mußte. Wir schliefen so fest, daß wir nicht selten während der Nacht sammt unserer Matratze einige Treppen abwärts getragen und an Orten niedergelegt wurden, die sicher nicht zum Schlafzimmer geeignet erscheinen konnten. Das gab dann ein verwundertes Erwachen, der so Mißhandelte nahm beschämt die schwere Matratze auf den Rücken und eilte unter dem Gelächter der heimlich zuschauenden älteren Eleven die Treppen hinauf in die schützende Nähe des ihm unmittelbar vorgesetzten Unterofficiers.

Der Leser sieht, es war gerade kein beneidenswerthes Loos für einen lebenslustigen, an unbeschränkte Freiheit gewöhnten Knaben, und doch hatte es Lichtblicke, Tage, wo ich mit keinem Könige getauscht hätte, Nächte, wo mir das Bewußtsein genossenen oder erwarteten Glückes den Schlaf raubte. Ich habe häufig an die Nacht vor dem Antritt meines ersten Urlaubes zurückdenken müssen. Den Tag vorher war Examen gewesen, wir hatten den verwunderten Zuhörern erzählen müssen, wie der Zufluß von dem Nebenflusse des Marannon sich rechts und links drehte, wieviel Mal er nach Norden, wie oft er nach Süden bog, ehe es ihm einfiel, in nahezu südöstlicher Richtung weiter zu fließen und dann nach einem großen, gegen Norden gerichteten Bogen sich in den Hualaja zu ergießen. Wir hatten uns gewaltig angestrengt, neue Worte zur englischen und deutschen Sprache erfunden, beim Tanzen einen Hauptlehrer auf die Hühneraugen getreten und beim Abgehen ein Compliment gemacht, das alle Anwesenden zu unauslöschlichem Gelächter hinriß. Wie waren müde wie sonst, aber der Schlaf ließ heute länger als gewöhnlich auf sich warten, die Augen schlossen sich nur leicht, kurz nach Mitternacht waren wir wieder wach. Da wurde deliberirt, ob wir es wagen sollten, ein Licht anzuzünden; wir zitterten bei dem Gedanken, daß uns dieser Act unerlaubter Selbsthilfe unsere Urlaubsfreude kosten könne, dennoch faßten wir Muth und standen auf, der Wachtmeister schlief ja, die boshaften Augen waren geschlossen und konnten uns nicht sehen noch schaden, wir durften es wagen. Wir hatten Schwefelhölzer und waren stolz auf den heimlichen Besitz dieses Schatzes; sie waren wohl verwahrt und verborgen, allen unberufenen Forschern entzogen; sie lagen unter meiner eigenen Matratze an einer Stelle, wo die Hände des trägen Aufwärters niemals hinkamen. Ein halb abgebranntes Talglicht, der Zeuge meiner unfreiwilligen Studien, wurde angezündet, das Fenster öffnete sich, das Gitter schob sich geräuschlos zurück, wir stellten uns auf unsere Stühle und blickten in die sternhelle Winternacht. Draußen krähten schon die Hähne; wir horchten auf die hellen Schläge der kleinen Glocken, die nach jeder Viertelstunde von Thürmen und Thürmchen herab wirr durcheinander klangen, auf den tiefen Baß der großen Kirchenglocken; wir froren, daß die Zähne klapperten; dabei unterhielten wir uns von dem unendlichen Glück, das unser morgen wartete. Wir ließen uns kaum zu Wort kommen, so viel hatten wir zu erzählen und auszumalen, wir lachten vor innigem Vergnügen, daß wir den Wachtmeister hätten wecken können.

Morgen gab es Kaffee und Backwerk so viel wir wollten, morgen gab es für uns keinen Wachtmeister, keine steifen Halsbinden, keine Geographie und keine vorschriftsmäßigen Haken. Morgen waren wir zu Haus, bei Aeltern und Geschwistern, dann durften wir in dem weichen Lehnstuhl sitzen und auf dem Sopha liegen, Schlitten fahren, Schlittschuh laufen und Romane lesen; ganze vierzehn Tage lang konnten wir ausgehen, so oft, so lange wir Lust hatten. So übermäßige Freiheit überstieg unser Fassungsvermögen, wir wußten gar nicht mehr, wie es anderen Knaben, die frei umhergehen durften, zu Muthe war. Und nun die Uniform, was würden unsere früheren Spielgenossen dazu sagen? Die weiten, eigenen Beinkleider, der eigene Säbel mit glanzledernem Koppel und damascirter Klinge, die langen Sporen, die schon jetzt verrätherisch an unseren Stiefeln klirrten.

Wir waren leicht gekleidet, der Ofen kalt, wir froren trotz unserer Hoffnungen und Aussichten, aber um die Welt wären wir nicht wieder zu Bett gegangen. Wie leicht konnten wir uns verschlafen, der Portier vergaß vielleicht, uns zu wecken, dann fuhr die Post ohne uns ab. Lieber todt gefroren, als sich dieser Gefahr ausgesetzt!

Später habe ich noch einige Nächte in ähnlicher Weise durchwacht, so die Nacht oder besser den Morgen

nach dem ersten Balle, als sich die Klasse heimlich auf
meiner Stube versammelte, Cigarren rauchte, selbst=
gebrauten Kaffee aus Wassergläsern trank und in der
Fülle des so reichlich und unerwartet genossenen Glückes
schwelgte. Wir hatten Ursache zur Freude, keine un=
serer gerechten Befürchtungen war eingetroffen, wir
waren nicht gestolpert, als wir der Dame vom Haus
das Compliment machten, und nicht in dem ersten
Satze unserer vorher auswendig gelernten Redensarten
stecken geblieben; nun blickten wir bewundernd auf den
Schatz an Geist und gewandtem Benehmen, den wir
unbewußt und ungeahnt so lange mit uns herum=
getragen, bis ihn der gestrige Abend der geblendeten
Welt erschloß. Nun wurde jedes Wort, jeder Blick,
jeder schüchterne, verstohlene Händedruck recapitulirt.
Die Kameraden hatten geistreiche Wendungen an uns
bemerkt, Bonmots von uns gehört, die sogar uns selbst
entgangen waren. Wir bewunderten uns gegenseitig
und gingen mit einem Selbstgefühl und einem Glück
zu Bett, das ich jetzt noch dem Knaben beneiden
könnte. Im Bette aber fing die Seligkeit erst an.
Leise schlossen sich die Thüren der Nebenzimmer, rechts
und links von mir hörte ich das vorsichtige Rücken der
Stühle, das Knarren der Betten, dann wurde es still
auf dem langen Gange. Die Zweige der Kastanien,
die auf unserem Spiel= und Exercirplatz standen, rieben
sich eintönig an den Wänden unter mir; der Mond
schien durch das enge Fenster und warf neugierige

Blicke auf mein Bett. Lehrer und Kameraden, Alle
lagen schon in tiefem Schlummer; ich allein konnte
nicht schlafen, immer und immer wieder, mit offenen
und geschlossenen Augen, mußte ich an Etwas zurück=
denken, was ich in dieser Nacht erlebt, was ich keinem
meiner Freunde anvertraut hatte, was mich aber zum
glücklichsten Sterblichen machte.

Armer Junge, es war Dir Etwas passirt, was
schon älteren und gescheidteren Leuten passirt ist, Du
hattest Dich an jenem Abend in ein Gänschen verliebt,
und zwar zum ersten Male in Deinem Leben. Ich
darf das ohne Indiscretion sagen, die Dame hat nie
erfahren, welche Ehre ihr zu Theil geworden, ich war
zu schüchtern dazu; ich fühlte mich aber sehr unglück=
lich, als ich während eines anderen Balles bemerkte,
daß der Gegenstand meiner stillen Huldigung dem
tressengeschmückten Attila eines Husarenofficiers unbe=
dingt den Vorzug gab vor meiner unscheinbaren Eleven-
uniform.

Hernach kam die Nacht vor dem Ausmarsche, wo
ich von Heldenthaten träumte; die Nacht vor dem ersten
Gefecht, wo ich mit den Kameraden neben dem Wacht=
feuer lag, Punsch trank und in fieberhafter Erregung
den Erzählungen der älteren Officiere zuhörte; einige
Nächte, wo mich unbefriedigter Ehrgeiz und getäuschte
Hoffnungen nicht schlafen ließen; dann eine lange Reihe
schlafloser Nächte. Sie sind vorüber gegangen wie die
anderen, verschmerzt und vergessen. Schade nur, daß

sie Einiges mitnahmen, was dazu beigetragen hatte,
mir das Leben erträglicher zu machen: jugendlichen
Sinn, Energie und Lust an angestrengter Thätigkeit.
Etwas Trotz ist geblieben, Trotz gegen das Schicksal
und gegen das Leben.

Jetzt aber fort mit allen weichen und trüben Ge=
danken. Horch, was ist das für ein Ton, der lang=
gezogen und klagend durch die Luft zittert? Das
Büffelhorn ruft die feindlichen Posten ein, die Mau=
ren brechen auf. Heute wird kein Feuer angezündet;
wer Lust hat, mag den Hunger mit rohem Fleisch
stillen, aber rasch, viel Zeit ist nicht da. Seht die
Zäumung nach und zieht die Gurte fester, Ihr wißt,
was davon abhängt! Und nun in den Sattel, vor=
wärts in Allah's Namen!

Ende des ersten Bandes.

Druck von Heinrich Pathe in Dresden.

Druck von Heinrich Pathe in Dresden.

Die
Araber des Sahels.

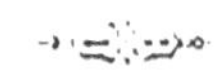

Verlag von **Eduard Trewendt** in Breslau.

Armand, Bis in die Wildniß. Reise-Roman. 2. Aufl. 4 Bde. 8.   4 Thlr.

Frenzel, Karl, Die drei Grazien. Roman. 3 Bände. 8. . 1½ Thlr.

Giseke, H. L. Rob., Käthchen. Roman. 4 Bände. 8. . . 4 Thlr.

Godin, A., Eine Katastrophe und ihre Folgen. Roman. 8. 1¼ Thlr.

Gottschall, Rudolph, Reisebilder aus Italien. 8. . 1¼ Thlr.

Habicht, Ludwig, Kriminal-Novellen. 8. . . . . . . 1¼ Thlr.

  — — Der Stadtschreiber von Liegnitz. Roman. 3 Bde. 8. 3½ Thlr.

Holtei, Karl von, Kleine Erzählungen. 5 Bände. 16. . . 1⅔ Thlr.

  — — Die Eselsfresser. Roman. 3 Bände. 16. . . . . 1 Thlr.

  — — Vierzig Jahre. 6 Bände. 16. . . . . 4 Thlr.

  — — Noch ein Jahr in Schlesien. 2 Bände. 16. . . . ⅔ Thlr.

  — — Der letzte Komödiant. Roman. 3 Bände. 8. . . 5 Thlr.

  — — Kriminalgeschichten. 6 Bände. 16. . . . . . 2 Thlr.

  — — Christian Lammfell. Roman. 5 Bände. 16. . . 1¼ Thlr.

  — — Noblesse oblige. Roman. 3 Bände. 16. . . . 1 Thlr.

  — — Ein Schneider. Roman. 3 Bände. 16. . . . . 1 Thlr.

  — — Die Vagabunden. Roman. 3 Bände. 16. . . . 1 Thlr.

    Illustrirte Ausgabe. 3 Theile in einem Bande. 8. . . 1½ Thlr.

König, Theod., Eine Catilinarische Existenz. Roman. 2 Bde. 8. 2½ Thlr.

Mügge, Theod., Nordisches Bilderbuch. Reisebilder. 3. Aufl. 8. 4/5 Thlr.

  — — Romane. Dritte (letzte) Folge. 6 Bände. 8. . . 9 Thlr.

  — — Der Chevalier. Roman. 2. Aufl. 3 Bände. 8. . . 1½ Thlr.

  — — Toussaint. Roman. 2. Aufl. 5 Bände. 8. . . . 2½ Thlr.

  — — Erich Randal. Roman. 2. Aufl. 4 Bände. 8. . . 2 Thlr.

  — — Afraja. Roman. 2. Aufl. 3 Bände. 8. . . . . 1½ Thlr.

  — — Tänzerin und Gräfin. Roman. 2. Aufl. 3 Bde. 8. 1½ Thlr.

  — — Die Vendéerin. Roman. 2. Aufl. 2 Bände. 8. . 1 Thlr.

  — — Weihnachtsabend. Roman. 2. Aufl. 8. . . . ½ Thlr.

  — — Arvor Spang. Roman. 2. Aufl. 2 Bände. 8. . . 1 Thlr.

Rosen, Ludwig, Vier Freunde. Roman 3 Bände. 8. . . 5 Thlr.

  — — Damals. Novellen aus den Befreiungskriegen. 8. . 1¼ Thlr.

See, Gustav vom, Erzählungen eines alten Herrn. 8 . 1¼ Thlr.

  — — Erzählungen eines alten Herrn. Neue Folge. 8. . 1¼ Thlr.

  — — Zwei gnädige Frauen. Roman. 3 Bände. 8. . . 3¾ Thlr.

  — — Herz und Welt. Roman. 3 Bände. 8. . . . . 4½ Thlr.

  — — Wogen des Lebens. Roman. 3 Bände. 8. . . . 4 Thlr.

  — — Ost und West. Des Romans „Gräfin und Marquise"
      2. Abtheilung. 4 Bände. 8. . . . . 2 Thlr.

Wehl, Feodor, Allerweltsgeschichten. Ein Novellenbuch. 8. . 1¼ Thlr.

Die Araber des Sahels.

Erlebnisse und Abenteuer

des

Capitains der Spahis Emile Tissot.

Von

G. Hennig.

Zweiter Band.

Breslau,

Verlag von Eduard Trewendt.

1865.

Siebentes Kapitel.

Die Mauren hatten es verschmäht, ihren Aufbruch zu verheimlichen, sie waren vor Tagesanbruch mit vielem Geräusch und anscheinender Sorglosigkeit abmarschirt; das Brüllen der Kameele würde sie ohnedies verrathen haben. Biskra war so einsichtsvoll, ihnen Vorsprung zu lassen; er wollte nicht drängen und seine Pferde nicht ohne Grund ermüden, so lange wir nicht stark genug zu einem ernstlichen Angriff waren. Hamed aber, der seiner Abtheilung vorausgeeilt war und mit einigen Reitern jetzt bei uns eintraf, gab voller Aufregung den Befehl zur Verfolgung. Er schien noch immer zu fürchten, daß ihn Messaud einholen und der neuen Würde berauben könne. Wir kamen an die Schlucht, jenseits welcher die Feinde gelagert hatten; als wir den Rand dieser muldenförmigen Vertiefung hinabkletterten, jagten auf der anderen Seite einige Reiter hinaus, die uns so bald nicht erwartet hatten, deren plötzliches und nahes Erscheinen aber auch uns so überraschend kam, daß wir ihren eiligen Rückzug zu belästigen vergaßen. Wir störten diese Nachzügler

in ihrer Lieblingsbeschäftigung; sie waren neben einem
Brunnen zurückgeblieben, den sie des eigenen Gebrauchs
halber nicht früher verderben durften, unsere Ankunft
hinderte sie glücklicher Weise, dies nachträglich zu thun;
sie mußten ihre weit gediehenen Vorbereitungen auf=
geben und für ihre Sicherheit sorgen.

Wir hatten seit längerer Zeit kein Quellwasser ge=
trunken; das lauwarme, aus den Lachen der Niederung
geschöpfte Wasser, welches wir mitführten, war kaum
zu genießen; wir wünschten uns daher Glück, zu so
gelegener Zeit hier angekommen zu sein, und hielten
uns trotz Hamed's Ungeduld mit dem Tränken und
Füllen der Schläuche so lange auf, bis unsere an=
rückenden Kameraden uns ablösten und zum Weiter=
marsch nöthigten.

Jenseits trafen wir auf einen Theil der zurück=
gegangenen feindlichen Arrièregarde, die uns in ein
resultatloses Feuergefecht verwickelte und uns langsam
von unserer Verstärkung abzog. Eine zweite feindliche
Abtheilung suchte sich während dessen zwischen uns und
die Schlucht zu schieben; wir konnten die Angreifer in
der Dunkelheit nur auf kurze Distance erkennen, hörten
aber zeitig ihren Galopp. Wir machten Kehrt und
gingen, in Rücken und Flanke attaquirt, wieder zurück.
Der doppelte Angriff hatte die Araber überrascht, sie
dachten nicht daran sich zu sammeln und hielten selbst
dann nicht an, als sie auf die Kameraden stießen, die,
durch das Feuern benachrichtigt, sich beeilt hatten, uns

zu verstärken. Die hintere Linie wurde hierdurch mit=
gerissen und in Unordnung den Abhang hinabgedrängt;
Hamed bot alle Kraft seiner Lunge und seiner Arme
auf, die ungehorsamen Untergebenen anzuhalten, ich
stand ihm redlich bei, unsere Bemühungen würden
aber schwerlich von Erfolg gewesen sein, hätten nicht
die Feinde unseren Leuten Zeit gegönnt, sich von ihrem
Schrecken zu erholen. Die Mauren hielten an dem Rande
der Schlucht und warteten, bis wir ihnen gesammelt
entgegen treten konnten; sie trauten dem Erfolg nicht,
den ihre kleine Anzahl so unerwartet errungen hatte,
sie fürchteten wahrscheinlich einen Hinterhalt.

Beim zweiten Anreiten empfing uns eine Salve.
Es war jetzt hell zum Zielen, die Kugeln konnten uns
gefährlich werden, gingen aber über uns hin, weil
die an ihren Rückzug denkenden Feinde das Feuer
abgaben, ehe wir den Kamm des Abhanges erreicht
hatten. Sie suchten noch ihre Pistolen abzufeuern,
unser entschlossenes Vorreiten störte sie aber, es kam
nur zu einzelnen Schüssen, die Meisten hatten schon
nach der ersten Salve uns den Rücken zugedreht. Die
Araber bildeten eine Art Schwärmattaque von unver=
hältnißmäßiger Tiefe; die besten Pferde und ent=
schlossensten Reiter kamen den Anderen weit voraus.
Ich hielt mich absichtlich möglichst zurück, um nicht
meine bei diesem wilden Reiten bereits gesammelten
Erfahrungen ohne dringende Veranlassung durch neue
zu vermehren. Meine Bügel waren nämlich etwas

länger, als die der Araber, immer noch kurz genug für einen Europäer, aber doch so tief unter den Bügel= schuhen meiner Nebenleute, um meine Knöchel den Stößen dieser schaufelförmigen, scharfkantigen Instru= mente auszusetzen. Ich hatte schon früher braune und grüne Flecken in Menge davon getragen und einige Male meinem Schmerz in kräftigen Worten Luft ge= macht; meine liebenswürdigen Begleiter trugen seitdem Sorge, mir häufiger, als nöthig war, Ursache zu der= artigen lauten Aeußerungen zu geben.

Die fliehenden Mauren ließen sich ohne Widerstand auf ihre Verstärkungen werfen; hier versuchten sie ihre Schuldigkeit zu thun, den Strom aufzuhalten, der sich über ihre im Marsch befindlichen Kameraden zu er= gießen drohte, sie brachten es aber nur zu einem momentanen, schwankenden Halt, in Folge dessen ihnen die vordersten Araber so nahe kamen, daß sie von ihren Waffen Gebrauch machen konnten. Der Tag war angebrochen und zeigte uns die feindliche Kolonne, Kameele und Ochsen im langen Trabe, schreiende Treiber und fluchende Reiter, geschwungene Stäbe und gefällte Lanzen, die das Fell der ermüdeten und stör= rigen Thiere bearbeiteten. Einen Augenblick schien es, als würden die Araber zugleich mit den verfolgten Mauren in diese ungeordnete Masse einbrechen, da warf sich aber der Rest der berittenen Bedeckung den fliehenden Kameraden entgegen, die zwischen uns und ihre Lands= leute eingekeilt und zum Stehen gezwungen wurden.

Es kommt selten vor, daß Mauren und Araber so nahe aneinander gerathen; sie scheuen Beide das Handgemenge, für das ihre nationalen Waffen, die Flinte, der kurze Yatagan und die lange, schwere Lanze, auch wenig geeignet sind. Für gewöhnlich geht daher der Schwächere zurück, der Angreifer folgt eine Strecke und giebt dann, wenn seine Ueberlegenheit nicht zu augenscheinlich ist, dem Verfolgten Gelegenheit, auch seinerseits zum Angriff überzugehen. Zum Nahegefecht entschließt sich der Angegriffene nur dann, wenn er überrascht wird, wenn ihm der Rückzug abgeschnitten ist, oder wenn er seinen Duar, seine Frauen, seine Kameele und Rinder vertheidigen muß. Dieses Letztere war nun hier der Fall, und die Mauren zeigten jetzt, wo es zum Aeußersten gekommen war, daß es ihnen keineswegs an Muth fehlte. Sie wehrten sich hartnäckig und erfolgreich gegen die siegestrunkenen Araber, denen sie an Zahl ziemlich gleich waren, vor denen sie noch dazu einen Rückhalt voraus hatten an den unberittenen Treibern des Trosses, der während des Kampfes wieder Vorsprung gewann. Sie avancirten sogar eine Zeit lang; dabei drängte sich ein wild aussehender Kerl, dem der Bart bis zum Gürtel reichte, zwischen Freund und Feind durch und ruhte nicht, bis er mich glücklich im letzten Gliede ausfindig gemacht hatte. Mein rother Burnus hatte ihn angezogen, er hielt mich wahrscheinlich für eine Person von ganz besonderer Wichtigkeit und griff mich deshalb mit solcher

Heftigkeit an, daß ich seine Hiebe und Stiche kaum pariren konnte. Mein Pferd war seines Baues halber nicht leicht zu tummeln, unglücklicher Weise wurde es durch einen Lanzenschlag gestreift, nun ging auch der Rest seiner Lenksamkeit verloren. Sowie es die Lanze durch die Luft fahren sah, warf es sich herum, drehte meinem Gegner das Hintertheil zu und stemmte sich fest; Zügel und Sporen blieben wirkungslos, mit menschlichen Kräften war das halsstarrige Thier nicht mehr zu wenden. Ich gab endlich verzweiflungsvoll alle weiteren Reitkünste auf, zog den Fuß aus dem Bügel und war im Begriff abzuspringen, da wurde ich von dem Mauren getrennt, fechtende Reiter schoben sich zwischen uns und warfen uns auseinander. Plötzlich sah ich mich von dem dichtesten Gedränge umringt, überall erhitzte Gesichter, erhobene Arme und drohende Waffen, Pistolenschüsse und wilde Flüche, wehende Burnus und bäumende Pferde, die mit Huf und Zahn gegen einander gingen und sich Maul und Nüstern aufrissen. Ich wurde nach rechts und nach links geschoben, erhielt einen Hieb, der die Hälfte meines Haiks mitnahm, und einen Kolbenstoß, der mich fast aus dem Sattel warf, ohne daß ich wußte, wem ich diesen Liebesdienst zu verdanken hatte. Dann bekam ich wieder Luft, sie drängten nach einer anderen Richtung und verließen mich eben so rasch, als sie gekommen waren.

Eine Zeit lang schwankte das Gefecht, da jagten

einige reiterlose Pferde der Mauren davon, und die
Furchtsamsten unserer Feinde folgten in der Ueberzeugung, daß ihnen schon Furchtsamere vorangegangen
seien. Hinter ihnen her ritten Andere, die das Beispiel verführte, nun wurden auch die noch Kämpfenden
besorgt; sie hatten Gegner um sich und konnten nicht
so leicht zurück, sie wichen langsam, bis sie Raum
zum Wenden fanden, dann jagte der Schwarm in
wilder Flucht nach der feindlichen Seite, Flüchtlinge
und Verfolger warfen sich gleichzeitig auf den maurischen Troß.

Hier hatte man diesen Ausgang des Kampfes vorausgesehen und Vorbereitungen getroffen. Die Lastthiere standen eng zusammen, die abgestiegenen Treiber
lagen hinter ihren Kameelen im Anschlag, die zuerst
zurückgegangenen Reiter, die sich hinter diesem fest-
stehenden Quarré gesammelt hatten, griffen von hier
aus wieder in das Gefecht ein. Ein Kugelregen
empfing uns, bedachte Mauren und Araber in gleichem
Maße, äußerte aber die gewünschte Wirkung; die An-
stürmenden kamen zum Stehen, und die Feinde hatten
sich plötzlich getrennt. Ein kräftiger Choc würde diese
unbehilfliche Masse wahrscheinlich doch auseinander
getrieben haben, die Ochsen hatten sich an unseren
Anblick noch nicht gewöhnt, waren durch das nahe
Feuer erschreckt worden und verursachten ein bedenk-
liches Schwanken der Kolonne. Hamed hatte aber
Gründe, vorerst von jedem weiteren Versuche abzustehen.

Unsere Leute waren auseinander gekommen, die Best=
berittenen folgten den versprengten Mauren; wir hatten
Todte und Verwundete und mußten für Beide sorgen.
Die Araber sind sehr gewissenhaft in Erfüllung ihrer
Pflichten gegen die Todten; der Führer, der sich in
dieser Hinsicht eine Nachlässigkeit zu Schulden kommen
ließe, würde das Vertrauen seiner Untergebenen für
immer verlieren. Sie fürchten die Verstümmelung der
Leichen und glauben, daß die Seele eines durch Feinde
verstümmelten, sowie jedes unbestattet gebliebenen
Körpers keine Ruhe finde, daß der Todte den ihm
angethanen Schimpf an seinen Angehörigen zu rächen
suche.

Hamed ließ die Verwundeten nach dem Brunnen
zurückbringen, wo sie die Ankunft Messaud's erwarten
sollten. Die Leichtverwundeten dienten den Anderen
zur Escorte. Die Gefallenen wurden mit Sand be=
deckt; wir wußten Alle, daß sie die Raubthiere bald
wieder aufscharren würden, es war aber wenigstens
dem Schein genügt, und darauf kommt es den Ara=
bern bei der Befolgung ihrer religiösen und aber=
gläubischen Gebräuche immer am meisten an. Die
Beerdigung ging in dieser Weise rasch von Statten,
die fehlenden Reiter waren unterdeß auch zurückge=
kehrt, wir rückten daher zur Fortsetzung des Gefechtes
wieder vor.

Die Mauren hatten die Pause gut benutzt, Terrain
gewonnen und ihren Marsch geordnet. Ihr Troß

bildete eine dicht aufgeschlossene Kolonne, die Ochsen gingen in der Mitte, die Treiber hatten sich durch die Kameele gedeckt, die Reiter sicherten Rücken und Flanken und umgaben das Quarré mit einer Plänklerlinie. Ihr Verlust in den vorhergehenden Gefechten konnte nicht viel größer als der unsrige gewesen sein, die Schlappe hatte aber das Vertrauen der feindlichen Reiter erschüttert, sie wagten kein selbstständiges Gefecht mehr. Hamed ging darauf aus, vor dem entscheidenden Choc die Ordnung und den Zusammenhang der Feinde zu lockern, seine Reiter vertheilten sich daher, umschwärmten die im Marsch gebliebene Kolonne und suchten die Bedeckung von derselben abzuziehen. Die Scene wurde jetzt mit jedem Augenblick aufregender. Der Pulverdampf verhüllte Freund und Feind und klebte so fest am Boden, daß er, ein langer schmaler Streif, den Weg bezeichnete, den die Kolonne seit dem erneuten Angriff gezogen war. Einzelne Lastthiere und Pferde waren gefallen und liegen geblieben, die Geier hatten schon davon Besitz genommen, sie reckten trotzig ihre kahlen Hälse gegen uns und verließen die Beute nicht, wenn wir auch dicht an ihnen vorbeijagten; nur zuweilen stiegen sie mit durchdringendem Schrei in die Höhe, wenn ein allzu naher Schuß sie erschreckt hatte. Die Gewehre krachten ununterbrochen, reiterlose Pferde jagten von einer Seite zur anderen und verbreiteten Unordnung in den eignen Reihen, die Kugeln der Araber schlugen in die Kolonne und verwundeten die Lastthiere, die brüllend zusammenbrachen und durch ihr wildes Umsichschlagen die Kolonne zu sprengen drohten. Der Zuruf der Treiber war immer lauter geworden, sie konnten die widerspenstigen Thiere nicht mehr vorwärts bringen, der Zug mußte anhalten, wenn nicht aller Zusammenhang verloren gehen sollte.

Das Feuern hatte jetzt fast aufgehört. Die Araber sammelten sich in Trupps, die an verschiedenen Stellen einzubrechen suchten, die Mauren gingen ihnen in gleicher Weise formirt entgegen. Es war von unserer Seite mehr darauf abgesehen, die Lastthiere zu erschrecken und zum Ausreißen zu bringen, als wirklich in die dichte Masse einzudringen. An lautem Lärmen ließen es meine Begleiter dabei nicht fehlen, sie schrieen, daß mir die Ohren gellten, die Thiere waren aber daran gewöhnt und machten sich nicht viel daraus, ihre eignen Treiber hatten diesen Morgen auch schon Großes darin geleistet. Wir waren mehrere Male in vollem Rennen bis zu den vordersten Kameelen vorgedrungen, doch ohne Erfolg, da wollte der Zufall, daß meine auffallende Tracht, die mich vorher schon in so große Gefahr gebracht hatte, hier den Ausschlag geben sollte.

Unter den Stieren, welche die Mauren vorsorglich durch Treiber und Kamele eingeschlossen und am Ausreißen gehindert hatten, machte sich nämlich Einer besonders bemerklich, ein echtes Zebu, mit fettem, rechts und links schwankendem Buckel und Hörnern, die an der Wurzel sicher über zwei Fuß auseinanderstanden.

Der hatte seinen dicken Kopf zwischen die Kameele ge=
zwängt und suchte neugierig zu erforschen, was all'
der Lärm da draußen zu bedeuten habe. Er sah mit
dummem Gesicht die Reiter und Pferde an, die schwarz=
weißen Hemden seiner Herren, die helleren Burnus der
Araber, Alles das war ihm bekannt und erregte weiter
seine Verwunderung nicht. Da haftete aber plötzlich
sein Blick auf mir; wir waren gerade vorgegangen,
und zufällig hielt ich so dicht vor ihm, daß er die
Farbe meines abgeschossenen Burnus unterscheiden konnte.
Nun war ihm die rothe Farbe von jeher verhaßt ge=
wesen, er konnte auch jetzt diese Antipathie nicht ver=
winden, er senkte den Kopf und machte Miene mich
anzugreifen. Je länger er mich aber betrachtete, um
so verdächtiger kam ihm die Sache vor; es mochte doch
wohl mehr hinter dem rothen Burnus stecken, als er
Anfangs vermuthet hatte, sicherer war es jedenfalls,
die unbekannte Gefahr nicht selbst heraus zu fordern.
Kaum hatte er diesen klugen Gedanken gefaßt, da gab
er auch in der unzweideutigsten Weise zu erkennen, daß
er gesonnen sei, den Rückzug zu eröffnen. Die Treiber,
die hinter ihm standen, suchten ihm zwar durch Püffe
und lautes Schreien diese Absicht auszureden, er be=
ruhigte sich auch eine Zeit lang, in Anbetracht, daß
die Araber, und ich mit ihnen, zurückgegangen waren.
Kurz darauf ritten wir aber zum zweiten Male an,
und da ich seine vorherige Verwirrung bemerkt und
die Ursache errathen hatte, so hielt ich jetzt den Zipfel

des fraglichen Kleidungsstückes derart in der Hand, daß die weniger verblaßte Rückseite desselben ausgebreitet vor ihm lag. Das war zu viel für seinen geringen Verstand. Nichts in der Welt konnte ihn bewegen, sich fernerhin diesem Anblick auszusetzen. Er warf die Treiber über den Haufen und drängte seine erschreckten Gefährten zur Seite, richtete drüben dieselbe Verwirrung an und gelangte glücklich in's Freie, wo er durch eifriges Bocken und Brüllen seine Freude über den gelungenen Rückzug an den Tag zu legen suchte.

Es geht den Thieren wie den Menschen; es darf nur Einer den Anfang machen zur feigen Flucht oder zum entschlossenen Vorgehen, die Anderen werden bedingungslos folgen. Die Meisten warten ja nur, daß ihnen Jemand den Weg zeigen soll, sie schwanken hinüber und herüber, sie gehorchen hierhin und dorthin, sie sind zweifelhaft, was die Einen thun, die Anderen lassen werden, und wollen den Ansichten Jener und den Meinungen Dieser doch nicht in's Gesicht schlagen, sie wägen ängstlich Vortheil und Nachtheil ab, sie fürchten überall anzustoßen und möchten keinen Schritt wagen, wo Minorität und wo Majorität stehen wird. Da bricht nun Einer roh und rücksichtslos mitten durch. Kann es Jemanden wundern, daß die Anderen glauben, der Eine habe rascher kalkulirt als sie, den habe eine ganz besondere Schlauheit befähigt, zu erkennen, was ihnen Allen bisher entgangen war, im Voraus

zu errathen, nach welcher Seite die Schale sich senken
werde? Nun will Keiner zurückbleiben, Keiner will
dem Anderen an Entschiedenheit nachstehen, Keiner dem
Nebenmanne gestatten, früher als er die Früchte des
gemeinschaftlichen Verdienstes zu pflücken; die ganze
Heerde folgt dem neu creirten Leithammel.

So war es hier. Ein Ochse hatte den Anfang ge=
macht, die anderen folgten ohne die mindeste Unschlüs=
sigkeit, und hinter den Ochsen kamen die Kameele, die
auch nicht länger zurückbleiben wollten, und nach den
Kameelen die Pferde der Mauren; die Reiter selbst
hatten den Kopf verloren und ließen sich widerstands=
los und willenlos durch das allgemeine Drängen wei=
ter schieben. Nur die Treiber blieben zurück und ver=
wünschten ihre Unfähigkeit, den Anderen zu folgen.

Es war lächerlich, wie diese Furcht ansteckte, unsere
eignen Pferde wurden davon ergriffen und nahmen
Theil an der tollen Flucht. Mein Brauner hatte sich
wahrlich nie zu den Läufern gerechnet, er schien auch An=
fangs nicht geneigt, sich bei dieser Gelegenheit hervor=
zuthun, er lief so mit, weil er die anderen laufen
sah, mit hohem Rücken und langsamen Sprüngen; ich
hatte begründete Hoffnung, ihn bald in den Trab
fallen zu sehen. Da verführte mich mein böses Geschick,
diesen Zeitpunkt beschleunigen zu wollen; kaum hatte
das Thier diese Absicht erkannt, so schlug es sich zur
Opposition. Mit starrem Hals und hoher Nase rannte
es plötzlich so rasch dahin, wie es unter mir noch nie

gelaufen war, energisch überwand es alle Hindernisse,
die ihm den Weg zu sperren drohten, es rannte Ochsen
und Kameele an und mäßigte erst dann seinen ehrgeizigen Lauf, als es Nichts mehr vor sich sah, denn
Himmel und Sand. Ich gerieth hier in eine bunte
und gefährliche Gesellschaft. Rechts und links von mir
galoppirte eine Anzahl Ochsen, etwas weiter zur Seite
ritten drei oder vier Mauren, die gemeinschaftliche,
wiewohl vergebliche Anstrengungen machten, den Anprall der hinter ihnen folgenden Thiere zu hemmen.
Ihre Aufmerksamkeit war durch diese Bemühungen so
in Anspruch genommen, daß sie mein plötzliches Erscheinen nicht bemerkten, ich wollte dies benutzen, und
da ich der gescheiterten Versuche zum Anhalten meines
Pferdes eingedenk war, so suchte ich den Braunen jetzt
mit aller Gewalt vorwärts zu treiben, ich stieß aber
auf einen ebenso hartnäckigen Widerstand wie zuvor.
Indeß war ich gesehen worden und konnte bemerken,
daß sich die Mauren mir zu nähern suchten. Es war
dies nicht leicht, die vorprellenden Thiere verstopften
jede Lücke; dennoch gelang es einem meiner Feinde, so
weit vorzudringen, daß er mich mit dem Pistol bedro-
hen konnte. Er ritt etwas hinter mir, ich hatte mich
aber nach ihm umgedreht und gesehen, wie er die Waffe
erfaßte und anschlug; ich beugte mich, so tief ich konnte,
über den Sattel, in demselben Augenblick ging die Kugel
über mich hin und fuhr meinem Pferde in den Hinter-
kopf, es stürzte und schleuderte mich über seinen Hals.

Ich war betäubt von dem Sturz, doch nicht besin=
nungslos. Die Gefahr, der ich jetzt entgegen ging,
stand mir klar vor Augen, ich strengte mich an auf
die Beine zu kommen, es war aber schon zu spät, ein
heftiger Stoß warf mich wieder zu Boden, Hufe und
Klauen traten auf mich, ich sah die zottigen schweren
Leiber über mir, nur kurze Zeit, dann verlor ich das
Bewußtsein.

Ich lag so eine geraume Zeit, Anfangs, wie ich
glaube, ganz bewußtlos, später in einer fieberhaften
Betäubung, in der ich Stimmen zu hören glaubte, mir
einbildete, ich werde durch das gewohnte Zanken der
Araber geweckt, und nun verzweifelte Anstrengungen
machte, um zu voller Besinnung zu kommen. Ich
fühlte, wie ein warmer, rauher Körper mir wiederholt
das Gesicht streifte, und versuchte mich dagegen zu weh=
ren, ohne aber ein Glied rühren zu können. Da löste
endlich ein plötzlicher Schmerz diese Erstarrung. Meine
erste Bewegung war Arme und Beine zu befühlen;
Gott sei Dank, es war Nichts gebrochen, ich konnte
mich wenn auch mit Mühe aufrichten und auf die
Füße treten. Der Rücken schmerzte heftig, und der Kopf
war mit geronnenem Blut bedeckt, dies waren, nebst
einem frisch blutenden Riß an der Wade, die einzigen
Spuren, die das Abenteuer an meinem Körper zurück=
gelassen hatte. Nun fing ich an zu gehen, um von
dem todten Pferde weg zu kommen, das von den Raub=
thieren bereits umlagert wurde; ich hob die Pistole

auf, die neben mir im Sande gelegen hatte und schleppte mich eine Strecke weit fort. Die geringe Bewegung vermehrte aber die Rückenschmerzen in einem Grade, daß ich mich wieder legen mußte, der Schmerz schien die Muskeln ohne mein Zuthun anzuspannen, der Rücken hob und wandte sich von selbst, und die Zähne schlugen aufeinander, als würde ich vom Frost geschüttelt. Dieser Anfall ging indeß vorüber, sobald ich zur Ruhe kam, die Schmerzen verminderten sich, ich konnte mich wieder setzen und meiner Umgebung die nöthige Aufmerksamkeit schenken.

Das wilde Treiben, das einige Stunden lang sich hier herumgetummelt hatte, war verschwunden, die Ebene würde öde gewesen sein, hätten sich nicht Gäste eingefunden, die Nachlese hielten hinter der Ernte der Araber; hatten sie nicht ein Recht, ihren Antheil an dem Raube zu fordern, der in ihrem Reviere erjagt war? Was zurückblieb, gehörte ihnen, das war der Zoll, mit dem sich die Anderen abkauften; sie wählten und mäkelten nicht daran; Thier oder Mensch, der gefallene Araber und die Leiche seines Todfeindes, ihnen waren Alle gleich, selbst die Wasserschläuche und Sattelriemen verschmähte der gierige Zahn nicht. In meiner Nähe lag ein Ochse, den eine verirrte Kugel während der Flucht erreicht haben mochte, dort hatten sie sich zu Hunderten gesammelt, Geier und Schakals, Falken und Raben. Die Erstgenannten gingen zu gleichen Theilen und machten sich nur die fetteren Bissen streitig;

die kleineren Vögel zogen die zerstreuten Eingeweide
umher, zerrten an abgenagten Knochen und erhoben
dazwischen ein häßliches Geschrei über den Geiz
und die Uebergriffe der stärkeren Genossen. Die
Geier hatten sich durch meinen Anblick nicht abhalten
lassen, auch das todte Pferd anzugreifen; die Schakals
waren vorsichtiger gewesen, sie respectirten den Men=
schen und die neben ihm liegenden Waffen und wollten
sich erst überzeugen, ob ihnen Beides nicht mehr scha=
den könne. Ein schmerzhafter Biß hatte mich geweckt,
und mein Erwachen sie verscheucht. Sie waren jetzt
zurückgekehrt und umschlichen neidisch die Beute, welche
die Vögel mit ihren Schnäbeln vertheidigten; sie leg=
ten sich platt auf die Erde und rückten Schritt vor
Schritt dem Ziele näher, bis sie unbeachtet einen Platz
gewannen, den sie knurrend und um sich fahrend be=
haupteten.

Die Hitze trieb mich jetzt fort, ich war empfind=
licher gegen dieselbe als sonst und fürchtete meinen
Zustand durch die heiße Mittagssonne zu verschlimmern.
Ich suchte einen Streifen durchschnittenes Terrain zu
erreichen, der nicht weit von meinem Standpunkt an=
fing, ich hatte aber meine Kräfte überschätzt und war
froh, als ich auf halbem Wege einige Deesabüsche fand,
die gerade hoch genug waren, um darunter liegen zu
können. Kaum war ich in dieses stachliche Gestrüpp
gekrochen, da kam das Fieber wieder und quälte mich
ununterbrochen bis gegen Abend. Ich phantasirte;

bald schien es mir, die Araber seien zurückgekehrt, um mich abzuholen; dann peinigte mich wieder der Gedanke, daß sie an mir vorbeiziehen könnten, ohne mich zu finden; dabei war ich unfähig aufzustehen und nachzusehen, ob meine Befürchtungen begründet seien. Es war ein Glück, daß die frisch gefüllte Lederflasche unverletzt geblieben war, ich trank das Wasser bis auf den letzten Tropfen.

Die Abendkühle brachte mir endlich Ruhe, ich schlief ein und erwachte erst, als es vollständig Nacht war. Ich hatte lebhaft geträumt, der Gedanke, der mich wachend beschäftigte, hatte mich auch im Schlafe verfolgt; ich glaubte daher fast an eine Fortsetzung meines Traumes, als ich in der Gegend, wo mein Pferd lag, eine Anzahl Lichter erblickte, die sich hin und her bewegten und mir anzuzeigen schienen, daß dort nach mir gesucht werde. Ich kroch unter den Büschen hervor und rief, so laut ich konnte, ich wollte mein Pistol abfeuern, um mich den Suchenden sicherer bemerklich zu machen; da sah ich aber die Lichter in Folge meines Rufens plötzlich verschwinden, das machte mich stutzig, ich fürchtete mich Feinden verrathen zu haben und hielt es für klug, mich wieder zu verbergen und das Weitere abzuwarten.

Während ich so lag und ängstlich auf ein Zeichen von meinen Freunden horchte, war Etwas an mich herangeschlichen, so katzenartig leise, daß ich nicht eher aufmerksam wurde, bis es vor mir am Rande des

Gebüsches stand. Es war ein Mann von ungewöhnlich hohem Wuchs, der mir in der Dunkelheit wie ein Riese erschien; er stützte sich auf seine Lanze und blickte scharf zu mir herüber, gerade nach der Stelle, wo ich lag. Ich schreckte zusammen und bewegte die Zweige; das Geräusch, welches ich dadurch verursachte, schien seinen Verdacht bestärkt zu haben; ich bemerkte, daß er mit der Lanze die ihm nächsten Büsche sondirte und außerhalb derselben um mich herumschritt. So lange ich ihn vor mir sah, blieb ich ziemlich ruhig, die Waffe war zu kurz und konnte mich nicht erreichen; ich wußte aber nicht, in welcher Breite das Gebüsch in meinem Rücken war, und gerieth in immer größere Aufregung, je länger mein unbekannter Gegner dort verweilte. Ich hörte, wie er hinter mir die Zweige zur Seite bog, um die noch nicht durchsuchten Stellen meines Versteks einer gleichen Nachforschung zu unterwerfen; ich biß die Zähne zusammen, hielt den Athem an und ließ mich mit Laub und Erde bestreuen, die das Eisen dicht an meinem Kopf aufwühlte. Ich glaubte jeden Augenblick die Waffe selbst zu fühlen und ging mit mir zu Rath, ob ich nicht aufspringen und eine rasche Entscheidung herbeiführen solle; da wurde die Lanze zurükgezogen, mein Gegner entfernte sich mit vorsichtigen, fast geräuschlosen Schritten und ließ mich zweifelhaft darüber, ob er mich entdeckt habe. Ein leises Pfeifen, das von mehreren Seiten in derselben Weise beantwortet wurde, machte indeß jedem Zweifel ein baldiges

Ende. Jetzt folgten rasche Tritte und eifriges Reden, es wurde Feuer geschlagen, ich sah die Funken sprühen und konnte momentan die Gestalten der Redenden unterscheiden. Dann flammte ein helles Licht auf, einige Fackeln wurden angezündet und beleuchteten einen Trupp Fußgänger, Neger und Mischlinge, dunkle Gesichter, schmutzige, zerrissene Hemden und abenteuerliche Waffen. Es schienen Versprengte aus den Dörfern am Marrigot zu sein, deren Spuren wir schon zwei Tage früher zwischen den Sümpfen entdeckt hatten, ohne sie weiter zu verfolgen. Sie trugen Lanzen und keulenartige Stäbe, Einer hatte meinen Pallasch, den ich am Sattel zu befestigen pflegte und der Raubthiere halber im Stich lassen mußte, ein Anderer schulterte einen Gewehrlauf, der wahrscheinlich zu meiner Büchse gehörte. Sie waren ohne Feuergewehre, so viel ich sehen konnte, aber Alle mit den im Sahel gebräuchlichen langen Messern bewaffnet. Für mich, der ich nur Messer und Pistole trug, waren sie trotz ihrer schlechten Bewaffnung gefährliche Gegner, um so gefährlicher, weil ich mich ihnen nicht verständlich machen konnte und darauf verzichten mußte, wegen eines Lösegeldes zu unterhandeln. Sie trafen ihre Vorbereitungen so umständlich, daß ich daraus ersehen konnte, sie fühlten sich sicher und fürchteten nicht durch meine Kameraden gestört zu werden. Sie umstellten das Gebüsch und schnitten mir dadurch die Flucht ab, an die ich zwar meiner Schwäche halber ohnedies nicht denken konnte;

sie untersuchten dann den Boden und trafen bald auf meine Fußspuren. Nachdem sie diese genau geprüft und sich überzeugt hatten, daß keine andere Spur nach dem Gebüsch und keine von demselben abführte, kamen Mehrere von ihnen, die zuvor ihre Fackeln abgaben, auf mich zu. Ich hatte mir vorgenommen, mich nicht zum zweiten Male ängstigen zu lassen und Feuer zu geben, sowie ich meines Schusses sicher sein konnte. Meine Hand zitterte etwas, ich legte daher die Pistole vor mir auf einen Zweig, hielt sie mit beiden Hän-den und suchte die Mündung, so gut es die Dunkelheit erlaubte, auf die näher kommenden Feinde zu richten. Langsam und zögernd gingen diese vor; vielleicht hatten sie den Pistolenlauf aus den Zweigen hervorglänzen sehen und die kurze, ungefährliche Waffe mit der ge-fürchteten Araberflinte verwechselt, oder sie waren Neu-linge in dem Handwerk, das ihnen Noth und Gelegen-heit aufgedrungen, noch nicht geübt genug, um die nöthige Umsicht und den Muth zu entwickeln, den auch der Aengstliche sich aneignet, wenn ihn die Verhältnisse an Gefahren gewöhnt haben. Statt meine Aufmerk-samkeit zu theilen, blieben sie zusammengedrängt und suchten sich hinter dem Leibe des riesigen Negers zu schützen, der mich aufgespürt hatte, jetzt wieder der Vorderste war und die Anderen durch seine Entschlossen-heit mitriß.

Da kam es mir vor, als hörte ich in der Ferne ein bekanntes Geräusch; ich war nicht sicher, ob ich

richtig gehört oder mich getäuscht hatte, die Hoffnung
lebte aber wieder auf, ich vergaß die Feinde und
horchte mit der gespanntesten Aufmerksamkeit. Jetzt
kam es wieder, dann verschwand es eine Zeit lang,
dann hörte ich deutlich die regelmäßigen Hufschläge
eines galoppirenden Pferdes. Ich sprang auf und
fühlte weder Schmerz noch Schwäche mehr. Die Fackeln
waren ausgelöscht worden, die Angreifer waren mir
aber so nahe, daß ich sie auch so erkennen konnte, ich
feuerte auf gut Glück mitten unter sie und sah bei
dem Blitzen des Pulvers meinen gefährlichsten Gegner
zusammenstürzen. Die Anderen liefen, als hätten sie
den Fall ihres Führers für das Signal zur eiligsten
Flucht gehalten. Sie rannten in ihrer Angst dem
Reiter entgegen, kamen dann wieder zurück und schienen nicht übel Lust zu haben, sich in dem Gebüsch zu
verstecken, das mich bisher verborgen hatte; mein lautes Rufen würde sie vielleicht nicht abgeschreckt haben,
aber das Pferd war jetzt schon so nahe, daß sie das
Schnauben hören konnten, und vor Pferden hatten sie
gewaltigen Respect. Sie stoben auseinander und verschwanden in der Dunkelheit; sie kannten freilich den
Reiter nicht, ich glaube aber, sie würden auch gelaufen
sein, wenn sie gewußt hätten, daß ein vierzehnjähriger
Knabe sie erschreckt hatte. Ich gab mir Mühe, sie
nicht zur Besinnung kommen zu lassen, und meine
Aufregung kam mir dabei trefflich zu Statten; ich
schrie und jubelte und rief die Namen aller Araber,

die ich kannte. Nun knirschte der Sand, ein Pferd tauchte aus der Dunkelheit auf, ein Reiter darauf, so klein, daß ihn der Kopf des Pferdes deckte. Ben-Gaml, der junge Maure, den ich auf Hamed's Für-sprache in meine Dienste genommen hatte, hielt wenige Schritte von mir, sprang ab und überschüttete mich mit einer Fluth zusammenhangsloser Reden, mit Be-theuerungen und Danksagungen, Schluchzen und Lachen. Er umklammerte meine Kniee und drückte meine Wunde, daß ich laut aufschrie; er war so außer sich, daß es mir schwer wurde, ihn zu beruhigen und ihm begreif-lich zu machen, welcher Gefahr wir uns durch längeres Verweilen aussetzten.

Ehe wir aufsaßen, wandte ich mich noch zu dem Neger, der während unserer Unterredung Zeichen von Leben gegeben hatte. Er schien schwer verletzt, ob lebensgefährlich konnte ich nicht erkennen. Als ich mich über ihn beugte, murmelte er mit Anstrengung einige Worte, sie klangen so ähnlich dem französischen „Müt-ter", daß ich verwundert zurückfuhr. Ben-Gaml, der ihn besser verstanden hatte, hielt ihm den Wasserschlauch an die Lippen und goß ihm einige Schluck des er-frischenden Getränkes ein, das der Verwundete in arabischer Sprache gefordert hatte. Ich war heute dem Tode zu nahe gewesen, um nicht Mitleid mit dem Feinde zu fühlen, den meine Kugel hingestreckt hatte; ich hätte ihm gern irgend eine Linderung verschafft, und da mir dies nicht möglich war, suchte ich ihm wenigstens Trost einzusprechen und versicherte ihm, daß ihm seine Kameraden bald finden würden. Es schien mir, als ob er diese Worte verstanden habe und sich bemühe zu antworten, ich konnte mich indeß nicht länger mit ihm beschäftigen, die Zeit drängte, und Ben-Gaml, der Bügel und Zügel hielt, fing an ungeduldig zu werden. Wir saßen auf, der Knabe hinter mir, so daß er sich an dem hohen Sattelkranze halten konnte. Redschid, das kleine edle Pferd meines Begleiters, schien die vermehrte Last nicht zu fühlen und ging von der Stelle im Galopp an, seine Sprünge waren weich und elastisch und verursachten mir wenig Unbequemlichkeiten.

Ben-Gaml mußte mir nun erklären, wie es kam, daß er allein, ohne wenigstens von meinen Negern begleitet zu sein, zurückgekehrt war.

Er hatte mich zuletzt in dem Augenblicke gesehen, wo mein Pferd durchging, und war weiter geritten in der Meinung, ich sei schon voraus. Das Rennen hielt noch Meilen lang an; als es zum Stehen kam, waren die Araber weit verstreut und beschäftigt, die erbeuteten Thiere wegzutreiben und gegen die Mauren zu vertheidigen. Ben-Gaml mußte von Einem zum Anderen reiten, erhielt nirgends Auskunft und brauchte viel Zeit, ehe er Gewißheit erlangte, daß ich fehle. Hamed hatte mit Abwehren und Anordnen alle Hände voll zu thun, der Knabe scheute sich, ihn jetzt zu belästigen, er verließ sich auf sich selbst und meine beiden Neger und forderte Letztere auf, mit ihm zurück zu reiten, um ihren Herrn zu suchen. Diese treuen Diener hatten aber nicht die mindeste Lust, ein so undankbares Geschäft zu übernehmen, sie schwelgten schon in dem Bewußtsein des Besitzes der ihnen anvertrauten Effecten, betrachteten sich als meine rechtmäßigen Erben und waren weit entfernt davon, selbst dazu beizutragen, um diese glänzenden Aussichten zu nichte zu machen. Da war denn Ben-Gaml, nachdem er Bitten und Drohungen vergebens erschöpft, allein zurück geritten und spät am Nachmittage neben dem Gerippe des gefallenen Pferdes angekommen, das er an dem ausländischen Zaume und der zersetzten Schabracke erkannt hatte.

Bis zu diesem Punkte war die Erzählung des Knaben klar und fließend, jetzt kam er aber zu einer Episode, die er gern mit Stillschweigen übergangen hätte. Er stotterte und begann dann in schauriger Weise das Benehmen der Schakals auszumalen, wie sie ihn mit feurigen Augen angesehen, die langen, rothen Zungen herausgehängt und gierig den Speichel von den Lefzen geleckt hätten. Seine Geschichte wurde immer breiter, er schien jeden einzelnen der schrecklichen Vierfüßler besonders beschreiben und dann den Geiern und Raben eine gleiche Ehre schenken zu wollen; da unterbrach ich ihn aber.

„Du hast Dich vor ihnen gefürchtet, Ben-Gaml," sagte ich und traf so das Wort, das er mit solcher Weitschweifigkeit zu umgehen suchte.

„Ja," erwiederte er, „ich wollte absteigen und die Spuren untersuchen, sie fletschten aber die Zähne und sprangen nach meinem Pferde, da bekam ich Angst und ritt davon."

Er war nun nach dem Brunnen geritten in der Hoffnung, mich bei den Verwundeten zu finden; dort hatte man ihn aber, statt ihm zu helfen, wegen seiner Furcht ausgelacht und ihn mit Vorwürfen über sein nachlässiges Suchen so gequält, daß er endlich voll Verzweiflung zurückritt, ohne zu wissen, was er in der Nacht anfangen solle. Die Lichter und mein Schuß lenkten ihn glücklich zur richtigen Stelle.

Der arme Redschid, wie viele Meilen hatte er heute durchlaufen müssen, und doch setzte er die müden Beine noch eifrig und gehorsam weiter und klepperte munter unter der doppelten Last dahin. Er glaubte wahrscheinlich, daß nun das Schwerste überstanden, daß Futter und Ruhe ihm nahe seien; er hatte Eile, er liebte Gesellschaft und sehnte sich zu den Pferden zu kommen, auf deren Spuren er jetzt hingaloppirte; seine Sehnsucht spielte uns einen argen Streich. Wir ließen ihm die Zügel, vertrauten blindlings seinen scharfen Sinnen und dachten nicht daran, daß er die Spuren der Feinde mit denen der Araber verwechseln werde. Er ging so zuversichtlich, behielt so gleichmäßig den kurzen Trab bei, den er, als die erste Hitze verraucht war, angenommen hatte, daß ich ihm unmöglich einen so unverantwortlichen Irrthum

zutrauen konnte. Ben-Gaml, der doch die Zuverlässig=
keit seines Pferdes genau kennen mußte, versicherte
mir eben, daß wir ganz nahe dem Orte seien, von
wo er am Nachmittage zurück geritten war. Da fiel
aber Nedschid plötzlich in einen langsamen Schritt und
schien unschlüssig, ob er weiter gehen oder stehen bleiben
solle; dann hielt er an mit einer halben Wendung zum
Kehrt und bot beschämt, mit gesenktem Kopf und
herabhängenden Ohren, seinem Herrn die Führerschaft
an. Ben-Gaml sprang fluchend zu Boden und fing
an mit Hilfe meines Feuerzeuges die Fährten zu
untersuchen; er bückte sich, suchte und maß; es half
Nichts, Nedschid's Ehre war nicht mehr zu retten.
Nur wenige Pferde waren hier gegangen, keine Ochsen
und keine Kameele, und seitwärts war der Boden
unterrührt von Huf und Klaue; wir folgten offenbar
einem Trupp versprengter Mauren und waren weit
von dem richtigen Wege abgekommen.

Niedergeschlagen und mißmuthig stieg der Knabe
in den Sattel, um nun selbst die Zügel zu führen.
Er hoffte in gerader Linie das Lager zu erreichen, im
schlimmsten Falle die alte Spur zu finden, und sprach
so überzeugend für diese Ansicht, daß ich nicht zu wider=
sprechen wagte und mich fügte.

Wir ritten über eine Stunde in dieser Richtung
fort und glaubten endlich ein Anzeichen von der Nähe
unserer Kameraden in einem einzelnen Licht entdeckt zu
haben, das, wie wir aus dem momentanen Aufflackern

und Verlöschen schlossen, von einem mit trockenem
Dünger unterhaltenen Feuer herrührte und genau an
der Stelle brannte, wo mein Begleiter das Lager der
Araber vermuthet hatte. Wir ritten darauf los, fan=
den aber zu unserer Verwunderung, daß wir von der
flachen Ebene ab in hügeliges Terrain geführt wurden.
Die Hänge waren zwar wenig steil und stiegen fast
unmerklich bergan, das Hinabsteigen war aber um so
schwieriger, die andere Seite hatte der Ostwind mit
Flugsand bedeckt, der durch häufiges Nachgeben unseren
Marsch in unerwünschter Weise beschleunigte. Redschid
wurde müde und fing an zu stolpern und zu gleiten,
sein Herr, der ihm die alten Sünden noch nicht ver=
geben hatte, strafte rachsüchtig diese neuen mit Peitsche
und Schenkel, und jeder Stoß und Sprung des Pfer=
des verursachte mir, der ich auf dem ungewohnten
Sitz kaum das Gleichgewicht behalten konnte, die em=
pfindlichsten Schmerzen.

Zu der gedrückten Stimmung, welche diese Unbe=
quemlichkeiten bei mir hervorriefen, war mir das an=
haltende Schweigen des sonst so redseligen Knaben
nicht aufgefallen, um so mehr überraschte es mich, als
er mir plötzlich den Vorschlag zur Umkehr machte. Er
hielt es für unwahrscheinlich, daß die Araber dieses
bergige Terrain aufgesucht hätten, und fürchtete sich
zum zweiten Male getäuscht zu haben und am Ende
unserer nächtlichen Irrfahrt noch mit Feinden zusam=
men zu treffen. Ich wünschte sehnlichst zur Ruhe zu

kommen und stimmte dafür, hier zu übernachten. Ben-Gaml gab aber das nicht zu und bewog mich, die Nachbarschaft des Feuers zu verlassen, dem wir erst so eifrig gefolgt waren, und einen Ruheplatz zu suchen, wo wir, wenn es Tag wurde, nicht sofort entdeckt werden konnten. Da wir jetzt nicht mehr nöthig hatten, eine bestimmte Richtung beizubehalten, so umritten wir die Hügel und suchten im Thale einen bequemeren Weg zu finden; wir geriethen dadurch in das trockene Bett eines Baches, das die Regenzeit mit Kies und Geröll angefüllt hatte; wir wußten uns schließlich nicht mehr zurecht zu finden und ritten stromauf, in der Meinung, uns der Ebene zu nähern, von der wir uns immer weiter entfernten. Diesen neuen Irrthum bemerkten wir erst, als wir das Licht wieder sahen, dem wir den Rücken gewandt zu haben glaubten. Es war jetzt sehr nahe, wir konnten sehen, daß es neben einem Felsen brannte, der es theilweise verdeckte, und der die Ursache war, daß wir es bisher nicht bemerkt hatten. Es schienen Leute um dasselbe zu lagern, deren Schatten wir an der Felswand zu erkennen glaubten; wir vermutheten zwar, daß es Feinde seien, beschlossen aber, uns Gewißheit darüber zu verschaffen. Ben-Gaml saß ab und stieg in die Schlucht hinein. Er mußte über einen Damm, der sich aus lockerem, von der Höhe herabgeschwemmtem Erdreich gebildet hatte; ich hörte, wie er trotz seiner Vorsicht einzelne Steine von diesem losen Schutte abstieß, und konnte sein

Fortschreiten eine Zeit lang daran verfolgen. Dann wurde es still, ich war mit Redschid und meinen keineswegs freudigen Erwartungen allein. Ich führte das Pferd zu einer vom Kiese frei gebliebenen Einbiegung, nahm ihm das Gebiß ab und ließ ihm Freiheit, die spärlich umherstehenden Halme abzuweiden, während ich Rücken und Glieder lang in den Sand streckte und wenige Sekunden später fest eingeschlafen war.

Nach einiger Zeit weckte mich Ben-Gaml dadurch, daß er mir die Hand fest auf den Mund legte. Er war bis zu dem jenseitigen Ausgang der Schlucht vorgedrungen, hatte die dort Lagernden als Feinde erkannt und theilte mir jetzt leise und abgebrochen dieses Resultat seiner Forschungen mit. Sein verstörtes Wesen fiel mir auf, ich befragte ihn darüber und erfuhr, daß er unter den Feinden Einen gesehen habe, den er von früher her kannte und persönlich zu fürchten hatte; er verweigerte mir aber jede nähere Erklärung und drängte zum Weitermarsch. Ich stieg mit seiner Hilfe in den Sattel, er faßte die Zügel und zog das Pferd in eine Seitenschlucht, die noch enger und unwegsamer war, wie unser bisheriger Pfad. Redschid kletterte wieder stolpernd über die Steine, wir suchten uns flüsternd über das unvermeidliche Geräusch zu beruhigen und wagten erst wieder lauter zu sprechen, nachdem wir eine beträchtliche Strecke zurückgelegt hatten und in einen Sack gekommen waren, wo uns jeder

Ausweg versperrt schien. Ben-Gaul drehte Fackeln aus trockenem Grase und leuchtete damit an den Wänden hin; wir fanden nach vielem Suchen die Stelle, wo das Wasser in den Thalkessel geflossen war, sie lag aber so hoch über dem Boden, daß wir das Pferd nicht hineinführen konnten. In unserer Rathlosigkeit beschlossen wir hier zu ruhen und den Morgen abzuwarten. Redschid würde mich auch schwerlich viel weiter getragen haben, er war außer Athem und mit Schweiß bedeckt, ersparte aber seinem Herrn das Abreiben. Als ihm der Sattel abgenommen wurde, fing er an sich zu wälzen und den nassen Rücken so lange auf dem Sande zu reiben, bis er glauben mochte, daß er den Regeln für die Erhaltung der Gesundheit Genüge geleistet habe; dann hörten wir ihn Moos und Gesträpp von den Felsen rupfen und an den bloßgelegten Wurzeln nagen.

In der Nähe des Zuflusses hatte der Bach die Felsen ausgewaschen und unter denselben eine mehrere Fuß hohe Ablagerung von Sand und feinkörnigem Kies gebildet. Die Felsen deckten uns hier den Rücken und sicherten uns gegen einen Angriff von oben, wir trugen daher Waffen und Sattelzeug dorthin und richteten uns für die Nacht ein. Die Vorbereitungen zu unserem frugalen Mahle waren bald getroffen, die trockenen Kuchen krachten und lockten das Pferd herbei, das diesen Ton gut zu kennen schien und seinen Antheil angefeuchtet aus der Hand seines Herrn empfing.

Als es aber, hiermit noch nicht zufrieden gestellt, die Nase verlangend an dem Wasserschlauche rieb, gab es harte Worte. Redschid mußte hören, daß er heute keine Extraration verdient habe, und schlich beschämt nach der Stelle, die er sich zum Lagerplatz auserlesen hatte.

Meine Decke war mit meinem Pferde verloren, und mein Burnus verdiente kaum noch seinen Namen, die zersetzten Schöße konnten mich nicht mehr bedecken, viel weniger gegen die kühle Nachtluft schützen. Der Sand hatte aber die eingesogene Wärme behalten und war außerdem so weich, daß ich mir kein besseres Lager wünschen konnte. Uebermüdung und nervöse Erregung kamen dagegen nicht auf, ich genoß einen erquickenden Schlaf und erwachte erst, als es heller Tag war. Mein Begleiter war schon früher auf den Beinen und hatte den kühlen Morgen zu einer Excursion auf die Felsen benutzt; die Luftspiegelung, die um diese Zeit gewöhnlich eintrat, hatte ihn zwar gehindert, den Stand der Angelegenheiten bei unseren Nachbarn zu erkennen, sein Gang war aber doch nicht ganz erfolglos gewesen, er brachte einen Arm voll dürres Gras zurück, das Redschid in Ermangelung substantielleren Futters dankbar annahm. Wir recognoscirten jetzt unser Nachtquartier und fanden, daß es als Versteck vortrefflich war, daß wir aber, wenn uns der Rückweg verlegt werden sollte, keine Aussicht hatten, dasselbe zu Pferd zu verlassen. Die schmale, tief eingeschnittene

Rinne, durch welche das Wasser während der Regenzeit von den Felsen herabgeflossen war, bildete schon
an ihrem Eingang ein schwer zu übersteigendes Hinderniß, weiter oberhalb aber eine Reihe von senkrechten,
durch das Wasser geglätteten Stufen, die auch zu Fuß
nicht erstiegen werden konnten. Die Felsen waren steil
und überhängend; um auf dieselben zu gelangen, mußte
man in dem Bette des Baches eine Strecke zurückgehen
und dann einen abschüssigen Hang erklettern; diesen
Weg hatte Ben-Gaml vorher benutzt, wir schlugen ihn
jetzt wieder ein, nachdem wir das Pferd gefesselt und
dadurch verhindert hatten, sich weit zu entfernen. Wir
gingen auf eine kegelförmige Felsspitze zu, die oberhalb
unseres Lagerplatzes das umliegende Terrain überhöhte.
Schon der Fuß derselben, der Rücken des Sandstein-
hügels, dem sie aufgesetzt war, gewährte eine bedeu-
tende Fernsicht; ich konnte mit bloßen Augen die
Waldungen an den beiden Marrigots erkennen und
entdeckte mittelst meines Fernglases hinter denselben
eine Reihe von Berggipfeln, die, wie ich vermuthe,
jenseits des Senegal lagen. Ein gutes Pferd hätte
mich in drei bis vier Tagen dorthin tragen können.
Es war gerade die Zeit, wo der kleine, unserem Hause
gehörige Schooner von seiner Reise den Senegal aufwärts zurückkehren mußte; für einen Platz in seiner
sicheren Kajüte hätte ich jetzt mit Vergnügen mein
Nomadenleben und alle Aussichten auf Abenteuer hingegeben. Ich hatte während der letzten Tage zu viele

derselben erlebt und steckte noch zu tief in der Klemme, um Geschmack an neuen zu finden, es hatte aber den Anschein, als sollten mir diese nicht erspart werden.

Als wir den Gipfel erreicht und einen Ueberblick über die seitwärts liegenden Hügel gewonnen hatten, sahen wir unter uns in einer Entfernung, die uns eine genaue Beobachtung gestattete, den Lagerplatz unserer Feinde, eine geräumige Einsattlung zwischen Sandsteinhügeln an der äußersten Grenze des bergigen Terrains. Es waren etwa dreißig Reiter dort versammelt, die uns durch ihr träges Umherliegen zu erkennen gaben, daß sie nicht daran dachten, noch an diesem Morgen aufzubrechen. Ihre Pferde weideten in einiger Entfernung an dem der Ebene zugekehrten Thalrande. Auf einem Hügel nach der Ebene hin war ein Beobachtungsposten aufgestellt, der uns glücklicher Weise den Rücken zukehrte; sobald wir ihn bemerkten, gingen wir so weit zurück, daß wir nur eben mit den Köpfen über die Felsspitze reichten. Ben-Gaml baute aus losen Steinen ein Observatorium auf, einen Sitz mit durchbrochenem, zum Ausgucken eingerichtetem Schirm, den wir abwechselnd benutzen wollten. Die Steine strahlten aber, nachdem sie kurze Zeit der Sonne ausgesetzt waren, eine Hitze aus, daß ein mit dem Zwecke dieses Bauwerkes Unbekannter dasselbe für einen Backofen halten konnte. Ich mußte aus diesem Grunde auf meinen Antheil an dem Wächteramte verzichten und ihn meinem Begleiter überlassen, der, ganz unempfindlich gegen die Hitze, stundenlang zwischen den Steinen hockte, sich mit meinem Fernglase amüsirte und die kaffeebraune, vom Schweiß unbenetzte Stirn der glühenden Sonne aussetzte.

Die Mittagsstunden, während deren ein Abmarsch der Feinde nicht zu erwarten war, brachten wir unten zwischen den Felsen zu. Es war auch hier trotz des Schattens drückend heiß. Nedschid fühlte das auch und wollte die trockenen, salzhaltigen Gräser nicht mehr ohne Wasser verzehren, wir mußten ihm den größten Theil des Vorrathes abgeben und behielten nicht genug davon übrig, um uns die während der heißen Tageszeit so nöthige Erquickung in genügendem Maße gönnen zu dürfen.

Ich fand noch eine Cigarre in den Taschen meines Beinkleides, ich schnitt sie in der Mitte durch und theilte sie mit Ben-Gaml, der diese Aufmerksamkeit durch eine Erzählung belohnte, in welcher einer der uns nahen Feinde eine wichtige Rolle spielte.

Ich will hier einer Forderung genügen, die mein Gewissen während zweier Kapitel gebieterisch an mich gestellt hat. Ich habe meinen maurischen Diener in dieses Buch eingeführt, ohne nur anzugeben, wie er zu seinem absonderlichen Namen gekommen ist (Ben-Gaml das heißt Sohn des Sandes); ich habe so bei-läufig erwähnt, daß er etwa vierzehn bis fünfzehn Jahre alt war, ihn im Uebrigen aber gröblich ver-nachlässigt und ganz und gar nicht mit dem Interesse

behandelt, das seinen Eigenschaften und seinen Be=
ziehungen zu der Hauptperson meiner Erzählung ge=
bührt. Ich möchte dies jetzt nachholen, die Pflicht der
Dankbarkeit erfüllen, obgleich ich überzeugt bin, daß
der betreffende Bericht von meinem früheren Diener
Ben=Gaml niemals eingesehen werden wird. Wer
weiß, ob er es mir auch danken würde? Er hatte
zwar früher ein gefühlvolles und dankbares Gemüth,
so Etwas verwächst aber mit den Jahren. Wir sind
Alle dankbare und weichherzige Jungen gewesen. Den
will ich aber sehen, der diese Eigenschaften jetzt noch
an uns nachweisen kann! Ben=Gaml muß bald ein
Mann sein, und wenn er seine Fähigkeiten entsprechend
ausbildet, wird er ein ganzer Mann werden. Die
blanken Duros, die er von mir erhielt, werden es ihm
möglich machen, einen eigenen Heerd zu gründen; er
wird ein Weib nehmen, irgend eine dunkle Schöne,
die sein Herz gerührt hat, die nun sein Leben ver=
süßen, mit lauter, etwas schriller Stimme in seinem
Zelte walten und dem Gatten jenen stoischen Gleich=
muth, jene stille Ergebenheit in den Willen Anderer
beibringen wird, die ihm, als ich ihn kannte, noch
großentheils abgingen. Er wird Kinder zeugen, dun=
kelbraune kleine Creaturen, die nackt, wie sie unser
Herrgott schuf, zwischen den Füllen umherspringen und
Nedschid's starken Rücken so lange als das Ziel ihres
kindlichen Ehrgeizes betrachten werden, bis ihnen der
Vater ein abgelegtes, zerrissenes Hemd überwirft, das

sie stolz auf die sonnverbrannten Schultern nehmen und tragen werden, so lange noch ein Fetzen an dem anderen hängt. Dann wird Ben-Gaml als Lehrer auftreten und in die Brust seiner Buben die Keime künftiger Männlichkeit pflanzen. Er wird ihnen erzählen, wie er als kleiner Knabe seinen ersten Herrn zweier Pferde beraubte, wie er den Hengst des Mulatten zureiten mußte und mir helfen wollte, den Mauren ein Pferd zu stehlen. Sie werden mit offenem Munde zuhören und sich bemühen, den schweren Namen des Mannes auszusprechen, von dem ihr Vater so lächerliche Geschichten erzählt. Mehr als dieses Zeichen liebevoller Erinnerung erwarte ich nicht; es soll mich das aber nicht abhalten, dem Knaben Ben-Gaml alle Gerechtigkeit widerfahren zu lassen und ihm zu Ehren das folgende Kapitel mit seiner Erzählung zu eröffnen.

Achtes Kapitel.

Ein verständig Weib, sagte Ben=Gaml, ist ein großes Gut, der größte Schatz aber ist eine Stute, die viele Fohlen wirft*).

Er sah mich nach diesem dem Propheten entliehenen moralphilosophischen Ausspruch etwas unsicher an und schien eine Erörterung zu erwarten. Ich hatte gegen den Vordersatz Allerlei einzuwenden, unter Anderem, daß Ben=Gaml die Berechtigung dazu nicht aus der Erfahrung herleiten konnte, der Schlußsatz versöhnte mich indeß mit der ganzen Sentenz, und da ich den Redefluß Ben=Gaml's und sein gerühmtes Erzähler= talent nicht gleich Anfangs in's Stocken bringen mochte, begnügte ich mich, meine Zweifel unter einem feinen Lächeln zu verbergen und durch ein zustimmendes Zei= chen den Knaben zum Weiterreden aufzufordern.

---

*) Die arabischen Erzähler fangen ihre in Versen oder Prosa vorgetragenen Improvisationen und Erzählungen mit einem Koran= spruch an.

Ich war etwa drei Jahre alt, fuhr er fort, als ich von den Leuten des Hadschi-Rhaled gefunden wurde. Ich lag damals, in eine Saa eingeschnürt, im Sande und schrie, und da ich Arme und Beine nicht so bewegen konnte, wie ich sonst beim Schreien zu thun pflegte, schrie ich nur um so lauter, bis ich endlich den Hadschi weckte, der einen leisen Schlaf hatte, wenn er die Stimmen fremder Kinder in der Nähe seines Zeltes hörte. Adj-Rhaled schickte seine Diener dem Geschrei nach, ich wurde gefunden, aus meinem Ledersacke ausgeschält und dem Herrn präsentirt, den sein leicht erregbares Gewissen nicht länger ruhen ließ. Ich soll sehr häßlich gewesen sein, ich finde es daher erklärlich, daß mein Anblick den Hadschi nicht sonderlich erfreute; er war in Verlegenheit um ein passendes Mittel, mich schleunigst wieder los zu werden, er faßte sich aber wie ein Mann, und da er den Frieden seines Zeltes über Alles schätzte und fürchten mochte, die helle Kinderstimme werde diesen, wie den süßen Schlummer seiner beiden Frauen stören, so winkte er Diener aus dem Hofe, um ihnen folgend draußen seine Meinung über den sonderbaren Fund abzugeben.

Es hatte aber eine Sclavin hinter dem Vorhang gestanden, die nicht Willens war, ihren Antheil an den voraussichtlichen Ereignissen so leichten Kaufes aufzugeben; als die nun sah, daß man mich wieder entfernen und ihr so die kleine Freude stören wollte, erhob sie ein Geschrei, das einen ganzen Duar hätte

alarmiren können, und das die Schritte Rhaleb's an
die Schwelle seines Hofes fesselte. Die Weiber kannten
ihres Gatten Schwäche und ahnten gleich, um was es sich
hier handelte; sie nahmen sich daher nicht Zeit, erst
ihren Anzug zu ordnen, sie sammelten die eben so leicht
bekleideten Pfänder von Rhaleb's früh erloschener Liebe,
deckten sich den Rücken durch nackte Mädchen und Buben
und rückten an der Spitze dieses Schwarmes in den
Hof, um ihrem Gatten, Herrn und Vater einzuheizen.
Sie fielen ihm von beiden Seiten in die Flanke und
gingen abwechselnd gegen ihn vor; wenn sich die eine
Hälfte müde geschrieen hatte, rückte die andere zum
Sturm.

Adj-Rhaleb war ein heiliger Mann, der viel gesehen und gelernt hatte und sich so leicht nicht ver-
blüffen ließ; hätten sie ihn nur zu Wort kommen lassen,
würde er sicher seine Würde gewahrt haben; das mußten aber die Weiber, und deshalb überschrieen sie ihn
dermaßen, daß es nutzlos für ihn war, den Mund zu
öffnen. Sie hatten, durch lange Erfahrung gewitzigt,
die richtige Taktik gegen ihn herausgefunden und übten
diese mit unvergleichlicher Präcision. Er war ihnen
früher einigemal durch eiligen Rückzug entkommen, sie
schickten ihm daher, ehe das Treffen allgemein wurde,
die kleinen Mädchen auf die Fersen, die seine Beine
zu umklammern hatten und ihn nicht eher vom Platze
lassen durften, bis es ihren Müttern an der Zeit dünkte,
dem geschlagenen Feind, den sie nicht zum Aeußersten

zu treiben wagten, die goldene Brücke zu bauen. Die Buben gingen während dessen um den unberufenen Eindringling, die schuldlose Ursache der häuslichen Dissonanz, herum, betrachteten dieselbe von allen Seiten und fingen dann an zu brüllen, als hätten sie einen jungen Elephanten gesehen. Ich wollte mir Nichts bieten lassen und stimmte kräftig in das Geschrei ein, das stieß aber der Geduld Adj-Rhaled's den Boden aus, er schleuderte die Kinder von sich und trat seinen Lieblingshund, der sich auch betheiligt hatte, daß dieser heulend und mit beigezogenem Schwanze unter den Zaun fuhr; dann faßte er die erboßten Weiber und stieß sie troz ihres Widerstrebens in das Zelt, vor dessen Eingang er sich, so breit er konnte, hinstellte, um hinsichtlich meiner die nöthigen Befehle zu geben.

Mein plötzliches und geräuschvolles Auftreten hätte mit dieser kurzen Scene fast ein eben so plötzliches Ende gefunden. Ich sollte wieder in den Sack, ich wehrte mich aber dagegen unter schrecklichem Zetergeschrei und traf mit der kleinen Faust so glücklich das bärtige Gesicht, das sich halb mitleidig über mich neigte, daß ich das Herz des Mannes ganz rührte. Es ist Schade um den Jungen, meinte er, ich will ihn neben dem Füllen aufziehen, das die gelbe Mehara-Stute gestern geworfen hat. Der Hadschi hörte das Anerbieten und war froh, auf eine so anständige Weise der Sorge für mich enthoben zu sein; er schwieg zwar, um sich vor den Frauen keine Blöße zu geben, er ließ aber zu, daß der Diener sein Schweigen für eine Einwilligung nahm und mich von dem Schauplatz meiner ersten Thaten weg nach seiner Hütte trug.

Mein Pflegevater war ein Mann von nicht geringem Ansehen in dem Haushalte des Hadschi; er nahm allerdings nicht die erste Stelle ein; die beanspruchte Uld-Tami, sein erbitterter Feind; seine Obliegenheiten waren aber nicht weniger ehrenvoll wie die Uld-Tami's. Während dieser die Hengste, Stuten, Fohlen und Esel mit strenger Hand und langer Peitsche regierte, war Salah Oberaufseher aller Ochsen, Kühe, Maharis und Kameele. Uld-Tami war unabhängiger und durfte seine Pflegebefohlenen weit ab von den Zelten seines Herrn hüten, Salah war mehr für das Innere und wurde zu allen möglichen Nebengeschäften benutzt, wie sie in dem Haushalte des Hadschi, ehrenvoll und minder ehrenvoll, häufig vorkamen. Die Grenzen beider Branchen der Verwaltung waren etwas verschwommen, der Duar Rhaled's litt an dem gewöhnlichen Fehler solcher allzu kleinen Staatswesen, man wußte nicht immer, wo das Reich der Ochsen aufhörte, und wo die Weide der Kameele zu Ende ging, was die Stuten und was die Esel zu fordern hatten. Das war nun eine unversiegbare Quelle des Streites für beide Oberhirten, sie kamen selten ohne böse Worte zusammen und würden längst zu Thätlichkeiten geschritten sein, wenn sie nicht den Hadschi gefürchtet hätten, der in

Allem, was Ruhe und Frieden seines Duars betraf,
ungewöhnlich empfindlich war. Salah hatte noch einen
Feind im eigenen Lager, eine böse, herrsch- und zank-
süchtige Frau, die dem armen Manne viel zu schaffen
machte. Sie war erschreckend häßlich und zu Salah's
Unglück ungewöhnlich einsichtsvoll, so daß sie ihre
Schwäche erkannte und einsah, wie wenig Ersatz ihre
sonstigen Eigenschaften für die mangelnden Körperreize
boten. Diese doppelte Erkenntniß hatte in ihrer Brust
eine Eifersucht wach gerufen, die nur von ihrer Häßlichkeit übertroffen wurde. Sie haßte den Hadschi, der
ihrem gemeinschaftlichen Diener, dem beklagenswerthen
Salah, ein so böses Beispiel ehelicher Treulosigkeit
gab. Rhaled war so unvorsichtig gewesen, diesen Haß
unnöthiger Weise zu steigern. Er hatte sich so eifrig
bemüht, mit allem Schönen zu sympathisiren, daß er
nicht mehr verbergen konnte, wie sehr ihm die entge-
gengesetzte Eigenschaft zuwider war; er vermied alle
häßlichen Gesichter, und wenn er zufällig seines treuen
Dieners treuer Zarah begegnete, konnte er nicht rasch
genug an ihr vorbeikommen. El hamdan Allah, in
welche Wuth gerieth die Alte jedesmal, wenn der
Hadschi, so an ihr vorüberrennend, ihr pflichtgemäßes
Salem mit abgewandtem Gesicht beantwortet hatte!
Unter diesen Verhältnissen war es nur natürlich, daß
mich Zarah nicht sehr liebevoll aufnahm. Sie war kein
Engel, weder figürlich noch geistig, sie übertrug mit
echt menschlicher Leidenschaft einen guten Theil des

Hasses, den sie dem Vater zu schulden glaubte, auf den Sohn; sie freute sich, in ihrer knochigen Faust eine Handhabe zu besitzen, durch die sie von Zeit zu Zeit mit dem stolzen Hadschi rechten konnte. Sie gab sich selbst das Wort, den Zufall, der mich als Geisel in ihre Hände geliefert hatte, nach bestem Wissen und Können zu benutzen, und sie hielt ihr Wort wie eine charakterfeste Frau. Wenn sie mich schlug, was so oft geschah, als sie konnte, dann wählte sie stets zum Schauplatz der Execution die Nähe von den Zelten des Hadschi, wo mein klägliches Geschrei den Köder abgab, mittelst dessen die neugierigen Frauen des Hadschi immer wieder vor den Hof gelockt wurden. Zarah brachte ihnen, die sie ihrer Schönheit halber ohnedies nicht leiden konnte, durch dies einfache Mittel mein Dasein in Erinnerung, die Frauen ließen ihren Aerger an dem Hadschi aus, der für seinen Leichtsinn und seine Respects=widrigkeit gegen meine Pflegemutter zugleich büßen mußte.

Zum Glück kam ich nur selten in Salah's Hütte. Zarah hätte gern so manche Unbequemlichkeit, beschränkten Raum, Kindergekreisch und dergleichen, für das Vergnügen hingegeben, mir ihre mütterliche Fürsorge ständig zuwenden zu dürfen; ihr Mann schützte aber Befehle des Hadschi vor und nahm mich mit nach den Weideplätzen, wo ich eine Mutter fand, die mich ebenso lieb hatte, wie ihr eigenes Kind, die, wenn ich gleichzeitig mit dem Füllen an ihren Zitzen hing, nicht

wußte, wem von uns Beiden sie die meisten Liebkosun-
gen zukommen lassen sollte.

Ben-Gaml fiel an dieser Stelle der Erzählung in
den alten Fehler zurück, er fing an zu philosophiren
und sich in Betrachtungen über Mutterliebe und Mutter-
eitelkeit zu ergehen, die wieder weit über seine Jahre
hinausreichten. Er behauptete, die meisten Mütter seien
nur aus Eitelkeit in ihre Kleinen vernarrt, sie lieb-
kosten sich selbst in dem hübschen Kinde und wüßten
außerdem, wie verführerisch die Mutterzärtlichkeit einer
jungen schönen Frau den Männern erscheint. Diesmal steifte er sich darauf, meine Meinung über die
fragliche Erscheinung zu hören, und da ich ihm nicht
ganz Unrecht geben konnte, andererseits aber Bedenken
trug, über derlei hochwichtige, mehr in den Bereich
verheiratheter Männer gehörige Fragen mit einem
fünfzehnjährigen Menschen zu verhandeln, so spielte ich
geschickt die Unterhaltung auf ein anderes Feld und
berührte ein Thema, von dem ich wußte, daß es zu
den Lieblingsthematas Ben-Gaml's gehörte. Ich fragte
ihn nämlich über die Zucht der Maharis, die bekanntlich von den Mauren mit viel größerer Sorgfalt und
Sachkenntniß betrieben wird wie von den Arabern.

Er war gleich Feuer und Flamme und vergaß, daß
ich ihm noch nicht geantwortet hatte.

Die Araber, sagte er, verstehen gar nicht mit Reit-
kameelen umzugehen, und wenn sie ein den Mauren
gehöriges Mehara erbeutet haben, verderben sie es in

der ersten Woche. Sie bilden sich ein, die Maharis der Mauren seien eine besondere Race, hätten das kurze, feine Haar, die schlanke Gestalt, den Widerwillen gegen das Brüllen, die Stärke und Ausdauer der Natur zu verdanken; sie wissen nicht, daß das Alles eine Folge sorgfältiger Erziehung ist, sie bevorzugen das Pferd zu sehr und kennen das Mehara kaum, während die Mauren beide Thiere gleich hoch schätzen. Nun sieh die Maharis an, die jetzt wieder von Hamed's Leuten mit Prügeln und Schimpfworten fortgetrieben werden: haben sie nicht den raschen leichten Gang der Gazelle, die breite Brust des Zebu, das seidenweiche Haar der Ziege von Sefetu? Ist nicht ihr Auge schwarz und feurig, wie das des Hengstes, sanft und groß, wie das Auge der Giraffe; giebt es ein anderes Thier, das so viel Schönheit mit gleicher Nützlichkeit vereint? Es schreit nicht, selbst wenn es verwundet wird, es bleibt liegen, wo ihm sein Herr zu lagern befiehlt; wenn sich der Reiter von ihm entfernt, steht es doch nicht auf, denn es weiß, daß es groß ist und weit gesehen wird. Es trägt den fliehenden Mauren durch die Wüste und tritt Tag und Nacht unermüdet den heißen Sand, es kennt den Weg durch das Bled-el-rela und führt die Pferde der Verfolger durch die pfad- und wasserlose Oede. Es dürstet nicht, hinter ihm sinkt die Stute des Arabers verschmachtend in den Sand; es hungert nicht, die salzigen Alfastengel genügen ihm, und wenn es fällt, wenn es gehorsam seinen Herrn getragen hat, so lange die Muskel noch kräftig war, das Bein zu heben, wenn seinen Nüstern der glühende Chamsin den Athem raubte, dann schützt es noch im Sterben den Reiter vor dem Verdursten. Mit guten Worten ist es zu Allem zu bringen, Schläge und Vorwürfe kann es so wenig ertragen wie mein Pferd.

Die Mauren haben die reine Mehara-Race von den Beni-Noch erhalten und von ihnen gelernt, das Thier aufzuziehen. Sie lassen die Meharafüllen ein volles Jahr saugen und dulden nicht, daß sie während dieser Zeit eine Nacht im Freien zubringen, weil sie wissen, daß das den seinen Haarwuchs auf immer verderben würde. Das Füllen kommt des Abends in das Zelt, wo die Hirten lagern, und schläft unter den Kindern, die seine Spielgenossen sind; es wird von Jugend auf an den Menschen gewöhnt, lernt seine Sprache verstehen und den schmeichelnden Worten folgen. Wenn es ein Jahr alt ist, wird es zum ersten Male geschoren, von da an heißt es Bu-Ketaa (Vater des Scheermessers) bis zum zweiten Jahre, dann wird es Hegg genannt. Nun hört seine Freiheit auf, es muß lernen und kommt in die Schule, wie die Kinder der Araber, wenn im Frühjahr der Taleb kommt und ihnen Suren aus dem Koran lehrt. Die Rahala wird ihm aufgelegt, es lernt rechts und links galoppiren, der Reiter steckt einen Stab in die Erde und jagt so um denselben herum, daß er ihn fortwährend mit der

Lanze berührt. Es muß niederknieen und sich nieder-
legen, es wird vor den breiten Zaun des Duars geführt, es hat noch nie übergesetzt, die Ebene, auf der
es erzogen wurde, war ohne Zaun und Graben, es
springt zu kurz und verwundet sich an den langen
Stacheln der Stachelfeigen, der Reiter zwingt es aber,
den Sprung so oft zu wiederholen, bis es lernt, das
Hinderniß ohne Verletzung zu überwinden. Es hat
sich jetzt schon gewöhnt, den Schmerz schweigend zu
ertragen, es mußte, ehe es zugeritten wurde, eine Probe
bestehen, durch die es das Brüllen auf immer verlernt
hat. Ich will Dir erzählen, worin diese Lektion besteht, und wie ich dieselbe zuerst kennen lernte.

Ich war etwa ein Jahr unter Salah's Zelt gewesen, als man dem Füllen, dessen Nahrung ich theilte,
einen Ring durch die Nase zog, der es am Saugen
hinderte. Ich hatte mich an das Thier gewöhnt und
wurde sehr argwöhnisch, als ich von weiteren mir un-
erklärlichen Maßregeln hörte, die durch Salah's Macht-
spruch über meinen Liebling verhängt werden sollten.
Mein Pflegevater, der mich gern hatte und mir einen
Kummer ersparen wollte, beschloß, mich auf einige Zeit
zu entfernen. Einen kleinen Tagemarsch von unserem
Hauptweideplatz lagen einige Yessurs, auf denen der
Hadschi das Weiderecht beanspruchte. Sie trugen wenig
Gras, erzeugten aber die seltenen Kameelkräuter, die
zum Gedeihen der erwachsenen Maharis nothwendig
sind; während der guten Jahreszeit wurde daher stets

eine Anzahl der werthvollsten Maharis dort hingetrieben und von berittenen Hirten bewacht. Ich hatte wunderbare Vorstellungen von diesen Weideplätzen, die mir außerhalb der Welt zu liegen schienen und, nach dem was ich darüber hörte, ein vergessenes Stück Paradies sein mußten. Die Hirten erzählten mir, daß dort die Antilopen im Grase lägen wie bei uns die Kameele, daß die Strauße rings um die Yessurs ihre Nester bauten, und daß die jungen Strauße zahm seien und zwischen den Maharis umherliefen wie die Hühner, welche die Neger vom Senegal brachten. Sie logen so grob, daß ich ihnen wohl glauben mußte und mich bereit erklärte, alle diese Herrlichkeiten in der Nähe sehen zu wollen. Ich wurde unter den Höcker eines Kameeles gesetzt und glücklich nach diesem Eldorado gebracht, wo ich zum ersten Male erkennen lernte, daß wir Alles, was uns bleibend schön erscheinen soll, nur aus der Ferne betrachten dürfen. Ich ahnte Verrath und verlangte zurückgebracht zu werden; als diesem Wunsche nach einigen Tagen willfahrt wurde, war das Füllen verschwunden. Ich forschte bei allen Hirten, erhielt aber schlechte Auskunft. Einer erzählte mir mit bedenklichem Gesicht, das Füllen habe nach mir gesucht, und da es mich nicht finden konnte, sei es in ein Mauseloch gekrochen und nicht wieder gekommen, ein Anderer führte mich zu einem alten abgetriebenen Mehara, stellte mir dasselbe als den vermißten Liebling vor und versicherte, das Füllen sei über Nacht plötzlich groß geworden; endlich erfuhr ich von einem meiner Spielkameraden, daß es nach dem Duar gebracht worden sei, wo ihm Zarah das Schreien abgewöhnen solle. Das schien mir sehr wahrscheinlich, Zarah hatte mich selbst einigemal, wo ich zur Unzeit laut wurde, mit einer ähnlichen Operation bedroht; in ihre Fähigkeiten setzte ich daher keinen Zweifel, ich war überzeugt, sie hätte, wenn es darauf ankam, einem Löwen das Brüllen verleidet. Ich lief, ohne Jemanden von meiner Absicht zu benachrichtigen, nach dem Duar und traf meine Pflegemutter vor dem niedrigen Eingang unserer Hütte. Als sie mich sah, zeigte sie ihre langen, vom Haschisch und den Guru-Nüssen schwarz gewordenen Vorderzähne und empfing mich dann mit grinsender Freundlichkeit.

Das ist schön, daß Du kommst, mein Söhnchen, und nach Deinem Liebling siehst; er liegt dort hinter dem Gummi-Baum, ich habe ihm von dürrem Gras und Blättern ein Lager gemacht, wie es Dein Vater nicht weicher hat, willst Du nicht nachsehen? Ich ließ mir das nicht zweimal sagen und eilte von der Alten wegzukommen, deren ungewohnte Freundlichkeit mich mehr erschreckte wie das grimmige Gesicht, das sie mir sonst zu zeigen pflegte. Sie hatte mich übrigens nicht belogen, das Füllen lag wirklich hinter dem Baum auf Gras und Blättern. An dem Ringe, der durch seine Nüstern ging, war ein Strick befestigt, der da, wo er auf dem Nasenbein auflag, mit einem schweren

Stabe zusammengedreht war; das andere Ende des Strickes ging durch ein Loch der Wand in das Innere der Hütte und wurde hier von meiner Pflegemutter gehandhabt, die zwischen Kameelkäsen und milchgefüllten Kalebassen ihr heimliches Wesen trieb und nebenbei zu ihrer stillen Erheiterung mit dem kleinen Strickendchen die überraschendsten Wirkungen nach Außen erzielte. Ich sollte die Anwendung dieser sinnreichen Maschinerie gleich kennen lernen. Das Füllen hatte mich gesehen und wollte mir blökend entgegenspringen, sein erster Ton erstickte aber schon in einem Schmerzgebrüll; Zarah hatte mir zu Ehren den Stab mit besonderer Kraft bewegt, dem armen Thiere floß in Folge des harten Schlages das Blut aus den Nüstern.

Ich muß jetzt lachen, wenn ich daran denke, wie sehr ich mir die Leiden meines ersten Freundes zu Herzen gehen ließ. Ich wagte nicht bei ihm zu bleiben, um seiner Peinigerin nicht neuen Anlaß zur Ausübung ihrer Schadenfreude zu geben, ich setzte mich weinend in einiger Entfernung von der Hütte auf die Erde und schluchzte, als sollte mir das Herz springen. Inwendig aber kicherte die Alte, daß die Wände der baufälligen Hütte schütterten.

So fand mich der Hadschi, dem ich haarklein mein Unglück erzählte. Du bist zu groß geworden, sagte er, um länger mit dem Meharafüllen zu spielen, ich will Dich zu Uld-Tami bringen, der Dich reiten lehren soll. Jetzt stürzte aber Zarah aus der Hütte und fiel über

mich her wie der hungrige Geier, dem ein Schakal
die Beute rauben will. Das hatte sie nicht gedacht.
Die Furcht, ihr liebstes Spielzeug zu verlieren, regte
alle Leidenschaften in ihr auf. Heuchelei und Demuth,
die sie nie gekannt hatte, kamen zuerst zum Vorschein;
ich war plötzlich ihr Goldsöhnchen, ihr Herz, ihr Alles,
sie erniedrigte sich vor dem Hadschi und bat flehentlich,
der Herr möge ihr doch ihre einzige Freude nicht neh=
men. Als das aber Nichts half, kehrte sie ebenso schnell
entschlossen die rauhe Seite heraus und begrüßte ihren
Herrn mit so ausgesuchten Schimpfworten, die so un=
glaublich rasch einander drängten und überschlugen, daß
der von fremden Weibern an solche Scenen nicht ge=
wöhnte Hadschi mit offenem Munde zuhörte und dann
eiliger den Rückzug antrat, als er je vor seinen eigenen
Frauen gethan. Er vergaß jedoch nicht, mich mitzu=
nehmen und mich meinem neuen Pflegevater und Lehrer
zu überweisen.

Uld=Tami und Salah waren so verschieden von
einander wie die Thiere, mit denen sie von Jugend
auf zusammen gelebt hatten. Salah war weich und
langmüthig wie das sanfte, geduldige Mehara, er sprach
gern und viel und zog die Worte wie die weiten
Schritte, mit denen er neben den Kameelen herging.
Uld=Tami war jähzornig und ungeduldig, ein Mann
von kurzer Rede, kurzen Schritten und ungewöhnlich
fester Hand. Er übte diese Hand und den zugehörigen
Arm auf alle Weise, bald an den Pferden, die schon

sanft und folgsam wurden, wenn sie seine laute, durch=
dringende Stimme hörten, bald an seinem Sohne Yacub
und mir. Er war Meister in der Führung der langen
Lederpeitsche und gab uns häufig Lektionen in dem
richtigen Gebrauch dieses nützlichen Instrumentes, die
ebenso lehrreich als fühlbar für uns waren; er konnte
Arme und Beine nicht ruhig halten und schlug damit
aus wie ein widerspenstiges Hengstfüllen. Glaubst Du
nicht, daß das beständige Zusammensein mit den Pfer=
den seinen Charakter so geformt hatte? Ich habe Leute
der Uled=Maza sprechen hören, sie meckerten wie die
Ziegen, von denen sie Tag und Nacht umgeben sind;
ich mußte eine kurze Zeit unter den Schafhirten Mes=
saud's verleben, und da ich einige Tage ihr träges
Wesen angesehen und ihr langweiliges dummes Ge=
schwätz gehört hatte, kam es mir vor, als würde ich
selbst so dumm und träge wie die Schafe und ihre
schwarzen Hüter.

Du hast Recht, Ben=Gaml, konnte ich nicht umhin
hier einzuschalten, es wirkt Nichts so ansteckend auf den
Charakter des Menschen als die Gesellschaft, mit wel=
cher er häufig zusammenkommt. Ich habe Aehnliches
erlebt und kann Deine Ansicht durch eigene Erfahrung
bestätigen. Ich bin einmal unter Leuten gewesen, als
ich denen eine Zeit lang zugehört hatte, ertappte ich
mich, wie ich im Begriff war, irgend eine geistreiche
Bemerkung mit einem entsetzlich breiten „Bäh“ zu be=
antworten. Ich stieß den rohen Naturlaut noch glücklich

hinunter und förderte statt dessen ein civilisirtes „ja" zu Tage; etwas Naturwüchsiges muß aber auch diesem, zwischen dem Einsilbigen und Doppelsilbigen schwankenden Tone angeklebt haben, denn die Betreffenden machten in Folge dessen Gesichter, deren Anblick die Muskeln meines rechten Handgelenkes zu krampfhaften Zuckungen anregte.

Ben-Gaml war hoch erfreut, daß endlich eine seiner Behauptungen meinen ungetheilten Beifall gefunden hatte; er benutzte die günstige Stimmung, um mir zwei andere Fragen vorzulegen, deren Beantwortung schon schwerer war. Er wollte wissen, nach welcher Methode und in welchem Alter ich reiten gelernt hatte.

Ich ließ mich auf eine detaillirte Beschreibung unserer Reithäuser ein, erklärte und beschrieb ihm die Kappzäume, Longen, Schulsättel und all' den übrigen Apparat, mit dessen Hülfe ich gelernt hatte, auf dem Rücken eines ruhigen Schulkleppers sitzen zu bleiben, und da ich sah, mit welcher Aufmerksamkeit er zuhörte, ging ich zu Gegenständen über, die mir interessanter dünkten, und sprach ihm von den künstlichen auf Rollen gesetzten Zelten, in denen wir bequem in der Welt herumkutschiren. Ich erzählte, daß bei uns zu gewissen Zeiten sogar das Wasser der Flüsse stehen bleibe und starr werde und eine natürliche Brücke bilde, über die man reiten und fahren könne, daß es dort eine Jahreszeit gebe, wo alle Blätter von den Bäumen abfielen, wo Gras und Kraut in der Kälte verdorre, wo die

Luft voll glänzend weißer weicher Flocken sei, so weiß wie die Flaumfedern des Straußes, so weich und zart, daß sie in der Hand zergingen; ich war so in den Zug gekommen, daß ich eben von Dampfmaschinen und Lokomotiven anfangen wollte, da bemerkte ich, wie ein ungläubiges Lächeln blitzschnell das kluge braune Gesicht des Knaben überflog. Das dämpfte etwas meine Hitze und lenkte den Strom meiner Rede in gemessenere Bahnen. Ich ging rasch zur Beantwortung der zweiten Frage über. Bei dieser log ich nun wirklich, um nicht den letzten Rest von Gaml's wankend gewordener Achtung einzubüßen, ich erklärte nämlich, im sechsten Jahre reiten gelernt zu haben. Es war eine Nothlüge, die sich allenfalls rechtfertigen ließ, ich hatte wirklich in meinem sechsten Jahre die fetten Kutschpferde meines Onkels zuweilen in die Schwemme geritten.

Ich habe es demnach früher gelernt, sagte Ben-Gaml, ich war wenig über vier Jahre alt. Uld-Tami's Methode war auch einfacher wie die Deines Reitlehrers, er setzte mich auf eins der weidenden Pferde, wickelte die Mähne um meine beiden Hände, gab dann dem Thiere einen leichten Schlag und entließ mich mit den Worten: „Sieh zu, wie Du fertig wirst." Die Stute lief eine Zeit lang umher, bis sie ihren gewohnten Platz unter den Kameraden gefunden hatte, wo sie so ruhig zu grasen anfing, als wäre ich nie in der Welt gewesen. Ich fürchtete mich vor den Zähnen und Sprüngen der anderen Pferde, da ich aber eine noch größere Scheu vor dem Herunterfallen hatte, behielt ich geduldig mehrere Stunden lang meinen Sitz. Endlich fing ich an zu schreien; ich hatte Hunger und Durst und war müde, und der schreckliche Gedanke hatte sich meiner bemächtigt, daß man mich vergessen habe, und daß ich immer hier oben sitzen solle. Da kam Yacub, ließ sich auf ein Pferd heben und galoppirte lachend um mich herum; das stachelte zum ersten Male meinen Ehrgeiz, und seitdem habe ich nie wieder geweint, wenn ich zu Pferd mußte, selbst dann nicht, wenn ich herabfiel. Ich lernte auf diese Weise bald festsitzen und war nach einem Jahre schon so weit, daß ich ohne Hülfe auf ein ungesatteltes Pferd springen konnte. Uld-Tami gab wenig Anleitung dazu, aber desto mehr Prügel, die er unparteiisch zwischen mir und seinem Sohn vertheilte. Am härtesten strafte er, wenn wir die Pferde seiner Hirten während der Nacht wegtreiben wollten und dabei entdeckt wurden; das war überhaupt eine schwere und gefährliche Arbeit, die Hunde erwischten mich einmal dabei, obgleich ich ihretwegen nackt*) war, und ihre Bisse schmerzten noch mehr wie die Schläge, welche ich den anderen Tag wegen meiner Ungeschicklichkeit erhielt.

Ich glaubte, es handle sich hier um die Ausführung eines tollen Streiches, und fragte Ben-Gaml,

---

*) Die Mauren glauben, daß die Hunde einen nackten Menschen nicht anbellen.

warum er sich zur Wiederholung desselben habe ver=
leiten lassen, da er doch die Gefahr kannte.

Wir mußten ja, erwiederte er, Uld=Tami hatte
uns selbst beauftragt; er erreichte dadurch einen dop=
pelten Zweck, er übte uns und prüfte die Wachsamkeit
seiner Hirten; wurden wir ertappt, bekamen wir die
Schläge; ließen sich die Hirten bestehlen, mußten sie
die lange Peitsche kosten, und da die Hirten das
wußten und uns gern die nächtlichen Besuche verleidet
hätten, so schonten sie, wenn sie uns fingen, auch ihre
Arme nicht und gaben uns einen Vorgeschmack von
dem Empfange, der Unser bei Yacub's Vater wartete.

Meine alten Spielplätze sah ich nur selten, Salah
empfing mich dort so kalt, daß er mich vom Wieder=
kommen abschreckte; dagegen kam ich zuweilen an seiner
Hütte vorbei, wo Zarah, um mich hineinzulocken, die
süßesten Worte und Versprechungen verbrauchte. Meine
Furcht vor ihr war zwar im Abnehmen, so stark fühlte
ich mich aber doch noch nicht, um mich allein in die
Höhle des Schakals zu wagen. Der Hadschi kam jetzt
öfter mit mir zusammen und hörte es gern, wenn
Uld=Tami mein Reiten lobte; ich mußte ihn einige
Male zu Pferde begleiten und stieg so hoch in seiner
Gunst, daß er mich mit Ehren und Würden bedachte,
die Uld=Tami seit Jahresfrist für seinen Sohn Yacub
bestimmt glaubte.

Um Dir die Veranlassung hierzu erklären zu kön=
nen, muß ich weit ausholen, ich hoffe aber, es wird

Dich deshalb interessiren, weil es meinen Redschid be=
trifft.

Als Rhaled's Vater noch lebte, war unter den
Pferden seines Duars eine Stute der Redschid=Race,
die als junges Füllen von einem Tauater Händler
angekauft worden war. Sie hatte schon im dritten
Jahre die schnellsten Pferde der Trarkas überholt und
war deshalb der Stolz des Stammes; wenn sie vor=
überschritt, blieben alle Männer des Duars stehen, die
jungen Mädchen durchflochten ihr die Mähne mit bun=
ten Bändern, und die Fremden kamen von weit her,
um sie zu sehen.*)

Sie war fünf Jahre alt geworden, und die Leute
sagten, es sei Unrecht, daß ein so edles Thier nicht
zur Zucht diene. Als sie sechs Jahre alt war, schrieb
ihr Herr endlich ihrethalben nach Tauat, wo allein
noch reine Redschid=Race zu finden ist. Der Scheich
wollte sie selbst hinreiten, es war schon Alles zur Reise
vorbereitet, die Diener und Freunde, die ihn begleiten
sollten, waren schon versammelt, als sich ein Gerücht
verbreitete, das, je länger man ihm, ohne es zu prü=
fen, Zeit ließ groß zu werden, um so mehr an Um=
fang und Bestimmtheit zunahm.

Die Buben wollten es gesehen haben und hatten es
den Hirten erzählt; die hielten zwar mit der Sprache

---

*) Ben=Gaml fügte noch hinzu: „Sie konnte auf dem Schooße
einer Frau galoppiren"; ich fand aber das etwas stark und unseren
Verhältnissen nicht angemessen und ließ es deshalb aus.

zurück, weil sie für die Ehre ihres Stammes und für ihre Rücken fürchteten; des Scheichs gute Freunde ließen aber nicht nach und forschten und fragten, bis sie genau wußten, daß die Kosten zu der Reise (die noch dazu der Scheich vergüten mußte) umsonst ausgegeben waren, daß Redschidscha in einem unbewachten Augenblick sich und ihren Rang vergessen und alle ehrgeizigen Pläne des Scheichs zu nichte gemacht hatte. Es war Schade, daß die Sache nicht mehr vertuscht werden konnte, wie leicht wäre das gewesen, wenn die Kenntniß des widerwärtigen Factums in der Familie, das heißt im Duar geblieben wäre. Wie viele Pferde gehen umher, tragen den Stammbaum am Halse und strecken den Schweif ab, als stammten sie direct von Mohammed's Stuten; frägt man aber Pferdeknechte und Wärter, was für gemeines Blut kommt da oft zum Vorschein!

Die Frucht dieser Verirrung war ein Füllen, dem wahrhaftig Niemand ansehen konnte, daß in seinen Adern ein gutes Viertheil ordinären Blutes floß. Als der Scheich dasselbe zuerst sah, raufte er seinen grauen Bart. „Es war verurtheilt vor seiner Geburt," sagte er, „es wird nicht zu Ehren kommen, und wenn es schneller würde als der Wind und zierlicher als die Gazelle. Die Feinde meines Zeltes haben mir altem Manne die letzte Freude geraubt; Redschidscha, die meinem Duar Ehren bringen sollte, hat mein Herz mit Kummer erfüllt. Iblis hat ihren Sinn vergiftet, es stand geschrieben, daß sie Schmach auf mein Haupt häufen würde."

Er wollte Füllen und Mutterpferd nicht mehr sehen und überließ es seinem Sohn, für beide zu sorgen.

Nedschidscha kam auf die Weide der Fohlenpferde. Sie war gewohnt gewesen, die Heerde zu führen, die bunten Bänder hatten ihren Rang bezeichnet; obgleich sie fromm und verträglich war, hatte sie doch nie geduldet, daß einer ihrer Gefährten ihren Platz einnahm. Wie anders war das jetzt geworden! Wie glücklich schienen früher die Pferde zu sein, denen sie erlaubte, in ihrer Nähe zu weiden; dieselben, die jetzt scheu vor ihr zurückwichen, wie laut hatten sie nicht ihr Lob verkündet! Sie schämten sich zwar Anfangs, offen ihre Schadenfreude zu zeigen, die gemeine Natur brach aber durch; sie suchten unter dem Scheine tugendhafter Entrüstung die Scham über das eigene Betragen zu verbergen; vergebliche Mühe! sie täuschten sich selbst nicht einmal, sie durchschauten sich gegenseitig, das frohlockende, wiehernde Gelächter ließ sich nicht unterdrücken, wenn sie das Maul auch noch so voll nahmen und Schlund und Kehle mit frommen Phrasen füllten.

Es war die erste bittere Erfahrung für Nedschidscha, ein rauher Gruß für sie, die nur Lob und Schmeichelei gekannt hatte.

Es wäre wunderbar gewesen, wenn das junge Nedschid-Füllen von seinen Spielgenossen nicht dieselbe Behandlung erfahren hätte, die seine Mutter von den

älteren Pferden erdulden mußte. Es war ja trotz sei=
nes Dreiviertelblutes schöner als die anderen alle, ein
allerliebstes, kleines Thier mit seinen, zierlichen Glie=
dern, mit Fesseln nicht stärker als der Daumen eines
Mannes, mit einem Haar so seidenweich und warm,
daß es eine Lust war, es anzufassen. Da stand es
verständig neben der Mutter, hob den schmalen Kopf,
bewegte die zarten, blaßrothen Nüstern und schaute mit
den großen Augen altklug um sich. Das glückliche
Thier, es ahnte nicht, daß es im falschen Galopp um
Nedschidscha herumjagte, es setzte die Beine vor, wie
es ihm gerade gut dünkte, schlug eifrig mit den klei=
nen Hufen einen fingirten Angriff ab und rief mit
hellem Wiehern nach den anderen Füllen. Nun kam
der wilde Schwarm heran, um das dumme Ding zu
sehen, das ein Geschrei wie ein Vollblut erster Klasse
machte und doch nur gewöhnliches Hadschine (Drei=
viertelblut) war. Hochmüthig bogen sie die Rücken,
hochnäsig trabten sie um den erschreckten kleinen Schreier
herum, der vergeblich zwischen ihnen durch nach der
ängstlich rufenden Mutter wollte. Dann begann die
Kritik, boshaft und gewissenlos, wie sie von den nase=
weisen Kindern unverständiger Mütter nicht anders zu
erwarten war. „Ein Rattenschwanz!“ rief einer der
Kritiker, dem statt des Schweifes ein liederlich gebun=
dener Reiserbesen eingeschoben zu sein schien. „Es soll
mich wundern, wenn das nicht mit der Zeit einen
Hirschhals giebt,“ kicherte ein dickes Füllen mit einem

Hals, der breiter wie lang war, und einer Croupe, die aussah, als sei zu der Zeit, wo Knochen und Sehnen noch weich und bildsam waren, mit einem Brett davor geschlagen worden. Tanzmeister, Säbelbein, Krippengöker, der Himmel weiß was für Schimpfnamen noch herhalten mußten, ehe es der Mutter gelang, zwischen dem wüsten, jungen Volke durch zu ihrem Kinde vorzudringen.

Was der Scheich prophezeiht hatte, war schon eingetroffen und erfüllte sich mit jedem Tage mehr, Nedschidscha's Füllen war verurtheilt und konnte nie zu Ehren kommen. Die anderen Pferde konnten es nicht leiden und schlugen und bissen nach ihm bei jeder Gelegenheit; die Hirten haßten es, weil sie seinethalben bestraft worden waren; die Händler und Pferdeverständigen ließen ihm keine Gerechtigkeit widerfahren, weil es kein reines Blut war. Der Einzige, der sich des so ungerecht verurtheilten Thieres annahm, war Rhaled, damals noch ein junger Mann, aber schon damals in seinen Ansichten über Reinheit der Race toleranter wie seine Umgebung. Er glaubte nicht, daß eine Kreuzung jedesmal Nachtheil bringe, und verfocht diese Meinung, wenn auch nutzlos, gegen seinen Vater, wie er sie später häufig gegen seine Frauen verfechten mußte. Er nahm sich des Füllens an, und als Nedschidscha starb, ohne für das makellose Fortbestehen ihres Stammes gesorgt zu haben, setzte er sich mit dem Tauater Si-Ali in Verbindung, um das Blut ihres

Sprößlings mit altem, reinen Nedschid = Blut aufzu=
frischen. Das war nun durch drei Generationen ge=
schehen, und Khaled glaubte, daß die alte Schuld jetzt
als gesühnt betrachtet werden dürfe. Das Enkelkind
Nedschidscha's hatte ein Hengstfüllen geworfen, der
Hadschi beschloß bei der Geburt desselben, die Ehren=
rettung der Urgroßmutter, wenn auch heimlich, statt=
finden zu lassen und das Vorlesen der alten, sowie das
Aufstellen der neuen Papiere mit denselben Feierlich=
keiten zu vollziehen, wie es bei den zur Zucht bestimm=
ten Hengstfüllen geschieht.

An jenem Tage war großes Fest in Khaled's Duar.
Die Schecher, Marabuts und Sherifs der Umgegend,
alle Männer von großem Zelte waren eingeladen und
auf ihren besten Pferden erschienen. Die Diener und
Dienerinnen, Sclaven und Sclavinnen hatten neue
Hemden angezogen und kamen sich so fremd darin vor,
daß sie sich selbst nicht mehr kannten. Die Frauen
des Hadschi gingen verschleiert bis zur Nasenspitze,
waren breit und glatt geworden und stellten sich, als
hätten sie nie ihre hübschen Gesichter außerhalb des
Zeltes gezeigt. Das Blut der Hämmel floß in Strö=
men zwischen den Zelten, und von den Aesten einer
Tamarinde hing an Stricken ein ganzer Ochse herab
und briet unten über glühenden Kohlen; alle Schalen
waren mit berauschender Durrha, alle Schläuche mit
süßem Palmwein gefüllt. Khaled verstand es, seine
Gäste zu bewirthen und zu bearbeiten und dafür zu

sorgen, daß sie nicht etwa nüchtern das Zelt verließen. Als die Stunde kam, als der Mudden zum Gebet rief und der Imam die Worte des Korans vorlas, machten alle Gläubigen schon so kleine Augen, daß es ihnen leicht wurde, dieselben noch etwas weiter zuzudrücken und Nichts von Dem zu sehen, was Rhaled vornahm, als Das, was dieser sehen lassen wollte. Nur Einer der Fremden hatte dem gastlichen Zelte Schande gemacht, ein schlauer alter Pferdehändler, den kein Bitten und Nöthigen bewegen konnte, dem guten Beispiele seiner heiligen und unheiligen Mitgäste zu folgen. Er schien nüchterner zu werden, je eifriger ihn Rhaled zum Trinken aufforderte, seine Mundwinkel zogen sich zu immer schlaueren Falten zusammen, sein Auge blickte um so heiterer und unbefangener, je ängstlicher und mißvergnügter das Gesicht seines gütigen Wirthes wurde. Da faßte sich Rhaled endlich ein Herz, zog den Mann, dessen Charakterfestigkeit ihm so gefährlich werden konnte, auf die Seite und fragte ihn nach dem Preise des spat- und kreuzlahmen Pferdes, auf dem er hergeritten war. Das wirkte, man hatte sich bald verständigt, der Pferdehändler war der Erste, der die Papiere zur Hand nahm und, obgleich er weder lesen noch schreiben konnte, mit seinem ganzen Ansehen für ihre Echtheit eintrat. Der Marabut-Taleb verstand nicht viel von der Sache, er war gewohnt, zu glauben ohne zu prüfen, und schrieb gehorsam, was ihm Rhaled dictirte; die Anderen aber waren begierig, dieses an-

strengende Geschäft zu beenden und ließen bereitwillig
ihre Namen unter die neuen Briefe setzen. Nun wur=
den die Pferde gebracht; mit Bändern und Troddeln,
Decken und Muscheln geschmückt erschien die Stute.
Uld-Tami, der sie vorritt, redete ihr mit Hand und
Schenkel zu, sich der hundert Ahnen, die sie heut er=
halten hatte, würdig zu zeigen. Hinter ihr kam der
junge Redschid, den ich führte. Er trug einen kleinen
Beutel von gesticktem Leder zur Aufbewahrung der
Briefe und machte mir viel Kummer durch die Sorg=
losigkeit, mit der er dieses kostbare Anhängsel behan=
delte.

Der Marabut, der viel getrunken und noch wenig
gesprochen hatte, wollte sich die günstige Gelegenheit
nicht entgehen lassen und begann, zum Aerger seiner
durstigen Umgebung, eine Rede, die mir die über=
nommene Pflicht und Verantwortlichkeit zu Gemüthe
führen sollte. Er sprach in schönen Worten von der
Treue und dem Gehorsam, von dem Glück der Selbst=
entäußerung eines guten Dieners dem leiblichen Herrn
gegenüber; er wollte fortfahren und über Mäßigkeit
und Enthaltsamkeit, diese beiden Klippen predigen, an
denen die Treue so manchen guten Dieners schon ge=
scheitert ist, Rhaleb unterbrach ihn aber an der schön=
sten Stelle mit der Nachricht, daß neue Vorräthe an=
gekommen seien. Er stopfte daher den übersprudelnden
Born seiner Redseligkeit und stand mit den Anderen

auf. Die Sitzung wurde ziemlich tumultuarisch ge=
schlossen.

Der junge Redschid ist nun ein Pferd geworden,
das den besten nicht nachsteht; er ist freilich etwas klein
geblieben, ich glaube, wegen des alten Blutes seines
vornehmen Vaters (seine Mutter war wenigstens groß
und schlank), das thut aber Nichts, er paßt nur um
so besser zu mir. Du siehst, er ist nicht von meiner
Seite gewichen, seit ich seinen Namen genannt habe,
er weiß, daß von ihm die Rede ist, und will mir zei=
gen, daß er das verstanden hat.

Ben=Gaml machte hier eine Pause, um den Kopf
seines Pferdes zu streicheln. Ich sah, wie er den un=
haltbar gewordenen Cigarrenstumpf fallen ließ und
verlangende Blicke nach dem glimmenden Endchen warf,
das ich zwischen die Lippen geklemmt hatte und mit
nicht geringer Geschicklichkeit balanciren ließ. Ich fuhr
mit beiden Händen in die Taschen und durchwühlte die
geheimsten Winkel derselben; ich wußte, daß sich neuer=
dings zwischen Zeug und Unterfutter einige noch un=
entdeckte Fächer und Behälter gebildet hatten, und
hegte die bescheidene Hoffnung, dort irgend ein ver=
gessenes Exemplar der sorgenstillenden Stengel zu fin=
den, ich zog aber Finger und Unterfutter leer aus den
Taschen. Ben=Gaml erkannte den schlechten Erfolg
meiner Forschungen und nahm mit einem tiefen Seufzer
den Faden seiner Erzählung wieder auf.

Die Trarkas waren früher kriegerischer als jetzt;

ihre Vettern, die Dowischmauren, sorgten dafür, sie in den Waffen zu üben, sie hatten alle Hände voll zu thun, sich dieser lieben Verwandten zu erwehren, und fanden kaum Zeit, ihren Nachbarn jenseits des Senegals zuweilen einen Besuch abzustatten. Als nun die Araber gegen Süden vordrangen und den Dowisch die Hände banden, als die Trarkas in Folge dessen plötzlich Ruhe bekamen, beschlossen sie, ihre frühere Vernachlässigung der schwarzen Nachbarn gut zu machen und eifriger als bisher den Geschäften dort drüben nachzugehen. Sie überschwemmten in dieser Absicht das Land der Neger und plünderten gründlicher als sonst; sie trafen aber auf Concurrenten, die ihnen ohne Rücksichtnahme auf ihre durch jahrhundertlange Gewerbsausübung erworbenen Gerechtsame das Geschäft verleideten und sie nöthigten, auch diesem letzten Reste von den Sitten ihrer Vorfahren zu entsagen.

Die Christen kamen nämlich damals über das Meer, und da sie viel Zeit zu der weiten Reise gebraucht, viel Mühen und Gefahren bestanden hatten, war es ihnen nicht zu verdenken, daß sie von den Negern, denen doch die Ehre ihres Besuches galt, dafür entschädigt sein wollten. Woher aber eine Entschädigung nehmen, wenn die Trarkas den Schwarzen Nichts übrig ließen, um die unbrauchbaren Gewehre, die Muscheln, Nähnadeln, Glasperlen und sonstigen werthvollen Waaren zu erstehen, die ihnen die Weißen mit einer Hand bereitwillig, doch unter der Bedingung boten, daß sie dafür mit der anderen Hand wegnehmen durften, was ihnen gut und recht dünkte?

Die Mauren schickten, als sie hörten, daß Soldaten und Kanonen ausgeschifft wurden, eine Gesandtschaft, die der Entrüstung ihrer Auftraggeber Worte leihen und den ungläubigen Hunden vorstellen sollte, daß schon die Väter der Trarkas das alleinige Recht zum Plündern der Neger in Anspruch genommen und ohne Einsprache Dritter factisch und ununterbrochen ausgeübt hätten; daß sie die Stärkeren gewesen und das Land der Neger leicht in Besitz hätten nehmen können; daß ihr eigenes Land wüst und unfruchtbar und nicht im Stande sei, die Bewohner zu ernähren; daß es also Unrecht sei, ihnen ihren Haupterwerbszweig verkümmern zu wollen, um so mehr Unrecht, da die Neger, als gottlose Heiden, zur Abhängigkeit geboren und von dem Propheten zu Dienern und Sclaven der einzig Rechtgläubigen bestimmt seien.

Die Fremden waren aber noch geübter in derartigen Disputationen als die Mauren, sie schlugen und widerlegten diese Punkt für Punkt, redeten von Menschenliebe, wo die Mauren nur von ihren Rechten sprechen konnten, stellten Sidna-Aïssa dem Propheten gegenüber und wußten durch Schiffe und Kanonen ihren Beweisen einen Nachdruck zu geben, der alle Gelehrsamkeit der Marabuts zu Schanden machte. Sie bauten Forts an den Hauptübergängen des Senegals, und ihre Kriegsschiffe gingen stromauf bis zu den Sand-

bänken und Stromschnellen und machten diese weite
Strecke für die Mauren unpassirbar.

Die Trarkas kamen nun ganz aus dem gewohnten
Geleise, sie legten sich auf Handel und Viehzucht, die
Marabuts wurden zahlreicher unter ihnen und lehrten
den Anderen, daß mit ein wenig List und Frömmigkeit
mehr zu erreichen sei als mit roher Gewalt. Sie
übten mit Geschick diese weise Lebensregel ihrer klugen
und heiligen Stammesgenossen, und da sie hinlängliche
Muße hatten zum Handel mit irdischen Gütern und
mit frommen Werken, wurden sie durch Beides binnen
Kurzem reicher, als zu der Zeit ihrer Raubzüge durch
das Plündern. Sie verkauften Pferde und Sclaven
an die Maroccaner, ihre Häuptlinge stellten die Krebirs
zu den Karawanen, die in das Sudan zogen, sie sandten
Gummi aus den Wäldern der Senegalniederung auf
das andere Ufer, erhandelten Gewehre und Zeuge von
den Franzosen und tauschten dagegen Pferde und Kameele von Arabern und Dowischmauren ein. Sie
schickten Missionäre zu den Negern, die ihnen Pergamentstreifen und bunte Kieselsteine verkauften, Koransprüche gratis gaben und Negersclaven zurückbrachten.
Sie bauten Moscheen mit hohen Minarets und errich-
teten Schulen für junge Neger und Karafs (Mulatten),
die in der Lehre des Propheten und zur Bekehrung
ihrer ungläubigen Landsleute erzogen und in allen
Listen, Kniffen und Vortheilen unterrichtet wurden,
mittelst deren ihre Lehrer den Geiz und starren Sinn

der Schwarzen zu beugen und die Dummheit und Un= wissenheit der armen Heiden auszunutzen wußten.

Aber gerade zu derselben Zeit, wo diese frommen Anstalten so weit gediehen waren, daß sie alle geistigen und materiellen Auslagen ihrer gottesfürchtigen Grün= der hundertfach zurückzuzahlen versprachen, wurde diesen heiligen Männern der Beweis geliefert, daß auch rohe Gewalt unter Umständen ihre Berechtigung hat, daß der Ruf großen Reichthums und ein heiliger Charakter schlechte Waffen gegen Neid und Habsucht wohlberitte= ner Nachbarn sind, und daß ein gottgefälliges Leben nicht immer Schutz gegen die Bosheit der Kinder dieser Welt verleiht.

Es waren ihnen Feinde erstanden von einer Seite, von der sie dieselben am wenigsten erwartet hatten. Die Araber, die sich bisher mit den Dowisch in den Haaren gelegen, hatten nach langem Kampfe erkannt, daß bei diesen Gegnern viel Ehre und wenig Beute zu holen sei. Sie wünschten nun, nachdem sie den Forderungen der Ehre längst Genüge geleistet, den Lohn, um den sie die Armuth der Dowisch betrogen hatte, bei den Trarkas zu erheben, und boten als ritterliche Feinde den Dowisch zuerst die Hand, die diese begierig ergriffen, da auch sie der Ansicht waren, daß ihre maurischen Vettern einen den Verhältnissen nicht angemessenen Reichthum besäßen.

Die Trarkas geriethen über dieses unerwartete Bündniß in große Bestürzung und boten ihrerseits

Alles auf, um Franzosen und Neger zu thätigen
Bundesgenossen zu gewinnen. Bei den Ersteren hatten
ihre Bemühungen einen theilweisen Erfolg, die Christen
kamen ihrem Wunsche bereitwillig entgegen, schlossen
Verträge und lieferten Waffen und Munition so viel
die Trarkas wollten und bezahlen konnten; aber Sol=
daten gaben sie nicht, weil sie deren selbst nicht viele
hatten und diese nicht entbehren konnten. Die Neger=
fürsten versprachen wie gewöhnlich gegen angemessene
Geschenke Alles, was man verlangte, sie stellten auch
wirklich im Rücken der Dowisch hinter dem Senegal
einige Tausend Mann auf, die sich Mühe gaben, sich
durch Lärmen und Schießen bemerklich zu machen.
Die Zeiten, wo die Neger über den Fluß zu gehen
pflegten, waren aber vorüber, die Dowisch lachten
über die leere Demonstration, die sie durch Aufstellung
einiger Reiter zur Beobachtung der ihrem Gebiete
nächsten Furthen beantworteten.

Da sahen die Trarkas, daß sie sich auf ihre eige=
nen Mittel verlassen mußten, und da sie den kriegeri=
schen Eigenschaften ihres Stammes wenig Vertrauen
schenkten, machten die Marabuts ihren Reichthum und
ihre Klugheit für das Allgemeine nutzbar und suchten
durch Bestechung die Häuptlinge der Dowisch von dem
Bunde zu trennen.

Sie schickten Gesandte in das feindliche Lager und
machten die Diener und Begleiter derselben mit ihren
besten Pferden beritten. Die Schecher der Dowisch

waren zwar nicht so bewandert im Koran wie ihre
geistlichen Vettern, den Spruch: el kheil keir kann=
ten und beherzigten sie aber, und die Pferde der Trarkas
hatten sie von jeher zu würdigen gewußt. Als die Ge=
sandten zurückkehren wollten, mußten sie Kameele leihen;
sie hatten ihre Pferde zu Spottpreisen verkauft und
doch gute Geschäfte gemacht. Das Vorrücken der Do=
wisch stockte, die Führer beschuldigten sich gegenseitig
der Käuflichkeit, die Reiter schrieen Verrath, und das
Unternehmen endete damit, daß die Truppen mißver=
gnügt auseinander gingen, um zu Hause den Ge=
schäften obzuliegen, die sie während des langen Krieges
in unverantwortlicher Weise vernachlässigt hatten.

Einen ungünstigeren Ausgang nahmen die Ver=
handlungen mit den Arabern, die gleichzeitig mit den
vorigen eingeleitet wurden. Man hatte dieselbe List
angewandt, aber der Erfolg war ein ganz anderer.
Gesandte und Gefolge gingen schon zu Fuß, lange ehe
sie das arabische Lager erreichten. Sie waren ihre
Pferde umsonst losgeworden und kehrten mit der Nach=
richt zurück, daß die Araber die nördlichen, bis zur
Grenze der großen Wüste reichenden Weideplätze und
Ansiedelungen der Trarkas bereits in Besitz genommen
und von den Bewohnern und deren Heerden gesäubert
hätten. Der Abfall der Dowisch und die möglichen
Folgen desselben hinderten indeß die Araber, ihren
Vortheil zu verfolgen, sie zögerten, bis der Sommer
alle Unternehmungen unmöglich machte, dann ließen

sie Besatzung in den neu erworbenen Fessurs und gingen mit dem Hauptheer zurück.

Die Trarkas gaben sich der Hoffnung hin, daß der Krieg mit den erlittenen Verlusten beendet sei; sie verfielen in ihre frühere Sorglosigkeit, und ihre Marabuts suchten durch verdoppelten Eifer im Handel wieder zu gewinnen, was ihnen Mauren und Araber genommen hatten. Als aber die günstigere Jahreszeit kam, wurden sie von Neuem aus ihrer Ruhe aufgeschreckt, und diesmal rückte die Gefahr auch den in der fruchtbaren Niederung liegenden Marabutdörfern so nahe, daß die frommen Bewohner derselben mit Hinterlassung aller hemmenden und beschwerenden irdischen Güter von dannen zogen.

Es war im Herbst; die Regenzeit, die hier ebenso lange und ununterbrochen anhält wie jenseits des Senegals, war vorüber; die Niederung, die erst die Sonne versengt, dann der Regen in einen See verwandelt hatte, war wieder gangbar geworden, frisches Gras sproßte aus dem Schlamm und unter den welken Halmen hervor und lockte das Wild, das während des Regens in die Wüste gezogen war, zu den gewohnten Revieren zurück. Die Heerden der Trarkas wurden wieder ausgetrieben, zuerst auf die entferntesten Weideplätze, wo die Kräuter der größeren Trockenheit halber am leichtesten verdorren. Die Hirten waren diesmal von zahlreichen Bewaffneten begleitet; es blieben nur Frauen und Kinder im Duar, selbst Rhaled zog, seiner Liebe zur Bequemlichkeit zum Trotze, mit zu Feld.

In dem Duar war es deshalb nicht stiller geworden; das Band, das die Zungen der Weiber bisher gefesselt hielt, war durch die Entfernung der Männer plötzlich gelöst, der Stoff hatte sich vorher massenweise angehäuft, die durch die kriegerischen Ereignisse erzeugte Aufregung brachte ihn in Gährung und trieb ihn zum gewaltsamen Ausbruch. Kaum waren die Männer fort, da wurde es lebhaft zwischen den Zelten, die Frauen waren des Zwanges müde und wollten für das lange, ihren natürlichen Anlagen zuwiderlaufende Schweigen entschädigt sein. Sie wollten schreien und reden, so laut sie konnten und so lange sie wollten, Alle zu gleicher Zeit. Leider war aber Niemand da, der zuhören wollte; das verbitterte die aufgeregten Gemüther und füllte die Herzen mit Groll. Ehe eine Viertelstunde um war, geriethen sie aneinander und lieferten eine Schlacht, in der weder Rang noch Schönheit beachtet wurden. Rhaled's Frauen mußten arg zerkratzt den Kampfplatz räumen und die geschwollenen Gesichter hinter den geheiligten Zeltwänden ihres Herrn verbergen.

Nach diesem jähen Aufbrausen ungezügelten Thatendranges ward es etwas ruhiger; man hatte sich gegenseitig schätzen gelernt und hütete sich, so lange die Wunden noch schmerzten, vor neuen Herausforderungen. Es verflossen daher noch einige Tage, ohne daß un-

angenehme Störungen den Verkehr der weiblichen Mit-
glieder der Kolonie getrübt hätten, und als die Schram-
men und Beulen des letzten Kampfes hinlänglich ver-
narbt und geschwunden waren, als prophetische Seelen
bereits Tag und Stunde berechneten, wo unerhörte
Heldenthaten die Scharte der vergangenen Woche aus-
wetzen sollten, traten Ereignisse ein, die dem inneren
Zwist ein rasches Ende machten.

Ich war an jenem Tage mit mehreren meiner
Spielgenossen beschäftigt, die jährigen Füllen zuzureiten.
Es waren kriegerische Zeiten, wo auch der Kleinste
seine Fähigkeiten zu nützlicher Verwendung bringen
mußte. Wir suchten, da man uns ohne Aufsicht und
Belehrung ließ, nach bestem Ermessen zum Wohl des
Gemeinwesens beizutragen und hatten gerade ein Wett-
rennen arrangirt, als uns ein Reiter erschreckte, der
in gestrecktem Galopp auf uns zuritt. Unser schuld-
beladenes Gewissen warnte uns vor einem Zusammentreffen, das unangenehme Resultate herbeiführen konnte,
wir glitten und fielen von den Rücken der Füllen herab,
und die Jüngsten von uns stimmten schon mit weit-
geöffnetem Munde das Angstgeschrei an, mit dem sie
unsere Flucht zu begleiten gedachten; sie unterbrachen
sich indeß noch zeitig, als sie bemerkten, daß der Reiter
anhielt, um mit einigen im Felde beschäftigten Sclavinnen zu sprechen, aus deren Gesticulationen und
Ausrufen wir erkannten, daß ihnen wichtige Nachrichten mitgetheilt wurden. Unsere Neugier überwog nun

die Furcht; wir fragten den Reiter, der jetzt an uns vorüber kam, seine Antwort war uns unverständlich, da wir aber die Weiber händeringend und Allah rufend hinter ihm herlaufen sahen, nahmen wir an, daß ein großes Unglück passirt sei, und folgten daher gleichfalls mit lautem Jammern und Wehklagen zu dem Duar. Dort hatten sich die Neuigkeiten schon verbreitet und gingen bereits entstellt und vergrößert von Mund zu Mund. Der Reiter, der sie gebracht hatte, war noch von einem dichten Kreise fragender und jammernder Zuhörer umringt, als einige Leute aus benachbarten Duars eintrafen und durch Zusätze und neue Einzelnheiten die allgemeine Angst und Aufregung vermehrten.

„Wir müssen fort," riefen die Frauen, „wir dürfen keinen Augenblick länger bleiben, wer weiß, ob nicht die Araber früher als die Mauren hier ankommen."

Es fehlte zum Glück an Transportmitteln; sie mußten sich daher begnügen, ihren Entschluß so laut und entschieden wie möglich zu äußern, ohne dadurch der Ausführung näher zu kommen. Gegen Abend trieben aber die Hirten, die auch alarmirt waren, von den nächsten Weideplätzen die Heerden ein, es waren Maharis darunter, und nun brach offene Meuterei aus. Die wenigen Mauren geriethen, als sie sich nicht fügen wollten, in Lebensgefahr, die Sclaven mußten Sättel und Packsättel auflegen, und die Weiber trugen Alles herbei, was ihnen werthvoll erschien; Alles, was sie

nicht gern missen mochten, die schwersten und unnütze=
sten Sachen sollten mitgenommen werden.

Es wurde dunkel, ehe alle Anordnungen getroffen
waren; die Kafla, die sich durch Zuzug anhaltend ver=
größerte, bivouakirte neben den Zelten. Es waren ver=
ständige Männer unter uns, welche die übertreibenden
Gerüchte auf ihr richtiges Maß zurückzuführen suchten
und darauf drangen, daß wenigstens die Ankunft des
Hadschi abgewartet werde, die geängstigte Menge wurde
aber durch neue Ankömmlinge fortwährend mit neuen
Schreckbildern erfüllt und zum Aufbruch gedrängt. Als
der Tag anbrach, war der ganze unordentliche Schwarm
in Bewegung, Reiter und Fußgänger, Sclavinnen,
Frauen und Kinder, Schafe, Kameele und Füllen, Alles
bunt durch einander, ohne Leitung, ohne Führung und
Zusammenhalt.

Am unteren Senegal, etwa in der Mitte zwischen
dem Meere und Bulebane, der Hauptstadt des Almami,
erstreckt sich mehrere Tagereisen weit ein sumpfiges
Uferland, das wenige Fuß über dem Bette des Flusses
liegt und durch die Anschwellungen desselben regelmäßig
unter Wasser gesetzt wird. Die Gegend gleicht dann
einem See, mit niederen Inseln und ausgedehnten,
vom Wasser fast verdeckten Waldungen. Wenn der
Wasserstand des Senegals sinkt, wird der höhere Theil
dieses Districts trocken gelegt, alles niedere Land bleibt
aber das ganze Jahr über unter Wasser; es bildet sich
eine Reihe bewaldeter Sümpfe, die durch Kanäle unter

sich und mit dem Flusse zusammenhängen und durch die aus dem Gebiet der Trarkas kommenden Bäche gespeist werden. Das zwischen diesen Sümpfen liegende Land ist außerordentlich fruchtbar, der Schlamm des Flusses hat die Felder gedüngt, Reis und Baumwolle gedeihen fast ohne Zuthun der Bebauer. Die Mara= buts, denen dieselben gehören, fanden es indeß von jeher einträglicher, sie zu verpachten, als sich und ihre Leute durch Selbstbewirthschaftung der schädlichen Sumpf= luft auszusetzen. Sie zogen die an ein ähnliches Klima gewöhnten Neger des anderen Ufers herüber, traten ihnen auf eine bestimmte Zeit die Felder ab und lie= ßen sich für die Benutzung ihres Grund und Bodens durch einen Theil der Ernte entschädigen. Die Neger fanden hier viel leichter Erwerb, als auf der anderen Seite des Flusses; der Senegal sicherte sie vor den Uebergriffen ihrer eigenen Häuptlinge, und die Mauren waren so verständig, sie nicht zu stören; sie kamen da= her in großer Anzahl, bauten ihre Hütten an allen höher liegenden Stellen und legten, um den Ertrag der Ernte zu steigern, zahlreiche Bewässerungsgräben an, durch welche das Terrain noch unzugänglicher wurde, als es ohne das schon war. Reiterei kann hier gar nicht durch, und wenige Gräben genügen, das Land auch gegen Fußgänger abzusperren. Die Trarkas hat= ten diesen natürlichen Zufluchtsort früher häufig benutzt; während des langen Friedens war er in Vergessenheit gerathen, man schickte Sklaven und Diener dorthin,

um die Pacht einzutreiben, und vermied es, die fieber=
erzeugenden Reisfelder selbst in Augenschein zu nehmen.
Als die Zeiten aber trüber wurden, erinnerten sich auch
die Marabuts plötzlich ihrer vernachlässigten Besitzun=
gen wieder und trafen dort Anordnungen, die auf einen
baldigen Besuch der Grundherrn schließen ließen. Sie
schickten den Negern ihre werthvollsten Pferde und Ma=
haris und legten, um ihr Eigenthum gegen Raub und
Diebstahl zu schützen, eine Garnison in die Hütten der
Pächter, die von diesen umsonst verköstigt werden mußte.
Sie gestatteten sogar ihren Freunden, und auf Verlan=
gen auch den anderen Häuptlingen des Stammes, den
Mitgenuß dieses Vortheils und hatten durch eine ihnen
wenig kostende Freigebigkeit die Neger schon ausgeso=
gen, ehe es zum Krieg kam. Mit dem bedrohlichen
Vorrücken der Araber hörte nun selbstverständlich jede
Rücksicht auf, die Marabuts eilten, ihre Personen und
ihre Schätze hinter den sichernden Sümpfen zu bergen,
und luden, um für alle Fälle eine Escorte zu haben,
ihre Nachbarn ein, sie zu begleiten. Die Gäste kamen
aber wider Erwarten so zahlreich, daß die erschrockenen
Wirthe gern ihre Einladung zurückgenommen hätten,
es war aber zu spät, die Ankömmlinge waren, als der
Fehler erkannt wurde, schon in der Festung und hatten
ihren nicht eingeladenen und noch draußen befindlichen
Verwandten und Freunden bereits den Weg gezeigt.
Alles, was nicht dem Feinde gegenüber stand, folgte
nun dem Beispiele der Männer, deren Thun und

Handeln stets den Anderen maßgebend gewesen, die aber jetzt weit davon entfernt waren, sich dieses Vorzugs und der Anhänglichkeit ihrer Stammesgenossen zu freuen. Es stand geschrieben, sagten sie, daß uns die Dummheit dieser Menschheit verderben sollte, laßt sie denn herein, da wir die Thore nicht mehr schließen können, Mangel und Hunger werden sie und uns bald genug wieder hinaustreiben. Nun ergoß sich die ganze Bevölkerung über den schmalen, durch Fluß und Sümpfe eingeengten Landstrich, alle während der eiligen Flucht geretteten Hausthiere wurden hineingetrieben, und nach wenigen Tagen war die Saat der Neger zertreten und kein trockner Fleck mehr zu finden, den nicht Menschen oder Thiere bedeckt hätten. Die Rinder verwilderten und trieben sich gleich den Büffeln in den Sümpfen herum, die Heerden waren untereinander gerathen, die Angehörigen desselben Duars verloren sich in der großen Menschenmenge, alle Ordnung hatte aufgehört, und das Eigenthum der Reichen schien plötzlich Gemeingut geworden zu sein. Vom Morgen bis zum Abend brieten die Hämmel, und doch waren nicht Zähne genug vorhanden, um das Fleisch aufzuzehren, das in Folge des Futtermangels und schlechten Wassers dem Verderben entgegenging.

In dieser großen Noth kam den Marabuts ein Zufall zu Hülfe, der geschickt benutzt aller Verlegenheit ein Ende machte. Die Neger, die den Boden bebaut und das Land fälschlicherweise als ein durch Verträge

ihnen zugesichertes Eigenthum betrachtet hatten, waren
dem hereinfluthenden Menschenstrom ausgewichen und
hatten ihre wenigen Habseligkeiten in einen durch Sümpfe
fast unzugänglichen Winkel am Senegal geflüchtet. Die
Marabuts kannten ihren Aufenthaltsort, sie hatten aber
kein Interesse, ihre fleißigen Pächter ganz zu ruiniren,
und ließen sie unbelästigt. Eines Tages aber waren
die Schwarzen verschwunden, und als in Folge genauerer
Forschungen noch einige Nachzügler aufgespürt wurden,
flohen dieselben Angesichts ihrer Verfolger über den
Senegal und verriethen eine durch das Zurückströmen
des sandhaltigen Wassers gebildete Barre, die sich bis
nahe an das andere Ufer erstreckte. Das Bekanntwer=
den dieser Furth regte plötzlich die alten fast vergesse=
nen Gelüste wieder an, und die Marabuts brauchten
nur wenig zu schüren, um den Unternehmungsgeist der
Menge in das richtige Geleis zu lenken und die Tau=
sende von Reitern, welche die Kopflosigkeit der Führer
hierher gelockt hatte, zu einem Ritt durch den Senegal
zu bereden. Sie vertheilten daher freigebig Waffen
und Munition und schickten den Tamsir Sidi=Alam=
Ben=Mansur, um den versammelten Berittenen die
Sache vorzustellen, sie wegen ihrer zurückbleibenden An=
gehörigen zu beruhigen und Alle, die an dem Zuge
Theil nehmen wollten, mit dem Segen dieses Heiligen
zu entlassen.

„Wir sind arm geworden", sagte Sidi=Alam, „die
arabischen Ketzer und unsere falschen Brüder, die Do=

wisch, haben uns genommen, was wir mühsam erwor-
ben hatten; wir haben nicht mehr genug, Euch zu ernähren; wenn Ihr bleiben wollt, bis unser letztes Schaf
gefallen ist, werdet Ihr mit uns verhungern, während
die Neger drüben im Wohlleben ersticken. Sie sind
Heiden, sie sollen Euch dienen, und Ihr dürft sie als
Sclaven verkaufen; wer sie bekämpft, dem soll es an-
gerechnet werden, als hätte er seinem armen Bruder
Almosen gegeben.

„Unsere Väter zogen zweimal des Jahres hinüber,
das ganze Land bis zu den Gebirgen, in welchen Gold
und Goldsand gefunden wird, war ihr Eigenthum; was
die Neger besaßen, gehörte den Trarkas, was sie er-
warben, mußten sie mit diesen theilen. Damals kehrte
der Prophet in unsere Zelte ein, unser Name war berühmt, Allah segnete uns mit Reichthümern, die er uns
jetzt genommen hat.

„Ich bin selbst drüben gewesen und habe gesehen,
daß sie wohlhabender als früher sind; sie sammeln
Elfenbein und Straußenfedern und die blanken Duros
der Franzosen. Wenn Ihr wiederkommt, werdet Ihr
reicher sein, als wir je gewesen sind; Glück und Segen
mögen Eure Schritte geleiten!

„Vor den Krokodilen braucht Ihr Euch nicht zu
fürchten, ich habe Hadjamad's für Alle. Für Eure
Frauen und Kinder wollen wir sorgen, ihnen brüder-
lich von dem Wenigen mittheilen, was uns geblieben
ist. Sie können nach Hause gehen und die verbrann-

ten Hütten aufbauen; man hat uns geschrieben, daß die Araber (Fluch auf ihr Haupt) sich auf dem Rückzuge befinden und unser Land bereits verlassen haben.

„Und nun zaudert nicht länger, der Senegal ist offen, beeilt Eure Schritte, ehe Euch die Franzosen zuvorkommen, und möge der Frieden des Propheten mit Euch sein und seine Hand Euren Ausgang segnen!"

So ungefähr sprach Sidi-Alam, und seine Worte fanden größeren Beifall und aufmerksamere Zuhörer, als wenn er den Koran erklärt hätte.

Khaled und sein Oheim, der Scheich, die einige Tage nach uns angekommen waren, wurden nun von dem Redner bearbeitet, bis sie sich bereit erklärten, den Zug führen zu wollen. Der Scheich war abenteuerlustig und that dies gern; der Hadschi sagte zu, weil ihm keine Wahl blieb, weil er auf Popularität hielt und sich fürchtete, mit seinen Frauen allein zu bleiben. Man sah ihm aber an, wie schwer ihm das „Ja" wurde, und daß er sich bewußt war, mit diesem kleinen Worte seiner vielgeliebten Ruhe und Bequemlichkeit auf lange Zeit zu entsagen. Es gingen auch einige Marabuts mit, um die Vertheilung der Beute zu überwachen, und es war lächerlich, wie wenig Vertrauen diese Herren in Sidi-Alam's Unfehlbarkeit setzten, und wie sehr sie sich vor den Krokodilen fürchteten. Die Furth war breit, aber gewunden, es wurden daher Reiter ausgestellt, um die Richtung zu bezeichnen, und jeder dieser Reiter hatte ein improvisirtes Tamtam erhalten und war angewiesen worden, sein musikalisches Talent zur Beruhigung der hinüberziehenden Heiligen und zum Schrecken aller Fische und Amphibien nach Kräften zu üben.

Als die Letzten das andere Ufer erreicht und die aufgestellten Reiter schon ihren unbequemen Posten verlassen hatten, entdeckten die den Zug kontrolirenden Marabuts zwei unberechtigte Theilnehmer an der voraussichtlichen Ehre und Beute des Feldzuges. Die eine dieser beiden Personen war meine Pflegemutter Zarah, die auch jetzt, wie bei allen früheren Energie erfordernden Veranlassungen, die Stelle ihres Gatten vertreten wollte. Sie saß auf dem Pferde Salah's und würde ihrer Persönlichkeit wegen wohl als Mann passirt sein, wäre sie nicht mit Leuten des Hadschi zusammengetroffen, die, als sie das wohlbekannte Gesicht der kampflustigen Dame so unerwartet neben sich erblickten, ein großes Geschrei machten und Himmel und Erde in Bewegung setzten, um diese unwillkommene Zugabe wieder auf das andere Ufer zu schaffen. Ich war gleichfalls ohne Erlaubniß mitgezogen und angehalten worden, das Gedränge, welches sich um meine Pflegemutter bildete, brachte aber meine weniger interessante Person in Vergessenheit. Zarah hatte die Flinte am Backen und drohte Jeden, der die Zügel ihres Pferdes anrühre, niederzuschießen. Ich kannte sie und wußte, daß es ihr Ernst mit dieser Drohung war, ich machte daher, daß ich fortkam, und wurde erst wieder angehalten, als ich mich nach Verlauf mehrerer Stunden in die Nähe des Hadschi wagte.

Es hatte Niemand geahnt, daß der dreijährige Red-schid schon zugeritten war, seine Ankunft erregte daher einiges Erstaunen; die Finger Uld-Tami's hatten schon meinen Arm umklammert, um mich aus dem Sattel zu ziehen, den ich dem geduldigen Füllen an diesem Tage zum ersten Male aufgelegt hatte, Rhaled nahm sich aber meiner an; er war weich gestimmt, und meine Anhänglichkeit schien ihn zu freuen. „Laßt ihn sitzen“, sagte er, „Ben-Gaml ist leicht und wird dem Thiere nicht schaden; Redschid ist sicherer bei uns, als an dem anderen Ufer.“

Die Negerdörfer am Senegal sind seit langer Zeit unabhängig von den Fürsten und Staaten, denen sie früher angehörten. Jedes Dorf wählt einen Häupt-ling, der durch die Störrigkeit seiner Untergebenen in der Ausübung seines Amtes beschränkt wird, und über welchem der französische Kaufmann steht, der eigentliche Herr aller Ortschaften in der Nähe seiner Faktorei. Die Marabuts hatten diese Verhältnisse, die ihnen be-kannt waren, vorsichtig berücksichtigt und unseren Führern eingeschärft, sich nicht am Senegal aufzuhalten und jedes Zusammentreffen mit den Christen und den von die-sen Abhängigen zu vermeiden. Wir zogen daher, ohne sie zu berühren, an den Dörfern vorüber, aus denen die Einwohner bei unserem Anrücken in die Wälder flüchteten; die Reiter mußten sogar die Saatfelder

respectiren und ritten mürrisch einer hinter dem anderen zwischen den Dornzäunen hin, mit denen die Neger
jedes Feld sorgfältig eingehegt und von dem des Nach-
bars unterschieden hatten.

Die Berge und Wälder beginnen in geringer Entfernung vom Fluß; die Pfade, welche in das Innere
führen, sind nur schmal und nur für den Reihenmarsch
eingerichtet; die Neger marschiren stets in dieser Weise,
die wir nothgedrungen nachahmen mußten. Pferde sind
hier selten, die Einwohner reiten wohl auf Ochsen und
Eseln, aber auch das kommt nicht häufig vor; in den
Dörfern am Senegal habe ich weder Heerden noch
Hausthiere gesehen, die Bewohner scheinen nur vom
Ackerbau und dem Handel mit den Franzosen zu leben
und keinen Verkehr mit dem Innern zu haben. Unser
Weg war denn auch so wenig ausgetreten und da, wo
er durch das dichte Unterholz führte, so niedrig, daß
ich all' dem Neuen, was mir hier vor die Augen
trat, nur geringe Aufmerksamkeit schenken konnte. Es
war mir Alles fremd und neu, was mich umgab, nur
die Berge waren alte Bekannte, ihre Gipfel konnte
man von unserem Duar aus sehen; die Wälder dagegen, die Blüthen und Früchte, die an jedem Baume
hingen, die Baobabs, in denen, wären sie hohl gewesen, ein ganzer Duar Platz gefunden hätte, die
Tausende von Thieren, die unser Marsch aufstörte,
das Alles sah ich zum ersten Male; ich hatte es nicht
für möglich gehalten, daß die Welt auf dieser Seite

des Flusses so ganz anders sei als bei uns, und mein Staunen äußerte sich in so seltsamen Ausrufen und Fragen, daß selbst Rhaled, hinter dem ich reiten mußte, seine gute Laune wiederfand.

Es müssen mehrere Tage vergangen sein, ehe wir bewohntes Land erreichten; ich weiß nicht mehr genau, wie oft wir im Walde lagerten, ich entsinne mich aber lebhaft des Augenblicks, als wir die Wälder verließen und wieder ebenes, angebautes Terrain vor uns liegen sahen. Wir waren während der Nacht marschirt und hatten dann, um dem langen Zuge Zeit zur Vereinigung zu lassen, einige Stunden geruht; als der Morgen anbrach, kamen wir aus den Wäldern hervor und stiegen in die Ebene hinab, die wir bis zu den Bergen, mit welchen sie in der Ferne abschloß, übersehen konnten. Ein Bild voll Abwechselung und Leben lag unter uns, Feld an Feld und Dorf an Dorf. Die niederen, runden Hütten standen so dicht wie ein Ameisenhügel unter Tamarinden, Palmen und Feigenbäumen und zwischen schattigem, zum Schutz des Dorfes und der bebauten Felder angepflanztem Buschwerk, über das die gelben Strohdächer kaum hinausragten. Es war vor der zweiten Ernte, die neue Saat war nur wenige Wochen vorher in die Erde gekommen, und die Felder bedeckte noch das frische Grün des jungen Getreides, während die Indigo- und Baumwoll-Pflanzungen, welche die Dörfer umgaben, schon ihre rothen und gelben Blüthen angesetzt hatten. Fließendes Wasser war bei jedem

Dorfe, helle, glänzende Streifen zogen durch die Felder, Flüsse und Bäche, auf beiden Ufern von grünen Weideplätzen eingefaßt, auf denen die Heerden der Neger gelagert hatten und eben in Bewegung geriethen. Jetzt wurde es auch in den Dörfern lebendig; aus den Höfen und Hütten stieg ein leichter Rauch auf, die Hunde schlugen an, und einzelne Neger kamen aus den Umzäunungen, um in den Feldern ihrer Arbeit nachzugehen; da sahen sie die Reiter von den Bergen herabsteigen, und in einem Augenblick war Alles in Bewegung. Es kribbelte und krabbelte plötzlich da unten, aus Hütten und Zäunen kamen schwarze Gestalten hervor; wir hörten das Schreien der Frauen und Kinder und das Brüllen der aufgestörten Heerden und sahen die Leute schwer bepackt durch die Felder eilen und rathlos auseinander laufen. Sie trugen so schwer und das Land sah so fruchtbar, die Dörfer sahen so wohlhabend aus, daß wir Sidi-Alam's Schilderung für Wahrheit hielten und die Matten und Körbe, unter denen die Neger einherkeuchten, mit Silber und Elfenbein gefüllt glaubten. Wer hätte denken können, daß sie sich im Augenblicke der Gefahr mit werthlosem Hausrath bepacken würden? Und wenn wir es gewußt hätten, die Reiter wären doch nicht zu halten gewesen. Wie sie einzeln aus den Schluchten kamen und das Schauspiel unter sich erblickten, jagten sie auch schon an dem Hange hin und den abschüssigen Pfad hinab, und ehe die letzten Reiter an uns vorbei waren,

hatten unten schon die Flinten gekracht und Staub und
Rauch sich über die Felder gelagert.

Der Scheich ritt mit hinunter. Rhaled, der mit
seinen eigenen Leuten den Troß escortirte, ließ die
Handpferde einfangen, welche die auf's Plündern ver-
sessenen Reiter freigelassen hatten, und führte uns zu
einer Stelle, wo wir von Dem, was im Thale vorging, Nichts sehen und hören konnten. Dort gelang
es ihm, den Trupp durch Drohungen und Vorstellungen
zusammen zu halten, bis er es am Abend wagte, uns
auf Umwegen zu dem mit dem Scheich verabredeten
Rendezvous zu führen. Dies war neben einem frei-
stehenden, weit sichtbaren Hügel der Stelle gegenüber,
wo wir am Morgen gehalten hatten. Die Reiter waren
schon großentheils hier eingetroffen, sie lagen am Fuße
der Anhöhe, brieten Ziegen und Kälber und schimpften
auf Sidi-Alam, der sie betrogen und belogen habe.
Schätze waren nicht gefunden worden, die Heerden
konnten nicht transportirt werden, und von den Sclaven, Kindern unter zwölf Jahren, erlag die Hälfte
schon am zweiten Marschtage den Anstrengungen. Der
Tag hatte weniger eingebracht, als selbst die Marabuts
erwartet hatten, desto mehr war aber zerstört worden.
Die frische Farbe der Felder war verschwunden, die
Saaten zertreten. Die Stämme der Palmen waren
gerissen und versengt, ihre Kronen geschwärzt von dem
Feuer, das die Hütten verzehrt hatte. Die Heerden,
die am Morgen die Gegend belebten, waren fort-

getrieben, und die Einwohner lagen erschlagen in den Feldern.

Ich war noch jung und unerfahren. Als ich am Abend von dem Hügel, wo ich den Nachzüglern ein Zeichen geben mußte, die Verwüstung überblickte, that es mir leid, daß ich mitgezogen war. Ich gewöhnte mich aber bald, und seitdem habe ich Manches erlebt und gesehen, was doch noch geeigneter war, ein weiches Gemüth abzuhärten.

Die Neger ließen sich nicht immer so widerstands= los plündern wie an diesem ersten Tage, wo unser Erscheinen sie überrascht und gehindert hatte, sich zu sammeln. Sie schienen streitbarer und ihre Wohnungen vertheidigungsfähiger zu werden, je mehr wir uns vom Senegal entfernten. Ihre Dörfer waren nicht selten von zusammenhängenden Lehmmauern umgeben, und fast alle hatten Tatas, oben offene Gebäude mit Zin= nen und Thürmen, so geräumig, daß sie die ganze Bevölkerung aufnehmen konnten. Die Wände dieser Festungen bestanden aus Lehm mit Sand gemischt; die Sonne hatte diese Masse zusammengebacken, und unsere Kugeln schlugen sich platt daran, wie an einer Fels= wand. Die Schießlöcher waren dadurch gebildet wor= den, daß man in den noch flüssigen Lehm Baum= stämme gelegt und hernach herausgezogen hatte. Die Wände waren dick, die vorderen und hinteren Scharten= öffnungen einander gleich, der Schütze konnte daher nur einen bestimmten Fleck treffen, und wenn hier

Niemand stand, ging seine Kugel verloren. Diese mangelhafte Einrichtung hinderte aber die Neger nicht, sehr lebhaft zu schießen. Am Treffen lag ihnen Nichts, sie feuerten, ohne das Gewehr an Schulter und Backe zu ziehen; wie große Kinder hatten sie ihre Freude am Knallen. Sie stopften die schlechten Flinten bis nahe zur Mündung voll Pulver und machten so von diesem Material den besten Gebrauch, denn wenn sie das wenige Pulver, welches sie besaßen, verschossen hatten, mußten sie zu Bogen und Pfeil greifen, und diese verstanden sie geschickt zu handhaben. Ihre Hauptwaffen waren die Keule und die kurze, mit Widerhaken versehene Lanze, die sie von den Zinnen der Mauern und Tatas herabschleuderten, oft mit solcher Kraft, daß sie die Getroffenen an den Boden nagelten.

Wir vertrieben sie, wo sie sich ernsthaft wehrten, durch List und Schrecken. Ein blinder Alarm in ihrem Rücken, ein Choc zu Pferde auf ihre zwanzig Fuß hohen Mauern wirkten mehr als das entschlossene Vorgehen der abgesessenen Reiter. Sie sind wie die Kinder, so leichtgläubig und unzuverlässig, so prahlerisch und so leicht zu schrecken; Schein und Aeußerlichkeit gelten ihnen als Hauptsache, und mit blindem Vertrauen setzen sie ihre Hoffnung auf Hilfsmittel, deren Mängel ein Kind erkennen kann. So hatten sie ihren Gegnern rasch das Springen und Drehen abgelernt, durch welches die Trarfas, wenn sie zu Fuß kämpften, sich gegen Kugeln und Pfeile zu sichern suchten. Diese

Sitte, wegen welcher die Mauren mit Recht von den
Arabern verspottet werden, fand den vollen Beifall der
Schwarzen; sie ahmten sie sofort nach und übertrieben
sie derart, daß sich die Mauren dieser Zerrbilder schämten und die alte, wenig Nutzen bringende Gewohnheit
abzulegen begannen.

Unsere Beute fiel auch an den folgenden Tagen
nicht reichlicher aus, die Marabuts bekamen daher
einen schweren Stand, sie sahen ihr Ansehen täglich
geringer werden und das Unwetter, das sie von
Freunden und Verwandten abgelenkt hatten, drohend
über den eigenen Häuptern stehen. Für ihre Sicherheit schien ihnen kein Opfer zu schwer, sie beschlossen
daher ihre Glaubensgenossen und Zöglinge zu opfern
und führten uns zu den Galoneh-Negern, deren Wohlhabenheit sie kannten, da ihre Missionäre als Talebs
und Imams in jeder Stadt des Landes angesiedelt
waren. Sie wählten Sambu-Daru, das am weitesten
von der Residenz des Sultans ablag und erst kürzlich
mit dem Reiche Omako's vereinigt worden war.

Es fanden sich Führer, die den Weg dahin genau
kannten und bereit waren, den Marabuts zu dienen.
Sie schlugen Pfade ein, welche die Städte des Landes
umgingen, die unsere Reiter in Versuchung geführt
und doch der Mühe nicht gelohnt haben würden, und
brachten uns so rasch und geheim vor die Thore von
Daru, daß wir unbemerkt dort eingeritten sein würden,
wenn nicht ein Zufall, den Niemand voraussehen konnte,

den Plan vereitelt hätte. Der Fluß, an welchem Taru liegt, war noch angeschwollen und nicht zu durchwaten, wir kamen vor Tagesanbruch an seine Ufer und wagten nicht im Dunkeln hinüber zu schwimmen. Während wir hielten, entwichen aber einige Sclaven, bemächtigten sich der in den Mangobüschen versteckten Nachen und alarmirten die Stadt. Am Morgen fanden wir das andere Ufer besetzt und den Uebergang durch Gewehr- und Bogenschützen verwehrt, die sich längs des Uferrandes in den Büschen eingenistet hatten und jedes gewaltsame Ueberschreiten des Flusses unmöglich machten. Die Hauptmasse der Feinde, unter denen auch einige Reiter auf außerordentlich kleinen Pferden waren, stand rückwärts der Schützen und folgte unseren Bewegungen stromauf und stromab, und da die Gegner einen viel kürzeren Weg wie wir zurückzulegen hatten, kamen sie uns an jedem Punkte des Flusses zuvor. Seitwärts der Neger, in größerer Entfernung von ihrer Aufstellung, waren die Ufer sumpfig und mit Buschwerk bewachsen, an das sich mit Büschen und Bäumen untermischte Getreidefelder anschlossen. Korn und Hirse hatten noch nicht ihre volle Länge erreicht, deckten aber schon den Reiter*) und verbargen die dahinter liegenden Terrainwellen. Die Stellung der Feinde reichte nicht bis zu diesen Feldern, die Neger wußten, daß uns dort die Sümpfe den Uebergang nicht gestatteten, und

---

*) Beide Getreidearten werden in Senegambien 17 bis 20 Fuß hoch.

glaubten außerdem die volle Zahl der in ihr Land eingedrungenen Mauren gegenüber zu haben. Es waren aber noch Reiter zurück, die sich ohne Erlaubniß vom Zuge getrennt hatten, um in den am Wege liegenden Dörfern zu plündern. Der Scheich benutzte diesen Umstand, der ihn Anfangs in hohem Grade erzürnt hatte, und ließ die Nachzügler weit oberhalb der Stadt an einer Stelle, wo ein Pfad durch den Sumpf führte, über den Fluß gehen und gegen die Flanke der Neger vorrücken. Diese Abtheilung kam etwa gegen Mittag aus den Getreidefeldern hervor, und ihr Erscheinen bewirkte bei unseren Gegnern eine unbeschreibliche Verwirrung. Sie warfen Schilde und Waffen weg und flohen heulend nach der Stadt; das nächste Thor war zu eng und konnte die zusammengedrängte Masse nicht rasch genug aufnehmen; da kletterten sie wie Katzen an den Lehmwällen hinauf, ließen sich von den oben Befindlichen helfen und zeigten uns so den Weg, auf dem wir im Nothfalle in die Stadt gelangen konnten. Als wir hinüber kamen, fanden wir das Thor wieder geschlossen und die Neger triumphirend auf den Wällen.

Der Scheich ließ unser zurückgelassenes Gepäck in Kähnen über den Fluß bringen und stellte Reiter zur Beobachtung der Wälle und Thore auf. Die Anderen lagerten auf einer Anhöhe, betrachteten die Straßen und Plätze, die zahllosen, kaum zu übersehenden Häuser der Stadt, und überlegten, wie sie hineinkommen wollten. Der Habichi und sein Vetter thaten dasselbe,

und die Marabuts, denen am meisten daran lag, das
von ihnen angeregte Unternehmen glücklich beendet zu
sehen, überlegten noch reiflicher und schmiedeten Plan
auf Plan. Die Thore sollten eingeschlagen, und als
sie sich zu fest erwiesen, das Holzwerk angezündet werden. Die Neger hatten aber Balken und Steine auf
den Mauerrand gehäuft, die Mauern waren neben den
Thoren am höchsten und thurmartig vorgeschoben, die
Angreifer wurden gerade hier von allen Seiten belästigt und unter den gewichtigen Geschossen begraben.
Der Scheich ließ die Wälle gleichzeitig an verschiedenen
Punkten angreifen und suchte die verstecktesten, scheinbar
am wenigsten bewachten Stellen aus, die Neger standen aber bis zur Brust gedeckt hinter den Wällen, ehe
unsere abgesessenen Reiter den Fuß derselben erreicht
hatten. Alle Versuche, die Stadt zu überrumpeln,
scheiterten an der großen Zahl der Vertheidiger. Bei
diesen Kämpfen waren einige von unseren Leuten von
Pfeilen getroffen worden und unbedeutenden Verletzungen dieser Waffe erlegen. Das Gerücht verbreitete sich,
daß die Pfeile der Neger vergiftet seien; die Mauren
fürchteten das Gift mehr als Eisen und Blei und
wurden seitdem bedenklicher, wenn sie sich der Stadt
auf Pfeilschußweite nähern mußten.

Unterdeß wurden wir durch zwei wichtige Neuigkeiten überrascht. Ein reitender Bote des Sultans,
der dem Statthalter von Daru den Anmarsch Omako's
melden sollte, war aufgefangen worden, und eine

Gesandtschaft der Einwohner von Taru stand mit
Friedensvorschlägen im Lager. Der Statthalter, der
die erste Nachricht nicht kannte, suchte sich durch Geld
und Waare von den Feinden zu befreien, die, da
ihnen die Thore der Stadt verschlossen blieben, plün=
dernd in der Umgebung umherzogen und bis zu den
Grenzen des alten Galoneh=Reiches streiften. Er erbot
sich, alle billigen Forderungen unserer Führer zu be=
friedigen und eine Gesandtschaft in die Stadt zu lassen,
um die Summe der verlangten Entschädigung festzu=
setzen und die Gegenstände auszusuchen, die den Trar=
kas wünschenswerth schienen. Als der Scheich bereit=
willig auf dieses Anerbieten einging, kamen einige der
angesehensten Einwohner in das Lager, um so lange,
als die Verhandlungen dauerten und die Unsrigen in
der Stadt aufgehalten wurden, bei uns zu bleiben.
Diese Geiseln trugen Mützen und Hemden von weißer
Baumwolle und waren mit goldnen Ringen und mit
Zierathen von Kupfer und Bernstein geschmückt. Un=
sere eigene Gesandtschaft bestand aus dem Hadschi, den
Marabuts und einer der Zahl jener Neger entsprechen=
den Escorte. Nur der Hadschi und seine Diener blieben
zu Pferd. Ich ritt hinter Rhaled und konnte sehen,
wie die Marabuts neidische Blicke auf den reinlichen
Anzug der geschmückten Schwarzen warfen und in
Folge eines unerwarteten Anfluges von Schamgefühl
ihre zerrissenen Hemden über die schmutzigen Beine zu
ziehen suchten. Ihr Benehmen reizte mich zum Lachen,

sie ließen, als sie sich beobachtet sahen, sofort die Lumpen fahren, sahen mit giftigen Blicken nach mir hin und verwünschten voller Bosheit, aber leise die Eitelkeit der schwarzen und weißen Menschen.

An den Thoren empfingen uns Flintenschüsse und lautes Schreien der dort versammelten Menge. Es war indeß nicht ernstlich gemeint; die Neger feiern jedes freudige Ereigniß in dieser Weise, und sie betrachteten unsere Ankunft als ein solches; sie hielten den Frieden schon für abgeschlossen und führten uns deshalb auch ohne Bedenken längs der Stadtmauer her, wo wir sehen konnten, daß die Mauern nur nach Außen ein Hinderniß waren, inwendig aber noch nicht Manneshöhe hatten. Dann wurden wir durch die auf beiden Seiten mit Bambusstöcken abgesperrten Straßen vor die Moscheen und Kaufläden geführt und mußten Alles sehen, was die Stadt Sehenswerthes besaß; dabei begleitete uns eine lachende, schreiende und springende Menschenmenge, die durch die tollsten Geberden ihre Freude über den Anblick der fremden Gäste an den Tag zu legen suchte und kaum soviel Raum ließ, daß wir bis zur Wohnung des Statthalters vordringen konnten. Dort waren Leute aufgestellt, die mit langen Stäben unbarmherzig auf unser schwarzes Gefolge losschlugen und die Nachdrängenden so lange aufhielten, bis sich die Thore hinter uns geschlossen hatten.

Der Hadschi und die Marabuts wurden in das Haus geführt, wir blieben in dem geräumigen Hofe und konnten nicht sehen, was innen vorging; ich habe mir aber erzählen lassen, daß die Empfangsceremonien sehr langweilig und feierlich waren. Als sie wieder herauskamen, trugen die Marabuts blaue Kussaben über ihren schmutzigen Hemden, der Hadschi hatte ein rothes Hemd an und eine weiße Mütze über seinen Turban gezogen. Nun kam ein schwarzer Marabut und hielt unseren Führern den Koran vor; sie mußten Frieden schwören und dem Meineidigen alles Böse wünschen, was ein Neger erdenken kann. Als sie die Finger von den Blättern des heiligen Buches abzogen, wurden die Thore des Hofes wieder geöffnet, wir hatten Er= laubniß, die Stadt zu besehen und dazubleiben, so lange es uns behagte. Man führte uns thörichterweise zum Markt; die eitlen Neger vergaßen, mit wem sie zu thun hatten, und zeigten uns das aufgespeicherte Getreide, den Mais und das schwarze Negerkorn, die Datteln, Feigen und Pistazien und die längs des Zaunes angehäuften Tamaka=Blätter*), die Sayes (Baumwollstreifen) und Kauris, die statt des Geldes dienen, die Felle und Häute. Wir wußten, daß wir einen kleinen Theil davon mitnehmen durften, es blieb aber zu viel zurück, und in den Läden und Häusern war noch mehr, da wurden die kostbaren Waaren auf= bewahrt, die man selbst den Landsleuten nicht zu zeigen wagte, gesticktes Leder, seidene Tücher, Gold, Elfenbein

----

*) Afrikanischer Tabak.

und Straußenfedern, alle die Sachen, von denen Sidi-Alam gesprochen hatte. Die Marabuts band ihr Eid, man sah ihnen aber an, daß sie ihn nicht geschworen hätten, wären sie vorher auf dem Markt gewesen.

Am Abend nach diesem Besuche glich unser Lager einem aufgestörten Ameisenhaufen; es war Alles in Bewegung, und doch ging es leise und geräuschlos her, während in der Stadt das Lärmen und Schießen der ihrer Angst und der anstrengenden Wache überhobenen Neger kein Ende nahm. Der Hadschi hatte sich, um nicht zu sehen was vorging, in die für ihn erbaute Hütte zurückgezogen und die Marabuts mitgenommen. Die Leute gingen in die Felder und fällten junge Sidommstämme, deren bis zur Erde reichende Aeste vortreffliche Leitern abgaben; es wurden Taue gedreht und schwere Steine daran gebunden und trockenes, leicht Feuer fangendes Reisig in Bündel zusammen-geschnürt. Es machte sich Alles von selbst, der Scheich war zwar unter uns, that aber, als ob ihn die Sache Nichts angehe, und ging häufig in die Hütte des Hadschi, um diesen und die gewissenhaften Marabuts zu beruhigen.

Als der Lärm in der Stadt am lautesten war, rückten wir in zwei Kolonnen, die eine beritten, die andere zu Fuß, aus dem Lager. Ich war zu Pferd; der Hadschi hatte zwar mir und allen seinen Leuten die Betheiligung untersagt, da er aber die Einhaltung seines Befehls nicht selbst überwachte, saßen wir Alle im Sattel.

Wir hielten in einiger Entfernung von der Stadt, um den Erfolg der anderen Abtheilung abzuwarten, und ließen die Fußgänger an uns vorüberziehen. Der Marsch so vieler mit Leitern und sonstigem Material beladener Menschen war nicht zu verbergen, wir hörten das Geräusch noch, als die vordersten schon vor den Lehmmauern stehen mußten; die geringste Vorsichtsmaßregel von Seiten der Neger würde den Ueberfall vereitelt haben. Alle Wachen und Posten waren aber eingezogen, die Einwohner waren in den Straßen und auf den Plätzen, wo sie nach ihrer Art die siegreiche Beendigung des Feldzuges feierten, um die Wette schrieen und so häufig ihre Gewehre abfeuerten, daß wir, dadurch getäuscht, unsere Kameraden schon in der Stadt glaubten und ohne das verabredete Signal anritten.

Die Spitze der Kolonne fand das Thor noch geschlossen, aber keine Wache, die den Zugang verwehrt oder die Einwohner alarmirt hätte. Einige Reiter stellten ihre Pferde dicht an das Thor, kletterten aus den Sätteln hinüber und zogen Riegel und Querbalken zurück. In dem Augenblick, wo die Flügel sich öffneten, wurde auch die Flamme eines angezündeten Schobers über der Mauer sichtbar, der Zug setzte sich in Galopp und füllte rasch die dunklen Straßen, und hinter dem letzten Reiter schloß sich das Thor wieder, das nun von unseren Leuten besetzt und bewacht wurde.

Der übermüthige Jubel unserer Gegner war plötzlich

verstummt. Längs der Mauer brannten Schober und Holzvorräthe und meldeten die Nachricht von dem Ueberfall in die entferntesten Stadttheile. Das Singen und Lachen und die Schläge des Tamtams waren durch das Klirren der Waffen und das Schnauben der Pferde verdrängt worden, und statt der Freudenschüsse krachten die Gewehre der eingedrungenen Reiter. Die Neger flüchteten hinter die Zäune und in die Häuser; aus den entlegeneren Straßen liefen sie zu den dort befindlichen Thoren, außerhalb derselben trafen sie aber auf die zur Beobachtung aufgestellten Abtheilungen der Trarkas, und als sie vor diesen zurückwichen, drangen die Reiter mit ihnen ein, besetzten die Thore und rückten von hier aus gegen den Marktplatz und die wohl= habenden Stadttheile.

Die Fackeln, die den Negern zu ihren Tänzen und Spielen geleuchtet, und die Feuer auf den Plätzen und an den Straßenecken, die wir vom Lager aus gesehen hatten, waren erloschen, die Dunkelheit gestattete den Flüchtlingen, sich hinter den Zäunen zu schützen, welche Höfe und einzeln stehende Häuser umgaben und die Straßen einfaßten. Da zündeten einige Reiter, die zu ungeduldig waren den Tag abzuwarten, diese Zäune an. Es war vorher verabredet worden, nur längs der Wälle in den Gebäuden, die ein freier Raum von der Stadt trennte, Feuer anzulegen; das Rennen und Schießen und ihr eigenes Geschrei hatte aber die Trarkas aufgeregt, sie wollten lieber einen Theil der

Beute verlieren, als ihre Zerstörungslust länger unbe-
friedigt lassen.

Die Rohrstäbe hatten Jahre lang gestanden und
waren durch die Sonne ausgetrocknet; sie brannten wie
Zunder und verbreiteten das Feuer nach allen Richtungen. Die Strohdächer brannten, die Sparren,
welche die Wände stützten, fingen Feuer, die Stäbe
und Reifen, welche beim Erbauen der Hütten dem
flüssigen Lehm die Form gegeben hatten, entzündeten
sich und leiteten die Flamme in das Innere der Wohnungen. Matten und Hausgeräth fingen an zu bren-
nen und trieben die Bewohner hinaus, die, was sie
von ihrem Besitz dem Feuer entrissen, für die draußen
lauernden Reiter retteten. Der weite Raum, den die
Häuser einnahmen, lag plötzlich so hell da wie am
Tage; kein dunkler Fleck in der ganzen Stadt, wo sich
Verfolgte bergen konnten. Die Hitze war so groß, daß
wir es kaum in der Mitte der Straßen aushalten
konnten, und als das Feuer alles Brennbare zerstört
hatte, stieg aus den einstürzenden Häusern ein heißer
erstickender Qualm auf, der noch schwerer zu ertragen
war, als die Hitze allein.

Die Wohnungen des Statthalters, seiner Diener
und Beamten und die Häuser der Reichen waren ver-
schont geblieben, das Feuer konnte den steinernen Wänden und Dächern Nichts anhaben. Hierher und in die
Moscheen flüchteten daher Alle, denen unser Angriff noch
Zeit dazu ließ. In den Moscheen waren die Flüchtlinge

sicher, die Trarkas erinnerten sich der Lehren ihrer Marabuts und wagten nicht die heiligen Gebäude mit Blut zu beflecken. Um die anderen massiven Gebäude entspann sich aber ein hartnäckiger Kampf. Die Neger hoben die Dächer ab und wehrten sich mit den schweren Steinen bis zum Morgen, bis das Flintenfeuer die Vertheidiger in das Innere trieb und Thüren und Eingänge den Angreifern preisgab.

Alle diese Scenen gingen wie ein Traum an mir vorüber; ich war mitten darunter und mußte mit wohin die Anderen wollten. Das Feuer und die Angst während des Gemetzels hatten mich so betäubt, daß ich willenlos geworden war und mich von dem Gedränge forttreiben ließ. Da erkannte ich plötzlich das Thor, durch welches wir eingeritten waren, und wollte dort hinaus, die Wache hielt mich aber für einen Flüchtling und gab Feuer. Als ich zurückritt, traf ich auf verwundete Mauren, die durch einstürzende Gebäude schwer verletzt waren und von ihren Kameraden nach dem Lager gebracht wurden. Mit ihnen kam ich endlich aus der Stadt.

Zwei Tage später waren wir auf dem Rückmarsch. Unser Troß hatte sich während dieser Zeit sehr vermehrt, eine Anzahl geraubter Lastochsen wurde mitgetrieben und war mit Baumwollenzeugen thurmartig beladen, daß nur Ohren und Schwänze aus den blauen und weißen Ballen hervorsahen. Auch die Handpferde waren schwer bepackt, und an den Sätteln der Reitpferde

klirrten und klapperten bei jedem Schritt die verschieden=
artigsten Anhängsel.

Wir mußten den Weg durch die Ebene, den wir
auf dem Hermarsche vermieden hatten, jetzt schon des=
halb einschlagen, weil die Pfade in den Bergen und
Wäldern für die Ochsen zu schwierig und für ihre
umfangreiche Belastung zu eng waren. Auf diesem
Wege kamen wir an Dörfern und Städten vorüber,
die unser Hermarsch unberührt gelassen hatte. Sie
waren kleine und arme Ortschaften, die, ohne daß es
uns Nutzen brachte, das Schicksal der Hauptstadt thei=
len mußten und durch ihre obdachlos gewordenen Ein=
wohner die Banden verstärkten, die sich zwischen uns
und dem Senegal gebildet hatten und unserem schwer=
fälligen Troß häufig lästig wurden.

Omako war unterdeß in den Mauern des zerstörten
Taru angekommen. Als er hier von unserem verspä=
teten Aufbruch und unserem langsamen Marsche auf
Umwegen hörte, beschloß er uns über die Grenzen
seines Reiches hinaus zu folgen, und da seine Armee
mindestens eben so langsam und unbeweglich war, wie
augenblicklich die unsere, ließ er seinen Vortrab, die
Bogenschützen der Puels, den näheren Weg durch die
Wälder nehmen, auf dem sie uns nach einigen Tage=
märschen einholten. Ihre Ankunft gab dem Scheich
eine erwünschte Gelegenheit, sich der lästigen Beauf=
sichtigung der Marabuts zu entziehen. Er marschirte
absichtlich langsamer, als nöthig war, übertrieb die

Verluste, welche uns die Neckereien und Alarmirungen
zufügten, und stellte sich so besorgt um den Rückweg,
daß die Marabuts schon im Geiste ihren Antheil an
der auf Kosten ihrer Gewissen erworbenen Beute verloren sahen und allen zur Sicherung des Rückzuges
für nöthig erachteten Maßregeln ihre Zustimmung er-
theilten. Der Scheich schlug dem Hadschi eine Trennung vor, die Marabuts unterstützten den Vorschlag
nach Kräften und beredeten den gutmüthigen Rhaled,
dem Wohle des Ganzen ein zweites Opfer zu bringen
und das Commando der Arrieregarde zu übernehmen.
Als es zur Ausführung dieses Vorhabens kam, fanden
die Marabuts, daß auch sie dem Nachtrab zugetheilt
waren. Sie protestirten feierlichst und bestritten dem
Scheich das Recht, ihnen ein solches Ansinnen stellen
zu dürfen; die Reiter waren aber erbittert über die
geistlichen Herren, die ohne Mühe ernten wollten, und
als diese sahen, daß die Stimmung gegen sie war,
wurden sie gefügig und lernten die Giltigkeit der Gründe
einsehen, mit denen der Scheich seine Forderung rechtfertigte. Sie trösteten sich damit, daß sie die in Daru
erbeuteten werthvollen Güter geschätzt und die Zahl der
Stücke notirt hatten; der Scheich wußte aber auch dafür
Rath und ließ während des Marsches und bei der Pas-
sage des Flusses so viel verloren gehen und durch werth-
loses Eigenthum der geplünderten Negerdörfer ersetzen,
daß die Liste der Marabuts bei der später erfolgenden
Vertheilung als ungenau bei Seite gelegt werden mußte.

Der Hadschi blieb mit seinen Leuten und mehreren hundert anderen Reitern einen Tagemarsch hinter dem Scheich und schlug sich mit Puels und Negern herum, die uns aufhielten, ohne uns in dem offenen Terrain großen Schaden zufügen zu können. Rhaled fürchtete für unseren Rückweg durch die Wälder, welche einige Tagemärsche vom Senegal beginnen, und suchte, als wir uns denselben näherten, die Feinde durch einen Nachtmarsch zu täuschen. Die Vorsicht war indeß überflüssig; der Scheich, der nach Erreichung seiner Absicht seinen Vetter nicht ohne Noth Gefahren aus= setzen wollte, hatte an der Grenze des waldigen Ter= rains eine Abtheilung zurückgelassen, welche uns die Defileen offen hielt und deren Besetzung durch die vor= ausgeeilten Neger hinderte. Die Puels gaben von diesem Augenblicke an die Verfolgung auf, und ihre Verbündeten wagten nicht, allein das Gebiet der un= abhängigen Stämme zu betreten; wir konnten daher unseren Marsch beeilen und kamen kurz nach dem Scheich in die Nähe des Senegals. Wir hätten unse= rem Gros noch an demselben Tage auf das andere Ufer folgen können, der Strom war aber so stark, daß er dem Scheich beim Uebergange ein Handpferd und mehrere Ochsen weggerissen hatte. Der Hadschi wollte daher unseren durch die Eilmärsche übermäßig ange= strengten Pferden zuvor einige Ruhe gönnen und lagerte neben dem Dorfe Djekel, dessen Einwohner uns dafür, daß wir ihr Eigenthum achteten, mit Hühnern und

Pistazien beschenkten und ihre Kähne zur Recognoscirung der Furth anboten.

Den anderen Morgen weckten uns die Neger mit der Nachricht, daß das Wasser des Flusses im Steigen, die Furth daher jetzt und voraussichtlich auch an den folgenden Tagen nicht zu passiren sei. Wir kamen dadurch in eine unangenehme Lage. Die Franzosen lauerten drei bis vier Tagemärsche von Djekel an der Stelle, wo wir den Senegal überschritten hatten, und die Aufgebote vieler ihnen befreundeter Dörfer hatten sich mit ihnen vereinigt. Die schwarzen Soldaten in den blauen Uniformen, unter christlichen Führern und mit schweren Gewehren bewaffnet, hatten sich schon bei früheren Gelegenheiten als gefährliche Gegner erwiesen; der Hadschi fühlte um so weniger Lust, sich jetzt mit ihnen zu messen, weil ihm hinterbracht war, daß sie Kanonen aus dem Fort genommen und auf Flößen mitgeführt hatten. Er beschloß ihnen auszuweichen und die Furthen bei den Dowisch und Braknas zu sondiren, er wollte aber vorher einen Versuch machen, ob nicht der Wasserstand auf die in dieser Jahreszeit gewöhnliche geringere Tiefe herabzudrücken sei. Die Reiter meinten, ihre Marabuts seien gut dazu; wenn sie die Krokodile des Flusses durch Beschwörungen verscheuchen könnten, sei es mehr als wahrscheinlich, daß sie auch aus ihren Büchern soviel gelernt hätten, um das Wasser fallen zu machen. Der Hadschi war aber mit dem Wissen und Können seiner schriftgelehrten

Landsleute zu vertraut, hielt sie für tüchtige Kaufleute, aber für schlechte Zauberer, und wandte sich deshalb an den Zauberer von Djekel. Dieser entschuldigte sich mit seinem hohen Alter, das ihm nicht erlaube, eine so anstrengende Beschwörung wie die von ihm verlangte vorzunehmen; er schlug aber den Giöltab eines anderen Dorfes vor, das so weit entfernt war, daß gerade zwei Tage vergehen mußten, ehe die Ceremonie stattfinden konnte. Der Mann kam endlich während der Nacht, ließ sich mehrere Stunden lang nicht sehen, wie die Neger sagten, um Vorbereitungen zu treffen, und forderte dann Neger und Mauren auf, sich am Nachmittage auf einer vor dem Dorfe gelegenen Wiese einzufinden.

Wir waren sämmtlich gekommen, die Meisten freiwillig, aus Neugier oder weil sie an die Macht des Zauberers glaubten, die Anderen, weil es der Hadschi befohlen hatte. Der Gegenstand unserer Furcht und Neugier erschien in der Begleitung des Zauberers von Djekel und der angesehensten Neger. Er war ein häßlicher Kerl, der den farbigen Thon dieser Gegend benutzt hatte, sich ein noch abschreckenderes Aussehen zu geben, als ihm die Natur verliehen hatte; die Hälfte seines Körpers war roth, die andere weiß bemalt, und auf der Brust trug er ein Gemälde, das in seiner Hauptfigur ein von Vögeln und vierfüßigen Thieren umgebenes Krokodil vorstellen sollte. Die Neger machten ihm ehrerbietig Platz und schlugen die Augen nieder,

weil sie von seinem Blick getroffen zu werden fürchteten; er schritt zwischen ihnen hin und stellte sich dann
in die Mitte des Kreises, den die Zuschauer auf seinen
Befehl gebildet hatten. Hier fing er nun an zu tanzen
und die Glieder zu verrenken und mit den abscheulich-
sten Grimassen die tollsten Sprünge und häßlichsten
Verdrehungen vorzunehmen, daß die Neger vor Ent-
zücken brüllten und sich wie die Schweine, von denen
sie leben, am Boden wälzten. Er tobte sich so lange
ab, bis er wie todt zusammenbrach und von seinem
ihm zur Seite stehenden Gehilfen aufgehoben werden
mußte.

Als er sich wieder erholt hatte, ging er langsam
an den Zuschauern hin, um das Opfer auszusuchen,
das die ungewöhnliche Anschwellung des Flusses verschuldet haben sollte. Wir glaubten, daß er unter den
Negern wählen werde, und diese schienen derselben
Ansicht; sie standen zitternd, und ihre Gesichter waren
aschgrau geworden; der Zauberer ging aber an ihnen
vorüber, und sein Blick fiel endlich auf meine Pflegemutter, die sich neugierig vorgedrängt hatte. Sie war
alt und häßlich, und der Putz, den sie seit der Plünderung von Daru umgehängt hatte, mußte ihm auf-
fallen; es ist auch möglich, daß ihn die Mauren selbst
darauf aufmerksam gemacht hatten. Zarah war wenig
beliebt, und ihre Begleiter hielten es für eine Schmach,
daß ein Weib an diesem Feldzug Theil genommen
hatte. Ihre Häßlichkeit war aber sicherlich nicht die

Ursache, daß uns der Senegal den Weg versperrte, und wenn es denn absolut nöthig war, dem Wasser ein häßliches Frauenzimmer zu opfern, so konnten wir unter den Landsleuten des Zauberers eine mindestens eben so gute Wahl treffen; dort waren Weiber, die an Häßlichkeit Alles übertrafen, was ich je gesehen habe. Der Hadschi schien eben so zu denken und wollte Zarah den Händen entreißen, die sie auf den Wunsch des Zauberers bereits zu Boden gerissen, gebunden und geknebelt hatten. Jetzt gab es aber einen allgemeinen Aufruhr, Neger und Mauren vereinten sich, das Opfer zu sichern, der Hadschi wurde mit Gewalt fortgedrängt und mußte sehen, wie Zarah nach dem Wasser ge= schleppt wurde. Der Zauberer riß ihr Putz und Klei= der vom Leib, ihr Körper war so dürr, schwarz und vertrocknet, daß sich die Trarkas fürchteten sie anzu= rühren und sie mit den Spitzen ihrer Yatagans vor sich hertrieben. Am Ufer wartete ein Nachen mit einigen Negern, Zarah wurde hineingehoben und auf einen mit der Sandbank der Furth in Verbindung stehenden Felsen gebracht, der einige Zoll über die Wasserfläche ragte und so breit war, daß ein Mensch darauf liegen konnte. Man nahm ihr Knebel und Fesseln und stieß den Nachen ab.

Die Trarkas standen längs des Ufers und hatten diese unerwartete Entwicklung der ursprünglich so possen= haften Ceremonie theilnahmlos mit angesehen. Der Hadschi stand neben mir und suchte mich zu beruhigen.

Da hatte ihn Zarah aus der Menge herausgefunden, und obgleich sie gesehen haben mußte, daß er allein für ihre Rettung bemüht gewesen war, verdrängten ihr böses Temperament und ihr Haß gegen Rhaled doch allen Groll gegen Diejenigen, welche ihr das furchtbare Schicksal bereitet hatten.

„Höre mich an, Adj-Rhaled," rief sie, und so wie sie zu sprechen anfing, schwieg das Schreien und Lachen der Zuschauer; „Du hast zugegeben, daß das Weib Deines treuesten Dieners den Launen eines schmutzigen Negers geopfert wurde, Du hast die Pflegerin Deines Sohnes, eine Angehörige Deines Zeltes der Zauberei beschuldigen lassen und Schande auf das Grab ihrer Mutter gehäuft. Allah wird Dich dafür strafen, und wenn die Reiter in Deinen Duar kommen, soll Dein Zelt das einzige sein, das seinen Herrn erwartet."

Der Hadschi war blaß geworden und eilte von dem Fluß wegzukommen, und seine Leute folgten ihm, um nicht Veranlassung zu neuen, sie selbst betreffenden Prophezeihungen zu geben. Adj-Rhaled war der Lieb- ling Aller; die Trarkas verwünschten jetzt den Neger, der den Fluch der Alten hervorgerufen hatte; es dachte aber Niemand daran, Zarah zu befreien und zum Widerruf ihrer Prophezeihung zu zwingen.

Am Morgen war der Felsen leer, und breite Kaiman-Spuren hatten sich dem Schlamm aufgedrückt, der Sand und Steine überzog. Das Wasser des Se- negals war aber in dieser einen Nacht um mehrere

Fuß gefallen und die Furth so seicht, wie sie seit Jahren nicht gewesen war.

Trotzdem waren für unseren Uebergang alle nur erdenklichen Vorsichtsmaßregeln bereit; Reiter standen zu beiden Seiten der Sandbank, und die Kähne der Neger hielten unterhalb derselben, um Verunglückte aufzufangen. Rhaleb ritt die Nedschid-Stute, das beste und sicherste Pferd des Stammes; als er fast das andere Ufer erreicht hatte, scheute das Pferd vor einem Nachen, drehte um und setzte in das tiefe Wasser. Der Reiter wurde von dem Wasser aus dem Sattel gehoben; als die Stute wieder in die Höhe kam, hing Rhaleb an ihrem Kopf und zog sie durch sein Gewicht wieder unter. Es war ein kräftiges und muthiges Thier, das verzweifelte Anstrengungen machte, sich über Wasser zu halten; die Neger stießen aber mit ihren Nachen daran, nun sank es ganz, und als es stromab wieder an die Oberfläche kam, war es todt. Rhaleb's Finger, die noch die Mähne hielten, waren starr und kalt geworden, kein Schütteln und Reiben konnte den Hadschi zum Leben erwecken.

Von diesem Augenblicke fingen meine bösen Tage an. Der Scheich nahm Rhaleb's Pferde und Frauen, und die Diener und Sclaven mußten ihm zu seinem Duar folgen. Er behandelte uns schlecht und hatte auf mich, ohne daß ich den Grund weiß, einen besonderen Haß geworfen; ich wurde gestoßen und getreten und würde als Sclave verkauft worden sein, wäre ich nicht der Saïs Nedschid's gewesen. Meine gewaltsame Entfernung hätte dem Pferde geschadet, und der Scheich war eben so abergläubisch, wie er geizig und stolz auf seine edlen Pferde war. Deshalb blieb ich und mußte den Herrn bei allen Ritten begleiten, bei denen Aussicht war, mich auf eine weniger auffallende Weise aus dem Wege zu schaffen.

Der Scheich hatte das Weib eines Häuptlings der Uled-Ely kennen gelernt und eine Sclavin bestochen, die ihre Zusammenkünfte begünstigte. Ich hielt die Pferde, während der Herr in dem fremden Zelte war. Eines Tages, als ich ihn wieder dorthin begleitet und von ihm erfahren hatte, daß er länger als gewöhnlich ausbleiben werde, schnitt ich seinem Pferde die Beugesehnen durch und ritt in die Wüste zu den Bedowi.

Ich habe nachher erfahren, daß die Uled-Ely meinen Herrn damals erwischten und ihn so schmählich zurichteten, daß ihn sein Stamm nicht mehr zum Scheich, seine Weiber nicht zum Manne haben wollten. Er ging zu den Braknas und ließ mir durch einen Händler der Uled-Ammer, der ihm meinen Aufenthalt verrieth, sagen, er werde nicht ruhen, bis ich eben so wenig ein Mann sei wie er selbst. Ich habe dann lange Nichts von ihm gehört und hielt ihn für verschollen. Gestern Abend sah ich ihn aber unter den Dowisch und erkannte ihn an der Stimme, und deshalb kam ich so verstört zu Dir zurück.

———

Neuntes Kapitel.

Die mit so vielem Behagen angefangene und in die Breite gesponnene Erzählung des vorigen Kapitels endigte etwas eilig und abgebrochen mit dem unvermeidlichen: „Es stand so geschrieben", welches der Erzähler noch einigemal nachdrücklich wiederholte, als Schutz und Schirm gegen alle durch Erwähnung des alten ungesühnten Unrechts etwa heraufbeschworenen bösen Folgen. Ben-Gaml stand auf und sah hinter den nächsten Felsvorsprung, ob nicht der Scheich der Trarkas dort gelegen und ihn belauscht habe; als er sich von dem Ungrund seiner Befürchtung hinlänglich überzeugt hatte, schlug er den Weg zu seinem Observatorium ein; ich schloß die Brieftasche und kletterte langsam hinter ihm her.

Unsere Nachbarn hatten wirklich Anstalten zum Aufbruch gemacht; ihre Pferde waren aufgezäumt und die Sättel bis auf Einen besetzt. Den Eigenthümer des leeren Sattels entdeckten wir nach einigem Suchen an der Stelle, wo wir schon am Morgen eine Schildwacht gesehen hatten; dort lag er mit dem Gesicht nach der Ebene platt am Boden und telegraphirte mit Armen und Beinen lebhaft hinter sich. Die Ursache seiner auffallenden Beweglichkeit zeigte sich als eine meinem Auge kaum sichtbare Staubwolke. Durch das Fernrohr konnte ich sehen, daß dieselbe von Reitern und Lastthieren herrühre; weitere Details ließen sich zwar nicht erkennen, aus dem Benehmen unserer Feinde ging aber hervor, daß die Vorüberziehenden keine Mauren waren, demnach der Abtheilung Messaud's angehören mußten, die ohne Seitendeckung und Streifpartieen auf den Spuren der vorausgegangenen Abtheilung hinmarschirte und der Richtung ihres Marsches nach nicht weit von unserem Aufenthalt vorübergekommen war. Als wir niedergeschlagen ihr nachsahen, bereuten wir wohl Beide den Eifer, mit dem Ben-Gaml seine Erzählung vorgetragen, ich derselben zugehört hatte.

Es blieb noch die Aussicht, daß die Mauren unsere Nachbarschaft verlassen würden, aber auch diese Hoffnung erwies sich als falsch. Die Schildwacht, die nach der Entfernung der Araber mit allen Zeichen der Befriedigung ihren Posten verließ, wurde durch eine neue ersetzt, die Pferde gingen wieder ohne Zaum und Sattel, und als wir, immer noch in der stillen Hoffnung, unseren Wunsch verwirklicht zu sehen, bis zum Abend ausharrten, erblickten wir auch das Feuer wieder, das uns am vorigen Abend hierher geführt hatte. Nun stiegen wir, abgespannt durch Aufregung und Ent-

behrung, zu unserem alten Lagerplatz hinab und such=
ten uns so gut als möglich einzurichten.

Der Wassermangel und die Hitze hatten mir wieder
Fieber zugezogen, ich lag in einem unruhigen Halb=
schlummer und warf mich von einer Seite zur anderen,
während Ben=Gaml alle Sorgen vergessen hatte und
so fest schlief, als wenn er von Wachen und Pikets
umgeben unter seinen Kameraden wäre.

Meinen weniger festen Schlaf störte nach einiger
Zeit ein fernes Gewitter. Ich hatte schon am Tage
daran gedacht, was aus unserem Pferde werden sollte,
wenn uns in diesem engen Kessel, der überall die Spu=
ren des Wassers trug, ein Gewitter überraschte; ich
war daher, als ich das Donnern hörte, rasch auf den
Beinen und weckte mit einiger Mühe meinen Begleiter.
Ben=Gaml behauptete, daß ich mich geirrt habe, daß
es in dieser Jahreszeit weder Gewitter noch Regen
gebe. Während wir noch stritten, und Ben=Gaml,
schon wieder halb eingeschlafen, mit unverständlichen
Worten auf meine Versicherungen antwortete, drängte
sich Nedschid zwischen uns und weckte seinen schlafsüch=
tigen Herrn, der verwundert das ängstliche Wesen des
Thieres bemerkte und sich dann aufmerksamer nach dem
bestrittenen Phänomen erkundigte. Ich brauchte ihm
dasselbe nicht zu beschreiben, denn gerade als ich ant=
worten wollte, fing es wieder an und wiederholte sich
nach kurzen Unterbrechungen, denen ein dumpferes, ge=
dehntes Geräusch vorausging, ein Ton, den ich nur

ein Mal gehört hatte, damals aber aus solcher Nähe, daß ich ihn nicht so leicht vergessen konnte. Die Nacht=luft und die tiefe, abgesperrte Lage unseres Stand=punktes hatten denselben verändert, so daß ich ihn An=fangs nicht erkannt und die Stimme des Herrn der Wüste für ein entferntes Donnern gehalten hatte.

Ben=Gaml war jetzt ganz wach und zog sein Pferd, dem er das Gebiß anlegte, unter die Felsen auf den höchsten Rand der Plattform. Während ich hier die Zügel hielt und Gewehr und Pistole untersuchte, hatte Ben=Gaml das trockene, für Nedschid bestimmte Gras herbeigetragen und troß der Dunkelheit angefangen, nach Wurzeln und angeschwemmten Holzstücken zu suchen. Er kroch dabei auf allen Vieren, tastete mit Fingern und Zehen umher und brachte endlich einen kleinen Haufen Brennstoff zusammen, dünnes Zeug, das sich wohl leicht' entzündete, aber nicht anhielt. Wir meng=ten dasselbe unter das Gras und legten unsere Waffen, ein Pistol und ein vielgebrauchtes Steinschloßgewehr daneben. Ben=Gaml vermehrte diesen geringen Vor=rath unserer Schuß= und Truß=Waffen noch durch einige Koransprüche, welche schlecht zur Gelegenheit paßten, die ich aber troß meines Unglaubens mit dem frommen Wunsche begleitete, daß uns die so laut an=gekündigten Gäste nicht in Versuchung führen möchten, zu der alten Flinte zu greifen.

Die Löwen jagen stets paarweise, sie treiben am Tage das flüchtig gewordene Wild einander zu und suchen dasselbe, das gleich den Hausthieren schon außer sich geräth, wenn es die Stimme des Löwen in der Ferne hört, des Nachts durch ihr furchtbares Gebrüll zu betäuben und im Lager festzuhalten. Sie senken während des Brüllens den Kopf dicht an den Boden, daß es fast unmöglich ist, die Richtung des Schalles zu bestimmen, der eher von unten als von der Seite zu kommen scheint; das Wild wird ungewiß, nach welcher Seite es fliehen soll, und erwartet mit gesteigerter Angst den Feind, dem es mit wenigen Sprüngen entgehen könnte.

Ich kannte damals diese Eigenthümlichkeiten des Löwen nicht, ich wußte aber, daß fast alle Raubthiere gemeinsam jagen, und machte mich daher darauf gefaßt, unsere Gegner zu zweit erscheinen zu sehen. Es dauerte auch nicht lange, so hörten wir von der anderen Seite das Weibchen regelmäßig, doch schwächer und abgebrochener dem Löwen antworten, und nun stimmten beide ein Concert an, das immer vernehmbarer und beängstigender wurde. Ben-Gaml's Hand, die erst so fest das Gewehr gefaßt hatte, fing an zu zittern, und Nedschid zog an den Zügeln, daß ich kaum im Stande war, ihn länger zu halten. Die Löwen schienen jedesmal stehen zu bleiben, wenn sie laut wurden, sie näherten sich so langsam, daß wir wohl eine Viertelstunde lang im Zweifel blieben, ob der Besuch uns oder unseren Nachbarn gelte. Endlich hatten sie die unseren Lagerplatz einschließenden Hügel erreicht. Hier

brach und vervielfältigte sich der Schall an den Felsen
und in den Schluchten, die Wände und Vorsprünge des
engen Thalkessels warfen das tiefe, gewaltige Grollen
zurück, das von allen Seiten zu kommen schien und
sich anhörte, als wären wir von einem Schwarm
brüllender Bestien umgeben.

Auf diese geräuschvolle Anmeldung folgte eine Stille,
die unheimlicher war wie der vorhergehende spukartige
Lärm. Die Löwen suchten den Weg zu uns, und da
sie fanden, daß es nicht so leicht war herunter zu
kommen, gingen sie knurrend längs der Felsen hin
bis zu dem oberen Eingange, dem schmalen, zwischen
hohen Felswänden eingezwängten Bette des Baches.
Hier gingen sie hinein und begannen die steile Sohle
hinab zu steigen.

Wir standen an dem Felsen, der diesen Einschnitt
rechts begrenzte, und konnten deutlich das Kratzen und
Scharren hören, als sie die abschüssigen Stufen versuchten. Die losen Steine und die Stücke, welche von
den Felskanten abrissen, schlugen polternd an die Vorsprünge und rollten bis zu der Böschung unseres Lagerplatzes; der Sand fiel mit einförmigem Rascheln über
die Absätze, und von Zeit zu Zeit lösten sich die in den
Fugen angeschwemmten Schuttmassen, glitten immer
rascher und lauter von der schrägen, durch den Kies
glatt geriebenen Fläche hinab und fuhren mit dumpfem
Schlage zu Boden. Es klang als wenn noch schwerere
Körper herabgefallen wären; Anfangs glaubte ich auch,

die Löwen hätten selbst das Gleichgewicht verloren und seien den nachgebenden Steinen gefolgt; die Wiederholung dieses Geräusches überzeugte mich erst, daß ich mich getäuscht hatte. Die Furcht vor Krallen und Zähnen spielte mir aber gleich darauf noch einen ähnlichen Streich; ich glaubte, als das unheimliche, uns so nahe und doch nicht zu überwachende Treiben gerade aufgehört hatte, neben mir Bewegung wahrzunehmen und war im Begriff, mit der Pistole die Stabilität eines Felsblockes zu prüfen, neben dem ich die ganze Zeit gestanden hatte, als mich ein leises Knurren belehrte, daß ich die vierfüßigen Gegner, denen die senkrechten Terrassen zu schwierig gewesen waren, wieder über mir zu suchen habe. Ich sah in die Höhe und bemerkte über der Wand, an welcher wir lehnten, eine dunkle Masse, die sich wirklich bewegte und so drohend über unseren Köpfen hing, als wollte sie trotz der sechzig Fuß, die uns trennten, auf uns herabschießen.

Mein Feuerzeug war in der Hand Ben-Gaml's, der es schon vorhin, als ich die Pistole hob, geöffnet hatte und jetzt ohne Ueberlegung ein brennendes Streichholz in das für den äußersten Nothfall aufbewahrte Gesträpp warf. Die Flamme leckte einen Augenblick an den Halmen hin, ergriff dann gleichzeitig die ganze Masse des trockenen, strohartigen Stoffes und schlug so hoch an der Wand auf, daß sie bis zu deren oberem Rande leuchtete und uns die dicken Köpfe der beiden Raubthiere zeigte, die mit funkelnden Augen herab-

glotzten und bei dem Erscheinen des Feuers ein furcht=
bares, nicht enden wollendes Gebrüll erhoben. Das
zum Tod erschreckte Pferd war jetzt nicht mehr zu
halten, es warf sich mit aller Gewalt zurück, schleifte
mich eine Strecke, riß mir die Zügel aus der Hand
und rollte die Böschung hinab. Nun fing noch Ben=
Gaml, der seinen Liebling in den Klauen der Raub=
thiere glaubte, zu schreien und zu jammern an. Ich
lag an der Kante des Abhanges, konnte nicht gleich
aufstehen und wußte nicht, was der Knabe vor hatte,
und daß ich es offen gestehe, es war mir sehr unbe=
haglich zu Muthe; ich hätte in diesem Augenblick lieber
den Schlachtruf der Mauren gehört, als das Brüllen
der Löwen und das unmotivirte Schreien meines Be=
gleiters.

Das Feuer leuchtete nur wenige Secunden; bei
der geringen Helle der fortbrennenden, verkohlenden
Holzstücke konnten wir indeß noch sehen, daß die Felsen
über uns jetzt leer waren. Wir waren alle Drei,
Nedschid mitgerechnet, unverletzt und so weit mit un=
serer passiven Defensive sehr zufrieden; wir würden
uns aber des Erfolgs noch mehr gefreut haben, wenn
wir nicht einen neuen Angriff von der Seite des Ein=
gangs befürchtet hätten, der einzigen Stelle, wo keine
Felsen die Angreifer hinderten. Die Furcht vor dieser
Umgehung hielt uns die Augen offen, selbst die so plötzlich
eingetretene Stille schien uns verdächtig; es blieb indeß
Alles ruhig, und die Nacht verging ohne Störung.

Gegen Morgen wurde uns auch klar, daß die Löwen von uns abgelassen hatten, um eine andere mehr versprechende Fährte aufzunehmen. Wir hörten nämlich in der Gegend, wo die Mauren lagerten, ein kurzes, wie in höchster Wuth ausgestoßenes Brüllen und gleich darauf mehrere Flintenschüsse, die uns unserer Besorgniß überhoben. Wir wollten zwar auch jetzt noch wach bleiben, unsere Müdigkeit war aber stärker als die guten Vorsätze, wir schliefen trotz dieser bald ein und schliefen so lange, bis uns die Sonne in das Gesicht schien und mich, der mit bloßem Kopfe ziemlich weit von den Felsen gelegen hatte, durch ein heftiges Kopfweh weckte.

Ben-Gaml mußte allein zum Recognosciren, und als er zurückkehrte, hatte sich mein Unwohlsein schon so gesteigert, daß mich selbst die Nachricht von dem Abmarsch unserer Nachbarn gleichgültig ließ. Ich hatte der Krankheit, die jeden in diese Gegend kommenden Europäer befällt, lange widerstanden und glaubte mit einigen vorübergehenden Anfällen dem Klima den Tribut gezahlt zu haben; diesmal faßte mich das Fieber aber heftiger als an den vorhergehenden Tagen, und die Mittel, durch welche dieser hartnäckige Feind allein bekämpft werden kann, Chinin und Fontanellen, mit denen Herr Martin so sorgsam meinen Mantelsack ausgepolstert hatte, waren leider bei meinem kranken Diener zurückgeblieben.

Ich ließ mir in den Sattel helfen, und als es mir nach kurzem Marsche zu unbequem wurde, den Sitz zu halten, meine Kniee an die Gurte binden. Ich hatte Kopfweh zum Verzweifeln, der Durst peinigte mich, und alle Glieder schmerzten; am meisten ängstigte mich aber ein heftiges Vomiren, das, obgleich ich zwei Tage lang fast gar Nichts genossen hatte, mehrmals wiederkehrte. Ich glaubte wahrhaftig nicht, daß ich den Abend erleben würde, und war so niedergeschlagen, daß ich meinen Begleiter bat, mich aus dem Sattel zu heben und seinen Weg allein fortzusetzen. Mein Zustand besserte sich zwar insofern, daß ich aus Schwäche in eine Lethargie verfiel, die mich Schmerzen und Leiden weniger fühlen ließ; die Nacht nach diesem Marsche war aber doch die schlimmste, die ich erlebt habe. Ich phantasirte und tobte, bis ich gänzlich erschöpft war und schließlich in einer Ohnmacht lag, aus der ich, wenn nicht unerwartet Hilfe gekommen wäre, wohl schwerlich erwacht sein würde.

Die ersten Laute, die ich wieder mit Bewußtsein hörte, waren von jener monotonen, näselnden Art, welche den sabbathlichen Vorträgen der Rabbiner eigen ist. Wie bei jenen fiel zuweilen ein halblauter Chor ein, dann kamen aber entferntere unmelodische Töne hinzu, die ich nicht unterzubringen wußte. Es ist jedenfalls ein Traum, sagte ich mir, und als ich die Augen prüfend und zweifelnd zu den mich umgebenden Gestalten aufschlug, fiel mein Blick richtig auf ein

Stück Erinnerung aus der Jugendzeit, ein Bild, das mir schon öfter im Traume erschienen war.

Ich hatte nämlich eine alte hochadelige Cousine, die, weil ihr mehrere Projecte, sich und ihren Stammbaum an den Mann zu bringen, schmählich gescheitert waren, der Welt den Fehdehandschuh hinwarf und fromm wurde. Sie beschäftigte sich in ihren Mußestunden mit meiner Erziehung, vielleicht wollte sie mich zu einem brauchbaren Werkzeuge ihrer Rache heranbilden, denn sie nicht früh genug ihren weltverachtenden Sinn, ihre Vorliebe für alles Mystische einimpfen zu können glaubte. Sie überschritt aber in ihrer Bekehrungs= und Belehrungswuth alles Maß und setzte mir so anhaltend Tractätchen und weinerliche Gebete vor, daß mir die fromme Speise eben so zuwider wurde, wie das adelstolze alte Fräulein selbst. Ich weigerte mich, die auswendig gelernten Heiligengeschichten ferner herzusagen und neue zu memoriren, und war trotz aller Verlockungen, Bonbons und Zuckerbrote und laut schmatzender Küsse nicht wieder in die Betstunde zu bringen, und von all' den Büchern, an denen sich meine Frömmigkeit und mein Gedächtniß schärfen sollten, behielt ich nur ein einziges bei, das mich durch seine Illustrationen anzog. Es war dies ein Abriß der jüdischen Geschichte, ein Auszug des alten Testamentes, das durch reich und bunt colorirte Bilder versinnlicht wurde.

Leider interessirte mich von dem Inhalte das am

meisten, was mir am schädlichsten war. Ich lernte
und hatte mein Vergnügen daran, wie Jakob und sein
Schwiegervater sich gegenseitig betrogen, wie der Ahn=
herr der Juden die Blindheit seines sterbenden Vaters
benutzte, um diesem und dem älteren Bruder schlaue,
aber häßliche Streiche zu spielen; ich freute mich über
die großen Hörner des Schafbockes, den der Urahn
Abraham in dem Augenblicke erwischte, als ihm die
ersten Gewissensbisse wegen des beabsichtigten Mordes
seines Sohnes aufstiegen, und sah ohne Bedauern die
Stammmutter der Araber durch den frommen Vater
ihres Kindes dem Hungertode preisgegeben. Die Cou=
sine hatte mich gelehrt, diese meinem ungeschulten Ver=
stande etwas zweideutig erscheinenden Handlungen als
lobenswerth und preiswürdig zu betrachten. Mein
Urtheil hat sich zu meinem Glück bald geändert, und
ich sage meiner Cousine jetzt noch Dank, daß sie, wenn
auch wider ihren Willen, die Veranlassung wurde, mich
zeitig zum Nachdenken anzuregen. Jene „Biblische Ge=
schichte“ mit ihren Bildern und wunderbaren Legenden
behielt aber in der Erinnerung stets den alten Reiz,
vielleicht gerade deshalb, weil ich das Buch nicht wie=
der in die Hände bekam. Auf einem seiner letzten
Blätter war ein größeres Bild; was es vorstellte, weiß
ich nicht mehr, eine Anzahl Hirten mit Frauen und
Kindern, die sich neugierig und mitleidig um einen
Kranken drängten; im Hintergrunde eine Schafheerde.
Die Scene war mir schlafend und wachend oft wieder

vor die Augen getreten, und gerade dieses Bild sah ich
jetzt vor mir.

Da stand mit langem, schneeweißem Barte, auf
die Haraua, den gekrümmten Hirtenstab gestützt, der
Führer und Aelteste, der Vater der ihn umgebenden
rüstigen Männer, deren sonnverbrannte Gesichter mir
eben so bekannt waren, wie die helleren ihrer zurück-
stehenden Frauen und die runden, verwunderten Gesichter der Kinder, die sich auf die Zehen stellten und
die braunen Hälse reckten, um einen Blick auf den
Gegenstand der allgemeinen Neugier zu haben. Sogar
die Rebecca mit dem Kruge fehlte nicht, nur hatte sie
eine schönere Schwester zur Seite, von der es zweifelhaft war, ob sie noch zu den Kindern oder schon zu
den Erwachsenen gerechnet werden mußte. Um die
Aehnlichkeit noch frappanter zu machen, meldeten sich
jetzt auch die Thiere an. Der Kopf eines Pferdes
schob sich langsam zwischen die halb zurückgezogenen
Zeltvorhänge, und um und neben demselben erschienen
plötzlich Schnauzen, Hörner und lange Ohren und eine
ganze Menge größerer und kleinerer Augenpaare, die
starr und aufmerksam eine Zeit lang nach dem Lager
des kranken, fremden Mannes sahen. Ich weiß nicht,
ob die Neuigkeit draußen weiter erzählt wurde, oder
ob die vierfüßige Gesellschaft nur über die Verzögerung
ihrer Tränke ungehalten war und durch lautes Brüllen,
Meckern und Blöken den im Zelt Befindlichen andeuten
wollte, daß es Zeit sei, die Tröge zu füllen. Meine

Umgebung nahm das letztere an. Die Männer gingen hinaus, um mit Peitschen und Stäben die rebellischen Untergebenen zur Ruhe und Ordnung zu verweisen; die Frauen und Kinder ergriffen die bereit stehenden Schalen und eilten den Männern nach, und nur der Alte und die beiden Mädchen blieben zurück und redeten mich in so reinem Arabisch an, daß ich mich plötzlich erinnerte, wie viel Mühe mein gelehrter jüdischer Sprachlehrer aufgewandt hatte, um den viel versprechenden Stamm meiner Aussprache zu pflanzen, den wilde Reiser und regelwidrige Auswüchse seitdem verunziert und verdorben hatten. Die Araber des Sahels reden ihre Muttersprache noch schlechter als ihre nicht den Städten angehörigen Landsleute der Provinz; was trotz meines Zusammenseins mit diesen von dem früheren Unterricht geblieben war, hatte ich unter jenen verlernt; ich konnte aber noch beurtheilen, ob Andere gut oder schlecht sprachen, und hatte hier zum ersten Mal Gelegenheit, diese Urtheilsfähigkeit nach beiden Seiten hin zu bethätigen.

Ben-Gam[l stand nämlich hinter mir am Kopfende meines Lagers, wo ich ihn nicht sehen konnte. Als ich nun auf die schwungreiche Begrüßung des Arabers nicht gleich passende Worte finden konnte, hielt es der zungenfertige Diener für geboten, statt meiner in die Bresche zu treten und mit Worten und Satzbildungen zu antworten, die, künstlich aus zwei verschiedenen Sprachen zusammengesetzt, den gewandtesten Linguisten verwirren mußten. Ich ergriff selbst einige Mal das Wort, meine Stimme war aber noch zu schwach, um es mit dem jugendlich kräftigen Organe Ben-Gaml's aufzunehmen, ich schwieg daher voll Resignation und hörte um so aufmerksamer auf die Fragen und Antworten, die jetzt hinüber und herüber gewechselt wurden und mir das Räthsel enthüllten, wie ich unter die fremden Leute gekommen, und wer meine Wirthe waren.

Beduinen, wie man sich dieselben in Europa vorstellt, Nomadenstämme, die beritten von Weideplatz zu Weideplatz ziehen und nirgends ihre Zelte für längere Zeit aufschlagen, haben in Afrika schon seit den ersten Einfällen der Araber nicht mehr existirt. Die Anwohner der Wüste, Berbern und Araber, sind seßhaft; manche dieser Völkerschaften wandern zwar von Zeit zu Zeit nach dem Süden, doch stets in der Absicht, dort feste Niederlassungen zu gründen. Es giebt aber noch einzelne nomadisirende Familien, die mit ihrem geringen Viehstande die abgelegenen Oasen der Sahara besuchen und durch eintretenden Futter- und Wasser-Mangel nach kurzer Zeit stets zum Weiterziehen genöthigt werden. Sie gehören fast alle den Beduinenstämmen Syriens an, ihre Gründer sind Ausgestoßene, die meist wegen der Blutrache ihren Stamm fliehen und die fruchtbaren Flußthäler Kleinasiens mit der öden Sahara vertauschen mußten. Die Noth und die zunehmende Lust an diesem unstäten Wanderleben haben

sie immer weiter nach Westen verschlagen. Sie sind
alt geworden, haben Kinder und Enkel, die nichts
Besseres als dieses Leben kennen und von dem Lande
ihrer Vorfahren Nichts wissen. Einzelne Glieder aus
dem Kreise ihrer Angehörigen haben sich unter Nubiern,
Arabern und Targis niedergelassen, andere nahmen sich
Weiber aus diesen verschiedenen Stämmen, an denen
die Familie während eines Menschenalters vorüberzog;
es haben sich Bande gebildet, welche an das Geburts=
land der neuen Generation fesseln, so geben es denn
die Alten endlich auf, das Vaterland wieder zu sehen,
und suchen nur die Erinnerung an das Zusammen=
gehören mit einem großen, weit entfernten Stamme in
ihren Nachkommen wach zu halten. Sie setzen das
gewohnte Nomadenleben fort und bleiben beisammen,
bis der Tod des Führers die widerstrebenden Glieder
der Pflicht des anerzogenen Gehorsams und der Pietät
entbindet und das lange bestandene patriarchalische
Gemeinwesen auflöst.

Der neue Zuzug, welcher auf diese Weise den mit
fremden Elementen gemischten Stämmen der Sahara
immer wieder arabisches Blut und die alten Sitten
und Traditionen des Stammlandes zuführt, kommt
meist den südöstlichen Grenzländern der Wüste, Darfur,
Cordofan und den Ländern nördlich des Tschad zu
Gute. Nur wenige Theilnehmer dieser friedlichen, seit
fast tausend Jahren ununterbrochenen Völkerwanderung
gehen bis zu den Negerländern im Westen und Süd=

Westen des Sees; noch seltener aber ziehen sie so weit darüber hinaus wie die Familie unseres Wirthes, welche ein außergewöhnlicher Wandertrieb ihres Patriarchen in die fruchtbaren, aber durch ewigen Krieg verwüsteten und unsicher gemachten Nachbarländer Senegambiens geführt hatte.

Die zudringliche Neugier meines Dieners lieferte mir eine Beschreibung dieser weiten Reise. Ben-Ganil zeigte Talent zum Fragen wie zum Erzählen, nur fragte er meist nach Einzelnheiten, die ihn mehr als mich interessirten. Ich erfuhr die Stückzahl der Hausthiere verschiedener Gattung unseres Wirthes, hörte einen Disput über die guten und schlechten Eigenschaften der drei hauptsächlichsten Kameelkräuter an und lernte einiges Wissenswerthe in Bezug auf die Züchtung und Pflege der Maulthiere, wie über die Art, den Schwanz des Wüstenschafes auf Kosten des Körpers des geduldigen, schwer belasteten Besitzers dieses Schwanzes zu mästen. Es war immerhin angenehm, die Neugier so mühelos und lehrreich befriedigen zu können. Manches von Dem, was ich hörte, wird mir vielleicht noch in späteren Jahren nutzbringend werden. Da es aber anmaßend wäre, bei meinen Lesern einen gleichen Sinn und gleiche Vorliebe für landwirthschaftliche Details vorauszusetzen, beabsichtige ich die betreffenden Explicationen des alten Ibrahim mit Stillschweigen zu übergehen, von seinem Haushalt und Besitz nur das Nothwendigste, aus seinen

Erfahrungen und Erlebnissen nur Solches anzuführen, was allgemeines Interesse hat.

Der Alte hatte nur Ein Pferd; Mangel an Getreide und die Beschaffenheit der Weideplätze erlaubten ihm glücklicherweise nicht, diesem Einen ebenbürtige Collegen zu halten. Ich sage „glücklicherweise", weil ich so der Verlegenheit überhoben bin, wieder von Pferden sprechen zu müssen; ich habe leider schon zu oft diese nützlichen Vierfüßler erwähnt und kann voraussichtlich nicht umhin, im Laufe der Erzählung noch ein oder das andere Mal auf das beliebte Thema zurückzukommen.

Neben diesem Pferde gingen, standen und lagen einträchtig bei einander die verschiedenartigsten Hausthiere, deren Bekanntschaft der Leser zum Theil schon gemacht hat; Schafe und Ziegen, Reit= und Last= Kameele, einige Maulesel (Töchter und Söhne von Ibrahim's Hengst), endlich eine ungewöhnlich große Anzahl von Eseln. Beweglichere und muthwilligere Thiere habe ich nie gesehen; sie konnten keinen Augenblick auf der Stelle bleiben, sie neckten fortwährend ihre schwerfälligen Nachbarn und jagten mit einer Geschwindigkeit hinter einander her, um die ein Vollblut sie beneiden konnte. Sie waren syrische Esel, keine verwachsene und entartete Geschöpfe mit undurchdringlichem Fell, unbesiegbarer Gemüthsruhe und unvernünftig dickem Kopf wie bei uns in Europa. Sie waren groß, schlank und proportionirt, von gutem Hals=

und Schweif=Ansatz und nicht auffallend starkem Kopf,
dem die etwas langen, aber stets nach vorn gerichte=
ten Ohren ein mehr elegantes als komisches Aussehen
gaben. Sie hatten eine Menge schätzenswerther Eigen=
schaften, deren Register ich während der folgenden
Tage nach eigenen Beobachtungen aufgestellt habe, mit
deren Schilderung ich ein Buch füllen könnte. Ich
wollte aber eigentlich von einem viel anziehenderen,
der Beachtung ungleich würdigeren Gegenstande reden
und sehe mit Bedauern, daß ich statt dessen vom Gaul
auf den Esel gekommen bin.

Ibrahim hatte zwei Töchter, beide von seiner dritten
Frau. Die Mädchen waren ohne Pflege und Erziehung
unter ihren rauhen Brüdern aufgewachsen wie wilde
Rosen in einer Schwarzdornhecke. Ich möchte sie auch
am liebsten Rosen der Wüste nennen, ich kenne aber
keine Rose, die in der Wüste gediehe. Die Rose von
Jericho habe ich nie gesehen, und die Lorbeer=Rose an
den Abhängen des Atlas ist stachellos, und Yesch und
Aicha hatten Stacheln, kleine spitzige Stacheln, die
ihnen allerliebst zu Gesicht standen, mit denen sie
aber, wenn sie gereizt wurden, ganz gefährlich um sich
stachen.

Sie waren sehr unwissend; es ist aber ein großer
Unterschied zwischen Unwissenheit und Gemeinheit. Die
unwissenden Frauen der niederen Klassen unserer Be=
völkerung sind zwar meist ordinäre Frauen, in den
höheren Schichten wird aber Unwissenheit schon durch

Tact und Lebensart ersetzt, zwei Eigenschaften, die den Kindern der Wüste, insbesondere den Arabern ange= boren sind wie die graziöse, ungekünstelte Haltung ihres Körpers.

Sie waren Beide schön, doch gefiel mir Aicha besser trotz des dunklen Teints, der, wie die Araber sagen, von der Morgensonne den goldigen Schimmer entliehen hatte. Die ältere Schwester war lebhafter, ihre Augen glänzten und sprühten bei jedem Worte. Aicha schlug während des Sprechens die Augen nieder und vergaß nur im Eifer zuweilen, den dunklen Schleier der langen Wimpern herabzuziehen, welcher den scheuen Blick und den verrätherischen Glanz des Auges verbarg. Sie war noch schüchtern und verlegen wie ein Kind, und doch hätte ich als verwundeter Feind nicht in ihren Händen sein mögen. Wenn sie meine Kopfwunde verband und mich zufällig ihr Blick traf, kam mir immer die von den Arabern selbst be= stätigte Erfahrung in den Sinn, daß die arabische Frau grausamer und rachsüchtiger als der Mann ist. Wie ich glaube, gilt dieser Satz für alle Orientalinnen, das heiße südliche Blut mag die Schuld tragen. Der kältere Norden mit seinem beengenden Sittenzwang, der den Frauen nur die sogenannten weiblichen Eigen= schaften zugesteht, hat günstiger auf das zarte Geschlecht eingewirkt und die allzu große Leidenschaftlichkeit unter= drückt. Aber selbst unter den überbildeten Damen unserer höchsten Stände hat es einige gegeben, welche

die Annahme rechtfertigten, daß hier nur von künst=
lichem Zurückdrängen die Rede sein kann, daß das
Weib im Allgemeinen leidenschaftlicher, in der Erregung
unweiblicher ist als der Mann. Bei den Raubthieren
findet sich Aehnliches; die Löwin und das Panther=
weibchen sind grausamer und blutdürstiger als die
Männchen.

Yesch und Aicha mußten sich auf Befehl des Vaters
in die Krankenpflege theilen; Aicha wusch und verband
meinen Kopf, Yesch ließ mich den scharfen Abguß der
Tamarindenfrucht so lange trinken, bis ich wegen ge=
schwollenen Gaumens nicht mehr schlucken konnte und
in Gefahr kam, alle Zähne zu verlieren. Fieber und
Schwäche wichen zwar nur langsam diesen vereinten
Anstrengungen; die peinliche Aufmerksamkeit, mit wel=
cher meine Pflegerinnen, den Befehlen ihres Vaters
gehorsam, vielleicht auch aus wirklichem Mitleid für
den Kranken, jedem meiner Wünsche zuvorkamen, be=
wog mich indeß mein Lager zu verlassen, bevor ich
ganz genesen war. Ich war etwa eine Woche in dem
Zelt geblieben und bedurfte mindestens einer eben so
langen Zeit, ehe ich an das Weiterziehen denken konnte.
Ich bekam nun eine weniger zarte Pflege, der alte
Ibrahim suchte mir das angenehme Geplauder seiner
Töchter zu ersetzen und so viel als möglich mich selbst
zum Reden zu bringen. Nachdem er einmal erfahren
hatte, daß ich in dem Wunderlande der Nazareni ge=
boren war, quälte er mich durch eine Neugier, die ich

seinem abgeschlossenen, ernsten Wesen nicht zugetraut hatte. Ausweichen konnte ich nicht, der Alte verließ selten die Umgebung seines Zeltes, ich dachte daher auf Mittel, mir die Aufgabe zu erleichtern, und zog nicht ohne Erfolg meinen Diener in das Gespräch. Ben-Gaml rückte aber häufig schon des Morgens mit den Hirten aus, dann mußte ich Stand halten und mich damit trösten, daß auch die beiden Töchter Ibrahim's zuhörten.

Vor und nach Sonnenuntergang entschädigte ich mich für diesen Zwang. Die Familie versammelte sich meist, nachdem das Vieh eingetrieben und getränkt war, vor dem Zelte ihres Patriarchen. Ich war dann regelmäßig zugegen, hatte mir aber eine stumme Rolle ausbedungen, die ich auch trotz aller Bitten und Versuchungen consequent durchführte.

Die Araber haben viel Talent zum Improvisiren. Die einförmige und doch großartige Natur ihres Landes lenkt den Sinn weniger auf das Praktische und regt dafür die Phantasie mehr an. Jeder Stamm hat seine officiellen Improvisatoren, und fast in jeder Familie findet sich ein Mitglied von hinreichender Begabung, um in dem kleineren Kreise dasselbe Amt zu versehen. Ein arabischer Erzähler würde für Sammler alter Volkssagen eine unerschöpfliche Fundgrube sein. Er hat den Kopf voll Lieder und Erzählungen, weiß Mährchen voller Poesie und Sagen von historischem Werthe, oft aus der ältesten Zeit der arabischen

Eroberungen. In Maskara habe ich Lieder aus der spanisch-arabischen Zeit gehört, die sich ohne je aufgeschrieben zu sein in einer von den vertriebenen Arabern abstammenden Familie erhalten hatten.

Die Erzählungen werden meist singend vorgetragen, und wenn das Lied die Schicksale und Thaten des eigenen Stammes behandelt, singen die Zuhörer mit und gerathen dabei nicht selten in eine Aufregung, die Fremden äußerst komisch erscheint. Der näselnde Ton des Vortrages stört zwar, ich habe aber trotzdem stets gern den ungekünstelten Poesien zugehört und war auch hier, wo ein Sohn Ibrahim's die Ehre des Erzählens mit meinem Diener theilte, ein dankbarer Zuhörer. Die Nacht und der sternhelle Himmel des Südens gaben diesen Zusammenkünften noch größeren Reiz; wenn ich später die hier geschilderten Erlebnisse recapitulirte, habe ich immer an diese nächtlichen Stunden vor Ibrahim's Zelt am meisten zurückdenken müssen.

Meine Abreise war auf den Tag festgesetzt, an welchem Ibrahim selbst die Gegend verlassen und neue Weideplätze aufsuchen wollte. Der Alte trug sich trotz seiner achtzig Jahre mit weit ausholenden Plänen, hatte es sich in den Kopf gesetzt, das Meer auf der anderen Seite zu sehen, und wollte im Nothfalle längs des Senegals ziehen und sich das Recht des Durchzuges erkaufen. Ich lud ihn ein, mich in St. Louis zu besuchen, und erhielt dafür am Tage meiner Abreise

eine Einladung von ihm, die mich ernstlich in Verlegenheit setzte. Er wählte hierzu einen günstigen
Augenblick, als Aicha allein mit uns im Zelte war,
Yesch wie ich vermuthe absichtlich sich entfernt hatte,
und Ben-Gaml den Esel holte, den ich von dem Rest
meiner Baarschaft erstanden hatte. Ich merkte, daß
er mir Etwas mittheilen wollte, hielt die Sache aber
nicht für wichtig und hütete mich, ihre Erledigung
durch Fragen zu beschleunigen. Als er aber jetzt die
Beine über dem Schaffelle kreuzte und mich mit cere-
moniöser Handbewegung einlud ein Gleiches zu thun,
ahnte mir nichts Gutes; ich überdachte rasch alles
Mögliche, was das Herz meines Wirthes bedrückt, die
feierlichen Falten und die ungewöhnliche Länge seines
Gesichtes verschuldet haben konnte, ich errieth aber doch
das Richtige nicht und wurde durch seine Mittheilung
vollständig überrascht.

Er fing mit der Religion an, ließ aber durch-
schimmern, daß die nur nebenbei erörtert werden sollte.
Ich kam auch mit schönen Redensarten darüber hin-
weg und brachte ihm, ohne meiner Moral zu ver-
geben, die Meinung bei, daß ich mindestens eben so
rechtgläubig sei wie er. Hierauf theilte er mir mit,
daß er wohlhabend sei, nahe und angesehene Ver-
wandte in Tanat habe, und daß er beabsichtige, nach
Beendigung seiner Wanderung dort hinzuziehen. Er
schien von dieser Mittheilung selbst nicht sonderlich er-
baut, machte ein noch längeres und ernsteres Gesicht

und schwieg eine Zeit lang, als wenn ihn die Tauater Aussichten aus dem Concept gebracht hätten. Meine Gratulation nahm er sehr kalt auf, und als ich in der Meinung, nicht herzlich genug gewesen zu sein, nochmals damit beginnen wollte, unterbrach er mich kurz, um von seinen Frauen zu reden, deren er drei gehabt, von denen die letztverstorbene, die Mutter seiner Töchter, die beste gewesen war.

Jetzt wurde mein Argwohn rege; wenn Ibrahim sich so weit vergaß, in meiner Gegenwart von seinen Frauen zu reden, mußte etwas Außergewöhnliches in der Luft sein. Ich hielt deßhalb mit der Aeußerung meiner aufrichtigen Theilnahme zurück und blieb auf der Lauer, um jede Finte und jeden unerwarteten Stoß des Alten pariren zu können. Er ging in ganz natürlicher Gedankenfolge von der Mutter zu den Töchtern über, erwähnte leichthin der abwesenden Pesch und hielt dann seinem Lieblingstöchterchen ein Loblied. Sie war zwar, wie er sagte, nur ein Mädchen, aber eben so gehorsam und bescheiden, wie sie schön war; häuslich, zärtlich und aufmerksam gegen ihren Vater, die Freude seiner alten Tage.

Ich stimmte ihm von Herzen bei und wollte nur hinzufügen, daß sie zuweilen heftigen Temperaments zu sein scheine; die Kleine stand aber vor mir und hatte die dunklen Augen so fest auf mich gerichtet, daß ich meine Rede vergaß und unwillkürlich hineinsehen mußte. Es schimmerte und glänzte heute Etwas in ihrem Blick, was ich nie gesehen hatte; ich wurde zerstreut, und ehe ich mich sammeln konnte, hatte mich der Alte überrumpelt und mir in aller Form die Hand seiner Tochter angetragen.

Ich bin sonst nicht verlegen um rasche Antworten, diesmal hatte mich aber meine Geistesgegenwart gänzlich verlassen. Ich wollte sagen, ich sei verheirathet, es fiel mir aber ein, daß diese Versicherung die gewünschte Wirkung nicht hervorbringen werde. Ich stotterte und suchte und fiel endlich auf das Dümmste, was ich nur finden konnte. Wenn ich gesagt hätte, ich müsse erst meine Mutter fragen, wäre es nicht so lächerlich gewesen. Ich versicherte nämlich dem Alten mit allem Eifer, den meine Verlegenheit zuließ, daß seine Tochter zum Heirathen noch viel zu jung sei.

Es wird mir jetzt noch schwül, wenn ich an die nun folgende Scene denke. Ich stand da wie ein Schuljunge, der beim Ausheben von Vogelnestern erwischt worden ist. Aicha hatte den Zeltvorhang zu Hilfe genommen, um die Thränengüsse festzuhalten, welche durch die Maschen ihres Kopftuches hindurch rieselten wie durch ein Drahtsieb. Herr im Himmel, wo kam in dem quellenarmen Lande das Wasser alles her? Meine Cousine war doch auch bewandert in hydraulischen Künsten und hat mich manchmal durch unerwartete Regengüsse in Verwunderung gesetzt, aber ihre großartigsten Leistungen reichten nicht an das, was ich hier von der Kleinen sah. Es tropfte nicht

mehr von ihren Augen, die Thränen fuhren stoßweise
herab, wie das Wasser aus der Steigeröhre eines durch
Kolben und Ventile getriebenen Saugwerkes.

Ich war außer mir, und da ich kein anderes Mittel
sah, diesem beängstigenden Thränenstrome Einhalt zu
thun, wagte ich zu ihr zu treten und den Arm um
ihre Taille zu legen. Ich hatte das Mädchen wirklich
lieb, und wenn sie in diesem Augenblick den reuigen
Sünder freundlich aufgenommen hätte, wäre ich toll
genug gewesen, alle Wünsche des Alten zu erfüllen,
mit ihm nach Tauat zu ziehen oder seine Tochter nach
Paris zu führen. Meine unbesonnene Erwähnung
ihrer allzu großen Jugend hatte aber Aicha zu sehr
gekränkt; ihre Katzennatur war erwacht und hatte die
weicheren Gefühle in die innersten Falten ihres trotzi-
gen kleinen Herzens zurückgedrängt. Sie gab mir einen
Stoß, daß ich zurücktaumelte und fast den alten Ibrahim
umwarf; als ich wieder fest auf den Beinen stand, war
ich mit diesem allein.

Der Boden brannte jetzt unter meinen Füßen; ich
lief in's Freie und traf auf meinen Diener, der mit
einem störrigen, noch nie gerittenen Esel die Sattel-
schule probirte und große Augen machte, als ich ihn
zu sofortiger Abreise aufforderte. Ich sollte den Grund
dieser plötzlichen Eile angeben, und da ich das nicht
wollte, schlug sich Ben-Gaml mit beiden Fäusten auf
die Brust und schwur hoch und theuer, daß er wenigstens zwei Stunden brauche, um seinen Esel so weit

zu bringen, Sattel und Reiter auf dem Rücken zu dulden, und daß er außerdem unerläßliche Vorbereitungen treffen müsse, die vor Einbruch der Dunkelheit nicht beendet sein würden. Worin diese Vorbereitungen bestanden, konnte ich nicht herausbringen, ich sah ihn indeß später mit Talg und Thonscherben an einem langen Lederriemen hantiren und schloß daraus, daß der mit dem Esel erhandelte Sattel defect und reparaturbedürftig gewesen sei.

Die Familie kam am Abend wie sonst zusammen. Ich bemerkte, daß die Anderen von dem inzwischen Vorgefallenen Nichts wußten, und hielt es deshalb für das Beste, meinen gewohnten Platz einzunehmen. Yesch hatte dasselbe gethan und war muthwillig wie immer, ihre Schwester war bei dem Vater in dem Zelte geblieben. Ich that mir Gewalt an, um möglichst unbefangen zu erscheinen, konnte jedoch nicht verhindern, daß meine Verstimmung bemerkt wurde und einige unter den jetzigen Umständen mir peinliche Scherze hervorrief. Meine Eitelkeit war auch verletzt, ich hätte gerade jetzt gern den Freigebigen gespielt, war aber arm wie ein Bettler. Mein Geld war bis auf eine Kleinigkeit zu Ankäufen verwendet, und die in St. Louis eingetauschten, zu Geschenken bestimmten neuen Goldstücke glänzten schon seit vielen Wochen an dem fleischigen Halse von Messaud's fetter Ehehälfte.

Ich war am anderen Morgen ungewöhnlich früh auf und half den Esel satteln, der meinen Diener

tragen sollte. Das Schreien des widerspenstigen Lang-
ohrs und die Scheltworte des durch die Hufe bedrohten
Ben-Gaml weckten unsere Wirthe, und als sie bemerkten, daß wir trotz der Dunkelheit schon zum Aufbruch
fertig waren, kamen Erwachsene und Kinder aus den
beiden Zelten, um Abschied von uns zu nehmen.
Ibrahim konnte nicht gut zurückbleiben, er war aber
der Letzte, der mir die Hand reichte. Aicha war un-
wohl und ließ mir durch ihren Vater Lebewohl sagen.
Ich hätte sie gern noch einmal gesehen und durch
freundliche Worte die Erinnerung an den vorigen
Tag verwischt, der Alte nahm aber meine Frage nach
ihrem Befinden so kühl auf, daß ich nicht weiter in
ihn dringen mochte und mit schwerem Herzen von
dannen zog.

Als es Tag wurde, erheiterte mich der Anblick
meines geschwätzigen Dieners und seines Streitrosses.
Er hatte dem Esel einen schweren Packsattel aufgelegt,
der vom Widerrist bis zu den Schwanzwirbeln reichte,
neben dem allzu weiten Gurte mit Riemen und Bändern unter dem Bauche befestigt und vorn und hinten
mit Schläuchen und Vorräthen behängt war. Ben-
Gaml mit seinem pfiffigen Gesicht saß zwischen diesen
Packen wie ein jugendlicher Sancho Pansa, und wenn
ich meine eigene, durch Strapazen und Krankheit ab-
gezehrte Gestalt betrachtete, den verbundenen Kopf
betastete und an den Beinen hinabsah, die der kurzen,
mir unbequemen Bügel wegen lang an dem Leibe des

kleinen Pferdes baumelten, konnte ich mir nicht verhehlen, daß wir ausnehmend gut zu einander paßten. Zwischen Redschid und dem Esel war das Verhältniß anders; sie waren keine passenden Reisegefährten und fühlten dies so wohl, daß sie eine gewisse, stillschweigend unter ihnen festgesetzte und anerkannte Distance als die Bedingung friedlichen Zusammengehens beanspruchten. Redschid hätte sich vielleicht bewegen lassen, seine Aversion zu überwinden; der Esel war charakterfester und lieferte uns stündlich Beweise, daß er vorgefaßte Meinungen so leicht nicht aufgab. Er blieb unbeugsam im langsamsten Schritt, wenn ihn Ben-Gaml zum Traben antrieb; er bot dagegen unaufgefordert den Galopp an, wenn er stehen sollte, und hatte nebenbei eine eigenthümliche Fertigkeit, ohne sichtbare Muskelbewegung Sattel und Reiter plötzlich unter den grauen Bauch zu schieben. Wir hofften, ihn durch Durst zu zähmen, aber sein starrer Sinn war nicht zu brechen, er blieb, so lange er bei uns war, ein eigenwilliges Thier, das auch nicht eine der geselligen Eigenschaften und Tugenden besaß, durch welche Sancho Pansa's Grauchen unsterblich geworden ist.

Wir hatten große Schwierigkeiten, gerade Richtung zu halten. Die Spuren Jbrahim's boten einen Anhalt, der uns zu Umwegen verleitet haben würde, das Orientirungstalent Ben-Gaml's mußte daher das Meiste thun, uns vor dem Verirren zu schützen. Wir fanden indeß schon am folgenden Tage den Brunnen, wo

„Ibrahim, ehe wir ihn trafen, gelagert hatte, und schliefen neben der an Eindrücken von Pfählen und Leinen noch kenntlichen Zeltstelle.

Von hier aus hatten wir steiniges Terrain, und da es in diesem zu umständlich war, die nur von den weicheren Stellen bewahrten Fährten zu finden, ließen wir ganz davon ab und suchten so gut es ging die eingeschlagene Richtung festzuhalten. Wir wußten, daß wir an maurischen Dörfern vorbeikommen würden, und entdeckten auch nach einigen Tagen das untrügliche Wahrzeichen von der Nähe des Menschen, Aasgeier und Raben, die sich, den Fleischabfällen nachgehend, bei allen Dörfern und Städten der Wüste ansiedeln. Der zweite Brunnen sollte in dieser Gegend sein. Die Marken waren uns beschrieben worden, die Ebene war aber ohne alle Abwechselung, jeder Theil glich so sehr dem anderen, daß wir es unmöglich fanden, die richtige Stelle zu treffen. Es war dunkel geworden, ehe wir entschieden hatten, was nun zu thun sei, und dann zogen wir mehr aus Unschlüssigkeit als in Folge eines bestimmten Planes in der Richtung weiter, in welcher wir die Wohnungen vermutheten. Ben-Gaml ritt voran, so schweigsam, daß er kaum meine Fragen beantwortete. Seine Ansichten und Gedanken interessirten mich jetzt noch mehr als gewöhnlich, ich suchte ihn deshalb einige Male einzuholen, um mit Vermeidung alles lauten Sprechens zu erfahren, was ihn beschäftigte. Wenn ich aber mein Pferd antrieb, hob

der Esel in verdächtiger Weise die Croupe, Ben-Gaml
schimpfte nun auf das störrige Thier und schreckte mich
dadurch eine Zeit lang von der Wiederholung meiner
Annäherungsversuche ab.

Der Mensch ist voller Schwächen und häßlicher
Eigenschaften. Ich habe das in dieser Nacht wieder
an mir selbst erfahren. Der Knabe hatte mir das
Leben gerettet und sich stets ehrlich und anhänglich
bewiesen, ich hatte nicht den geringsten Grund ihm
zu mißtrauen, und doch stieg mir plötzlich der Argwohn auf, daß er mich zu seinen Landsleuten führen
und sich Verzeihung seiner Vergehen erkaufen wolle.
Ich beherrschte mich glücklicherweise so weit, meinen
Argwohn nicht laut werden zu lassen, und als Ben-
Gaml bald darauf anhielt und mich zum Absteigen
und Ruhen aufforderte, waren die bösen Gedanken
schnell verflogen. In meinen Fragen mag aber noch
etwas Mißtrauen nachgeklungen haben, was den Gegenstand desselben zu einer mir unerwarteten Beichte
veranlaßte. Er gestand mir nämlich, daß es für ihn,
obgleich er mich gern auf seinem Pferde sehe, doch
andererseits sehr schmerzlich sei, auf einem Esel vor
mir herreiten zu müssen, daß er schon Vorbereitungen
getroffen, sich bei erster Gelegenheit auf Kosten der
Mauren in angemessener Weise beritten zu machen,
und daß er jetzt den Zeitpunkt, diesen Lieblingswunsch
zu verwirklichen, gekommen glaube. Dabei holte er
aus seinem Haik einen langen Lederriemen hervor, der

rund und glatt geschabt, mit Oel eingerieben und mit einer Oese versehen war, so daß er eine vortreffliche, leicht auf= und zugehende Schlinge abgab. Er machte mich auf alle Vorzüge dieses Instrumentes, Leichtigkeit und Handlichkeit der Schlinge, Zähigkeit und Stärke des Materials aufmerksam, und als ich die letztere Eigenschaft bezweifelte, warf er die Schlinge plötzlich dem ahnungslos zuschauenden Esel über, den er trotz allen Sträubens mit zugeschnürter Kehle in den Sand streckte. Ben=Gaml setzte sich ihm triumphirend auf den Hals, zerrte ihn an den langen Ohren und ließ das Thier, das ihn so schwer geärgert hatte, die verhaltene Bosheit fühlen. Ich dämpfte seinen Enthusias= mus über den gelungenen Wurf dadurch, daß ich ihn ernstlich von dem gefährlichen Plane abmahnte und ihm das Versprechen abdrang, nicht ohne meine spe= zielle Einwilligung zur Ausführung desselben zu schrei= ten. Er gab mir dieses bestimmte Versprechen erst, nachdem er sich lange gewehrt und die Ausführbarkeit des Unternehmens hin und her beleuchtet hatte; ich mußte auch, um nur so viel zu erlangen, einen Ver= gleich eingehen und ihm einen eben so abenteuerlichen, aber weniger gefährlichen Plan genehmigen. Er wurde offenbar von dem Verlangen gequält, sich den Mauren bemerklich zu machen; da ich ihn hinderte, dies in Be= friedigung seiner Diebsgelüste zu erreichen, suchte er einen anderen Weg, auf dem er nicht minder seiner Erziehung Ehre zu machen hoffte. Die Mauren, meinte er, könnten ihm nicht ansehen, wie lange er unter den Arabern gelebt habe, er wollte deshalb als friedlicher Reisender unter den Landsleuten erscheinen, unsere Schläuche füllen und sich, ohne Verdacht zu erregen, nach dem Weg erkundigen. Ich war Anfangs auch gegen diesen Plan, gab aber nach, weil ich kein anderes Mittel sah, uns aus der Verlegenheit zu ziehen, und außerdem der Schlauheit und Gewandtheit des Knaben großes Vertrauen schenkte. Ich ließ mir indeß, ehe ich einwilligte, die Schlinge aushändigen, die er wieder in seinen Kleidern verborgen hatte und zögernd zum Vorschein brachte.

Wir fanden am Morgen ein Versteck, das wir ohne Spuren zu hinterlassen durch einen Marsch über steinigen Boden erreichen konnten. Nachdem wir hier angekommen, uns eingerichtet, Pferd und Esel abgesattelt und eine Matte schirmartig gegen die Sonne ausgespannt hatten, trat Ben-Saml auf nacktem, nur mit einem halfterartigen Riemen aufgezäumten Esel, zwei Wasserschläuche vor sich und ein Säckchen mit Lebensmitteln über die Croupe des Thieres gehängt, seine Wanderung an. Ich blieb hinter einem Erdaufwurf zurück, der halbkreisförmig unseren Zufluchtsort umschloß und so niedrig war, daß ich stehend darüber hinaus sehen und den Weg beobachten konnte, den der Esel bald trabend, bald im langsamen Schritte zurücklegte.

Die Gegend war flach und weit zu übersehen, der

Boden abwechselnd mit Sand und Steinen bedeckt und an den geschützteren Stellen mit kurzem Grase bewachsen. An den Rändern standen hier und da, niedrig und verkümmert, einzelne Mimosenbüsche, deren Aeste sich in Folge häufigen Abweidens rankenartig ausgebreitet hatten. Nach Westen, wo das Terrain wellenförmig wurde, schienen diese Sträucher häufiger zu stehen und die Abhänge ganz überzogen zu haben. Ich sah auch dort einzelne Bäume und die Wipfel anderer, deren Stämme durch das Terrain verdeckt wurden. Die Entfernung war aber so groß, daß ich nicht unterscheiden konnte, ob ich eine Dattelpflanzung vor mir hatte, oder ob es Mimosen waren, die durch günstige Umstände eine größere Höhe erlangt hatten als ihre umherstehenden verkrüppelten Genossen. Wahrscheinlich lagen dort in den gegen den Ostwind geschützten Schluchten die gesuchten Dörfer. Ibrahim's Beschreibung paßte zwar nicht ganz darauf, Ben-Gaml nahm aber an, daß der Alte die Lage derselben nicht genau gekannt und aus Unkenntniß so mangelhaft beschrieben habe. Er hatte deshalb den Kopf des Esels nach Westen gedreht und trotz der Störungen, welche dieses die Abwege liebende Thier von Zeit zu Zeit verursachte, dieselbe Richtung beibehalten.

Ich sah ihm so lange als möglich nach und blieb auch, als er zwischen den Hügeln verschwand, noch längere Zeit an dieser Stelle, wo ich seine Zurückkunft zuerst bemerken konnte. Die Sonne brannte zwar heiß auf meinen mit Pflastern bedeckten Kopf, unter der Matte war es aber nicht weniger warm, und der Schatten, den ich dort genoß, so schmal, daß ich mich nicht bewegen konnte, ohne Arme und Beine der Sonne auszusetzen. Diese anstrengende Wachsamkeit war indeß unnöthig, es zeigte sich Nichts, was mir Besorgniß erregen konnte. Einmal glaubte ich zwar in der Ferne Staub aufsteigen zu sehen, die Erscheinung ging aber so rasch vorüber, daß ich mich getäuscht haben kann. Schließlich schmerzten mich meine durch das Fernrohr und den Sand geblendeten Augen dermaßen, daß ich meine Beobachtungen aufgeben mußte.

Es war Nacht geworden und Ben-Gaml noch immer nicht da. Ich ging ihm eine Strecke entgegen; so gering die Entfernung war, hielt es mir doch schwer, den Lagerplatz wieder zu finden; ich sah, wie hilflos ich ohne meinen Begleiter war, und erwartete um so ängstlicher seine Rückkehr. Ich versuchte, ob es mir möglich sein würde, die Himmelsgegenden und die Richtung, welche Ben-Gaml als diejenige unseres Marsches bezeichnet hatte, nach den Sternen zu bestimmen. Ich hatte mich früher zuweilen nach dem Polarstern orientirt und mir eingebildet, die Kunst, mich bei Nacht in fremder Gegend zurecht zu finden, einigermaßen los zu haben; ich stieß aber, als ich meine Kenntnisse jetzt unter anderen Breiten praktisch verwerthen wollte, auf nicht geahnte Schwierigkeiten. Der Himmel war so voller Gestirne, wie ich ihn selbst in Oran nie gesehen habe; Sterne und Sternchen tauchten, während ich hinsah, an hundert verschiedenen Stellen auf und flossen in einander, ehe ich wußte, ob sie mir bekannt oder unbekannt waren. Es flimmerte mir vor den Augen, und ich warf mich endlich aus tiefster Seele alle unfruchtbaren Theorieen verwünschend in den Sand, um Sorgen und Aerger zu verschlafen und zu vergessen.

Mein Schlaf war durch das unruhige Leben so leicht geworden, daß mich ein Geräusch weckte, welches ich selbst wachend nur undeutlich vernehmen konnte. Als es näher kam, erkannte ich die Schritte mehrerer Fußgänger. Ich ergriff die Flinte, und als ich bald darauf zwei Gestalten durch die Vertiefung klettern und neben dem Pferde stehen bleiben sah und zugleich die Stimme Ben-Gaml's erkannte, stieg der alte Argwohn wieder auf, ich glaubte mich von dem Knaben verrathen und ließ den Hahn knacken. Ben-Gaml antwortete auf diese Demonstration mit einigen, nicht ohne Mühe eingelernten französischen Worten und begleitete diesen Beweis seiner guten Laune mit einem so hellen, selbstzufriedenen Lachen, daß ich mich der übertriebenen Besorgniß schämte und den Beiden entgegen ging. Ich hatte das Gewehr in der Hand behalten, legte es aber hin, als ich bemerkte, daß der Begleiter Ben-Gaml's diesem zu folgen zögerte. Nun trat auch der Fremde auf mich zu und begrüßte mich mit der den vornehmen Arabern eigenen steifen Sicher-

heit und Würde. Ich habe manche arabische Begrüßung
aushalten müssen, aber keine, die mir so langweilig
erschienen wäre wie diese. Der Mann war Kaufmann,
ich merkte dies, ehe er mir vorgestellt war, und mußte,
während er sprach, unwillkürlich an die Regeln der
Variations-Rechnung denken. Er wiederholte jede der
üblichen, Frieden, Glück und Segen wünschenden Phrasen so vielmal, als es mit veränderter Wortfolge möglich war, und ging nicht eher zu der folgenden über,
bis er die vorhergehende vollständig ausgenutzt hatte.
Ben-Ganïl befreite mich endlich von der Qual, die
stereotypen, meinem Gedächtniß eingeprägten Antworten
in gangbares Arabisch übersetzen zu müssen; er nannte
den Namen „Sidi-Sueddi", und da ich wußte, daß
derselbe einem reichen, von meinem Associé angelegent-
lich mir empfohlenen Marabut angehörte, reichte ich
dem Fremden die Hand, hieß ihn meinerseits will-
kommen und suchte durch eifriges Händeschütteln die
bei den Arabern streng verpönte Unterbrechung gut zu
machen.

Der Marabut war noch etwas gekränkt und über-
reichte mir schweigend einen Brief. Ich glaubte die
regelmäßigen Schriftzüge unseres Buchhalters zu erkennen; weil es aber zum Lesen zu dunkel war, bat
ich den Ueberbringer, mir den Inhalt mitzutheilen,
respective mich wissen zu lassen, wie er zu dem Briefe
gekommen sei. Sobald ich ihm Gelegenheit gab, sich
wieder sprechen zu hören, war auch der Aerger des

Marabuts vorüber, und er erzählte mir in der weit-
schweifigsten Weise, daß unser Schooner in Teesee angekommen sei und dort nur zu dem Zwecke mich aufzunehmen angehalten habe. Der Taleb der Nazareni hatte
den Brief geschrieben und zum Ueberbringen desselben
einen Boten gesucht, der im Stande war, mich sicher
nach Teesee zu bringen. Herr Benson hätte, wie der
Marabut wahrheitsgetreu hinzufügte, keine passendere
Wahl treffen können. Sueddi war den Arabern und
Mauren als Vermittler des Tauschhandels mit unseren
Factoreien gleich unentbehrlich und hatte seine neutrale
Stellung zwischen den feindlichen Stämmen durch klug
berechnete Heirathen gesichert. Seine Frauen waren
über das ganze Sahel verstreut; wohin er kam, fand
er ein Weib und eine Häuslichkeit. Die Trarkas,
Brakuas, Dowisch und Embareks, die Schiah, Beni-
Massur und Uled-Ammer betrachteten ihn als Lands-
mann und hatten Nichts dagegen, durch ihn mit ihren
ihm gleichfalls verwandten Feinden in Geschäftsver-
bindung zu treten.

Sueddi hatte sich also nach Kasr-e-Schiah auf den
Weg gemacht, war aber, nachdem er auf dem Marsche
mit den Arabern unter Messaud zusammengetroffen,
von meiner vermeintlichen Gefangenschaft vernommen
hatte, wieder umgekehrt, um mich bei den Dowisch zu
suchen und meine Auslösung zu bewirken. Er konnte
das Hauptcorps der Mauren zwar nicht einholen (die
Dowisch waren seit ihrem Zusammentreffen mit den

Arabern um Vieles beweglicher geworden), er war aber so sehr von den uneigennützigsten Wünschen für mein Wohlergehen beseelt, daß er sich entschloß, bis nach Tagant seinen Schwägern nachzureisen, um wenigstens bei der Festsetzung und Erhebung des Lösegeldes in meinem Interesse thätig sein zu können. Das Geschick bewahrte ihn davor, in Verfolgung seiner hochherzigen Absicht nutzlos eine so weite Reise zu machen. Er traf den alten Ibrahim, der ihm unsere Marschroute angab; er hatte uns dann, Dank unserer Vorsicht, überholt und unsere Spur verloren, bis er meinem Diener unter den Embarek begegnete und diesen und den Esel, die ihm beide gut beschrieben waren, als zu meiner Reisegesellschaft gehörig erkannte. Die Sammlung froher Nachrichten, welche der Marabut brachte, war mit diesen ohne mein Zuthun mir überlieferten Proben noch lange nicht erschöpft. Ich erhielt auf Befragen die beruhigendsten Versicherungen über das Befinden meiner arabischen Freunde, meiner Neger und Pferde. Leider kam auch eine traurige Botschaft hinterdrein. Louis war dem Fieber erlegen und am Tage nach dem letzten Gefecht beerdigt worden.

Als ich Alles, was mich interessiren konnte, erfahren hatte, dachte ich daran einen Ort aufzusuchen, wo wir mit größerer Bequemlichkeit unsere Unterhaltung fortsetzen und den Plan für die Rückreise erörtern konnten. Der Marabut offerirte die Hütte eines in dem nächsten Dorfe wohnenden Vetters und versicherte, daß uns der

Aufenthalt daselbst keiner Gefahr aussetzen werde, wenn wir nur verschweigen wollten, daß wir mit den Arabern gegen die Dowisch gefochten hätten. Ich nahm sein Anerbieten an und ließ mich für einen französischen Kaufmann ausgeben, der auf der Reise zu dem Marabut von den Arabern verfolgt worden sei. Wir verdankten diesem Mährchen und der Empfehlung Sidi-Sueddi's eine sehr herzliche Aufnahme; unsere Wirthe nahmen dafür Ben-Gaml's wunderbare Erzählung der uns widerfahrenen Verfolgung an Zahlungsstatt für baare Münze an. Die Embarefs lebten damals mit den Schiah, ihren Nachbarn, seit längerer Zeit im Frieden, sie verleugneten aber deshalb ihr Berber-Blut nicht und zeigten während jener Erzählung offen ihre feindselige Gesinnung gegen die Araber, deren neueste Erfolge sie zum Theil schon kannten.

Während der beiden folgenden Tage wurden nun Vorbereitungen zu meiner Rückreise getroffen. Sueddi nahm einige Mauren in Dienst, schaffte alles für den Marsch Erforderliche an und zeigte sich, was Befehlen und geschicktes Anordnen betraf, im besten Lichte. Er setzte aber für das, was er beschaffte, Preise an, die mir, obgleich ich daran gewöhnt war von Arabern betrogen zu werden, doch übertrieben vorkamen. Meine Lage war aber nicht derart, daß ich erfolgreich Einsprache thun konnte; ich mußte ihn bei guter Laune erhalten und war sogar genöthigt, das Geld von ihm zu borgen, welches ich zur Ablohnung meines Dieners brauchte. Ben-Gaml erhielt außerdem eine schriftliche Anweisung auf einen Theil meines Gepäckes; ich beauftragte ihn auch mit der Austheilung ähnlicher Geschenke an Hamed, Biskra und einige andere Araber. Die Betreffenden kamen aber, wie ich später erfuhr, zu kurz; ihr umsichtiger Chef hatte schon die Waffen und Kleider an sich genommen, auch das mir durch manche Erinnerungen lieb gewordene Doppelgewehr blieb in seinen Händen. Ohne Sueddi's Verwendung würde ich selbst meine Pferde nicht wieder gesehen haben.

Ich war des unsteten Lebens herzlich müde und habe mich wohl nie mehr nach den Genüssen der Civilisation, nach Ruhe und Comfort gesehnt wie damals, und doch that es mir leid als ich mich anschickte, das Land zu verlassen, dem ich neben Gefahren und Anstrengungen auch so viele nachhaltige Genüsse, so viele Tage verdankte, an denen ich mich zufrieden und glücklich gefühlt, wie ich es vorher seit langer Zeit nicht mehr gethan hatte.

Die Trennung von dem getreuen Theilnehmer der überstandenen Leiden fiel mir auch schwer. Ben-Gaml vergaß, als wir schieden, die männliche Standhaftigkeit, die er seinen Jahren zum Trotz so gern zeigte, er verlor alle Haltung und weinte und schluchzte wie ein Kind. Ich habe nur einmal wieder von ihm gehört, als ich ihm und Biskra zur Entschädigung für die ihnen durch Messaud zugefügte Schmälerung meiner Geschenke eine kleine Summe übermitteln ließ.

Ende.

Berichtigungen,

welche durch die weite Entfernung des Autors vom Druck-
orte nothwendig geworden sind.

1. Band.

Seite 24 Zeile 8 v. u. lies Jinns statt Jems.
„ 34 „ 8 v. o. lies gefährlichere statt gefährliche.
„ 52 „ 8 v. o. lies Scheriss statt Scheichs.
„ 70 „ 1 v. u. lies Einer Richtung statt einer Richtung.
„ 78 „ 4 v. o. lies Marrigot statt Marriget.
„ 96 „ 10 v. o. lies brünirt statt brümirt.
„ 139 „ 6 v. u. lies keckernd statt meckernd.
„ 153 „ 3 v. o. ist das Wort „souverainer" zu streichen.
„ 178 „ 8 v. u. lies Phantasia statt Phantasie.
„ 184 „ 14 v. o. lies Kammbank statt Karnebank.

2. Band.

Seite 12 Zeile 6 v. u. ist hinter „wagen" einzuschalten: „bevor sie
wissen".
„ 12 „ 12 v. u. lies horchen statt gehorchen.
„ 49 „ 14 v. o. lies hinter statt unter.

Druck von Heinrich Pathe in Dresden.

Briefe an Ludwig Tieck.

Aus dem Nachlasse ausgewählt und herausgegeben
von
Karl von Holtei.

Octav. 4 Bände. 95¾ Bogen. Elegant broschirt. Preis 6 Thlr.

Aus der reichen Sammlung von Briefen, die sich in dem Nachlasse Ludwig Tieck's vorfand, liegen hier diejenigen von nachhaltiger Bedeutung vor. In welchem Sinne ihre Auswahl getroffen wurde, darüber spricht sich die Verrede aus. — Erst aus diesen sämmtlichen Briefen von zweihundert hervorragenden Zeitgenossen, wir nennen nur Ampère, Achim v. Arnim, Bettina, Brentano, Graf W. Baudissin, Collin, Eduard Devrient, Görres, Göthe, Grabbe, Novalis, Hauff, A. v. Humboldt, Immermann, Löbell, Felix Mendelsohn, Meyerbeer, Otfried Müller, Nicolai, Oehlenschläger, Reichard, Jean Paul, A. W. Schlegel, Fr. Schlegel, Johanna Schopenhauer, Gustav Schwab, Stägemann, Henrik Steffens, Fr. v. Uechtritz, Varnhagen von Ense, Rahel, Wackenroder zc., geht der Einfluß hervor, den Tieck auf seine Zeitgenossen hatte, und sie bieten dem Geschichtsforscher, möge er sich mit der Literatur oder mit der Entwicklung des politischen und socialen Lebens beschäftigen, namentlich aber Allen, welche sich für das deutsche Theater interessiren, ein überaus wichtiges, neues Material dar.

Ueber den Werth dieser Sammlung haben sich die bedeutendsten kritischen Stimmen bereits bei Erscheinen der ersten beiden Bände so anerkennend geäußert, daß die Verlagshandlung jeder weiteren Empfehlung derselben sich überhoben glaubt. — Sie ist, wie Professor Köpke in einem Briefe an den Verleger sehr treffend sagt, „eine Urkundensammlung zur Geschichte unserer Literatur während des langen Zeitraums von sechzig Jahren!"

Walter Scott.

Ein Lebensbild. Aus englischen Quellen zusammengestellt
von
Professor Dr. Felix Eberty.

Octav. 2 Bände. Elegant broschirt. Preis 3 Thlr.

Wenn irgend ein Autor unseres Jahrhunderts es verdient, der Dankbarkeit des Publikums immer von Neuem empfohlen zu werden, so ist es Scott, welcher Millionen von Menschen unterhalten, erheitert und getröstet hat, er, „der Ariost des Nordens", der aber vor dem Ariost des Südens einen unermeßlichen Vorzug hat: den tiefsittlichen Gehalt, welcher seine Dichtungen für das Alter so werthvoll, für die Jugend so anziehend macht. Es kann gar keinem Zweifel unterliegen, daß Scott zu den wirkungsreichsten Schriftstellern der ganzen Literaturgeschichte gehört. Jeder erinnert sich gewiß mit Freuden der Genüsse, welche ihm der „schottische Zauberer" gegeben, und wird daher auch Eberty danken, welcher mit kundiger Hand das dickleibige, vielbändige Gedenkbuch an W. Scott von seinem Schwiegersohne Lockhart ausgezogen und das hierdurch gewonnene reichhaltige, auch anderwärtsher noch vermehrte Material zu einer Biographie verarbeitet hat, welche ebenso authentisch als formell ansprechend ist. Allen unsern Lesern sei das Buch von Herzen empfohlen. Sie werden darin wirklich das „Lebensbild" eines Mannes finden, der ein großer Dichter und zugleich ein großer Mensch gewesen ist.
(Literarische Mittheilungen aus St. Gallen.)

Reisebilder aus Italien.

Von

Rudolph Gottschall.

Octav. Elegant broschirt. Preis 1¼ Thlr.

Man sieht wohl, daß Italien nicht nur für den Antiquar und Historiker, den Archäologen und Künstler, den Dichter und Novellisten eine unerschöpfliche Fundgrube bleibt, sondern auch dem Reiseschriftsteller noch immer neuen, anziehenden Stoff in Fülle darbietet. Der Verfasser weiß uns so viel Neues auf das Ansprechendste zu berichten auf seiner Fahrt durch Oesterreich nach Venedig, über Florenz nach Rom und Neapel und zurück über Genua und Mailand, daß wir ihn gern begleiten. Gerade daß uns nicht Archäolog oder Künstler, sondern einmal nur ein geistvoller Mann führt, zieht uns in dem Buche besonders an.

(Hausblätter von Hackländer und Hoefer.)

Aus dem Bregenzer Wald.

Von

Andreas Oppermann.

Octav. Elegant broschirt. Herabgesetzter Preis 10 Sgr.

Ein liebenswürdiges Buch! — Mit Vergnügen wandelt man an der Seite des Verfassers durch seine Thäler, über seine Bäche und Höhen, erfreut sich mit ihm an den Sitten und der natürlichen Anmuth seiner Bewohner, schaut ihren Festen zu und steht sinnend mit ihm vor den ersten Bildern der so begabten und eines größeren Ruhms werthen Angelika Kaufmann. In diesen kleinen, aber echten Goldreif ist die Geschichte „vom Steinschleifer Joseph und der Annemarie" als Edelstein eingefügt, eine Dorfgeschichte von jener Natürlichkeit der Darstellung, der Einfachheit der Verhältnisse und Verwickelungen, wie sie dieser Gattung der Erzählung gebühren.

(Unterhaltungen am häuslichen Herd.)

Palermo.

Erinnerungen von Andreas Oppermann.

Octav. Elegant broschirt. Herabgesetzter Preis 20 Sgr.

Mit derselben Klarheit der Zeichnung, den reichen Farben und vor Allem dem echt deutschen Gemüthston, den wir schon an seiner Schilderung des Bregenzer Waldes rühmten, entfaltet der Verfasser das Bild des „glückseligen Palermo", inmitten seiner Felsen, Orangenhaine, umgürtet vom blauesten Meere. Wir begleiten ihn durch die Straßen, des Molo wogendes Getümmel, betrachten mit ihm diese geträumten, leis orientalisch gefärbten Gesichter der Bevölkerung, treten an seiner Hand in den Dom, zu den Särgen und Bildern der Hohenstaufen, oder er erzählt uns in anmuthigster und rührendster Weise echte, wahre Volksgeschichten. Unter so vielen Skizzenbüchern ist dies Buch ein kleiner Edelstein, nicht für die Neugierde des Augenblicks geschrieben, sondern nach Form und Inhalt fähig, dauernden Genuß zu bereiten.

(Unterhaltungen am häuslichen Herd.)